甘肃省一流学科建设项目资助成果

教育部人文社会科学重点研究基地西北师范大学西北少数民族教育发展研究中心资助成果

西师教育论丛

主编 万明钢

教师学习与身份认同

赵明仁 主编

Jiaoshi Xuexi Yu Shenfen Rentong

中国社会科学出版社

图书在版编目（CIP）数据

教师学习与身份认同／赵明仁主编. —北京：中国社会科学出版社，2019.5
ISBN 978-7-5203-4336-7

Ⅰ.①教… Ⅱ.①赵… Ⅲ.①师资培养—研究
Ⅳ.①G451.2

中国版本图书馆 CIP 数据核字（2019）第 080147 号

出 版 人	赵剑英
责任编辑	周晓慧
责任校对	无　介
责任印制	戴　宽

出　　版	中国社会科学出版社
社　　址	北京鼓楼西大街甲 158 号
邮　　编	100720
网　　址	http://www.csspw.cn
发 行 部	010-84083685
门 市 部	010-84029450
经　　销	新华书店及其他书店
印　　刷	北京明恒达印务有限公司
装　　订	廊坊市广阳区广增装订厂
版　　次	2019 年 5 月第 1 版
印　　次	2019 年 5 月第 1 次印刷
开　　本	710×1000　1/16
印　　张	16.75
插　　页	2
字　　数	242 千字
定　　价	69.00 元

凡购买中国社会科学出版社图书，如有质量问题请与本社营销中心联系调换
电话：010-84083683
版权所有　侵权必究

总　　序

正如学校的发展一样，办学历史越久，文化底蕴越厚重。同样，一门学科的发展水平，离不开对优良学术传统的坚守、继承与发展。西北师范大学教育学的发展，也正经历着这样的一条发展之路。回溯历史，西北师范大学前身为国立北平师范大学，发端于1902年建立的京师大学堂师范馆，1912年改为"国立北京高等师范学校"，1923年改为"国立北平师范大学"。1937年"七七"事变后，国立北平师范大学与同时西迁的国立北平大学、北洋工学院共同组成西北联合大学，国立北平师范大学整体改组为西北联合大学下设的教育学院，后改为师范学院。1939年西北联合大学师范学院独立设置，改称国立西北师范学院，1941年迁往兰州。从此，西北师范大学的教育学人扎根于陇原大地，躬耕默拓，薪火相传，为国家培育英才。

教育学科是西北师范大学教育学院的传统优势学科，具有悠久的历史和较强的实力。1960年就开始招收研究生，这为20年后的1981年获批国家第一批博士点打下了坚实的基础。当时，西北师范学院教育系的师资来自五湖四海，综合实力很强，有在全国师范教育界影响很大的著名八大教授：胡国钰、刘问岫、李秉德、南国农、萧树滋、王文新、王明昭、杨少松，他们中很多人曾留学海外，很多人迁居兰州，宁把他乡做故乡，扎根于西北这片贫瘠的黄土高原，甘于清贫、淡泊名利、默默奉献，把事业至上、自强不息、爱岗敬业的精神，熔铸在西北师范大学教育学科发展的文化传统之中，对西部教育事业的发展作出了重要贡献。"随风潜入夜,润物细无声。"先生之风,山高水长。为西北师范大学早期教育学科的卓越发展作出重大贡献的先生们,他们身体力行、典型示范,对后辈学者们潜心学术,继承学问产生了重要的、潜移默化的影响,体现了西北师范大学的教育学人扎根本土、潜心学术、面向全国、放眼世界,站在学科发展前沿,培养培训优秀师资,服务地方经济社会发展的教育胸怀与本色。

西北师范大学教育学科历经历史沧桑的洗礼发展走到今天,已形成了相对稳定而有特色的研究领域。尤其是在国家统筹推进世界一流大学和一流学科建设的大背景下,西北师范大学的教育学作为甘肃省《统筹推进高水平大学和一流学科建设实施方案》规划的一流学科建设项目,迎来了学科再繁荣与大发展的历史良机。为此,作为甘肃省一流学科建设项目成果、西北师范大学课程与教学论国家重点(培育)学科建设成果、教育部人文社会科学重点研究基地西北师范大学西北少数民族教育发展研究中心科研成果,我们编撰了"西师教育论丛",汇聚近年来教育学院教师在课程与教学论、民族教育、农村教育、高等教育以及学前教育等方面的学术成果。这些成果大多数是在中青年学者的博士学位论文,科研项目以及扎根教学实践的基础上进一步凝练的结晶。他们深入民族地区和农村地区的村落、学校,深入大学与中小学的课堂实践,通过详查细看,对语文、数学、英语、物理、化学、研究性学习等学科课程教育教学的问题研究,对教育基本理论问题的思考,对教育发展前沿问题的探索……这些成果是不断构建和完善高水平的现代教育科学理论体系,大力提高教育科学理论研究水平和教育科学实践创新能力,进一步发挥教育理论研究高地、教育人才培养重镇、教育政策咨询智库作用的一定体现,更是教育学学科继承与发展的重要过程。

筚路蓝缕,以启山林。目前付梓出版的这些著作不仅是教师自我专业成长的一个集中体现,也是西北师范大学教育学院教育学科发展与建设的新起点。当然,需要澄明的是,"西师教育论丛"仅仅是西北师范大学教育学研究者们在某一领域的阶段性成果，是研究者个人对教育问题的见解与思考，其必然存在一定的不足，还期待同行多提宝贵意见，以促进我们的学科建设和发展。

万明钢
2017 年 9 月

目　录

前言 ……………………………………………………………… (1)

第一章　名师工作室中教师学习过程的个案研究 ………… (1)
　　第一节　文献综述 ……………………………………… (1)
　　第二节　研究方法 ……………………………………… (7)
　　第三节　教师学习过程描述与分析 …………………… (9)
　　第四节　结论与讨论 …………………………………… (26)

第二章　心智模式视角下教师学习过程研究 ……………… (36)
　　第一节　文献综述 ……………………………………… (36)
　　第二节　研究方法 ……………………………………… (43)
　　第三节　教师学习过程和影响因素 …………………… (44)
　　第四节　结论 …………………………………………… (62)

第三章　高中语文教师教学观与教学行为关系个案研究 … (65)
　　第一节　文献综述 ……………………………………… (65)
　　第二节　研究方法 ……………………………………… (76)
　　第三节　高中语文教师教学观与课堂教学行为分析 … (79)
　　第四节　影响高中语文教师教学观与教学行为关系的
　　　　　　因素分析 …………………………………… (98)
　　第五节　结论 …………………………………………… (103)

第四章　新疆地区双语教师培训实效性调查研究 …………（107）
  第一节　文献综述 ……………………………………………（107）
  第二节　研究方法 ……………………………………………（111）
  第三节　调研结果 ……………………………………………（112）
  第四节　建议 …………………………………………………（120）

第五章　藏族教师身份认同个案研究 ……………………（123）
  第一节　文献综述 ……………………………………………（123）
  第二节　研究方法 ……………………………………………（125）
  第三节　研究结果 ……………………………………………（127）
  第四节　讨论与结论 …………………………………………（149）

第六章　农村教师学校认同的现状及影响研究 …………（154）
  第一节　文献综述 ……………………………………………（154）
  第二节　研究方法 ……………………………………………（161）
  第三节　调查结果 ……………………………………………（164）

第七章　乡村教师视野中"乡村教师支持计划"实施研究 ……（186）
  第一节　文献综述 ……………………………………………（187）
  第二节　研究方法 ……………………………………………（194）
  第三节　调查结果 ……………………………………………（196）
  第四节　政策实施效果不佳的原因分析 ……………………（207）

第八章　城市教师农村支教的内涵式发展研究 …………（213）
  第一节　文献综述 ……………………………………………（214）
  第二节　研究方法 ……………………………………………（229）
  第三节　A县城市教师农村支教的现状 ……………………（230）
  第四节　存在问题的原因分析 ………………………………（247）

参考文献 ………………………………………………………（254）

前　言

在当今世界教育改革发展的脉络中，教师质量的重要性越来越受到广泛的、高度的重视。面对复杂的教育发展环境以及更高的教育期待，人们愈加深刻认识到教师终身学习的重要性。可以说，优秀教师的一个共同特点就是进行持续而有效的学习。时至今日，国内外对于教师学习已经进行了大量的理论探讨和实证研究，对于教师学习的基本理论和模式方法等问题有了比较高的共识，有关教师学习的知识基础已经有了相当丰富的积累。不过，教师学习具有相当高的情境性与过程性特点，实际上，实践领域中对教师学习的探索也百花齐放。因此，采用实证研究的方法，对于实践中比较典型的教师学习模式进行研究实有必要。

教师身份是一个统摄性比较强的概念，近 10 年来，国内外对教师身份的关注可看作人们对教师研究深化的一个必然结果。20 世纪六七十年代，教师研究中的重点是寻找能够促进学生学业成就的来自教师的个人和行为特征，通过量化研究，运用相关统计方法积累了大量关于有效教学的知识，成为进行教师培训和选拔的基础。之后，人们并不满足于对教师"所作所为"层面的理解，进而探寻行为背后的"所思所想"，以达到对教师专业性的更深层次的理解，这样，20 世纪八九十年代进行了大量有关教师思考、信念和实践性知识的研究，教师专业内涵中丰富的"内部景观"便展现在大家的眼前，让我们认识到教师工作的思想性、复杂性与能动性。教师工作中思想性与能动性的实现确实需要适宜的环境，把学校看作学习共同体便是一种理想的环境。在其中，教师的能动性便可有较为宽松的空间来发挥，教师影响同事与环境的力量也就涌现出来，这就是教师领导所探究的核心内容了。那么，如何才能更好地发挥教师领导功能？其中一个思路是让教师对自身使命与价值有更高层面的反思、界定与期待，这就是更多地关注教师身份的研究。需要我们通过身份这个透镜来描述与分析不同群体教师的工作与生活状态，同时对于教师身处的环境有更为整体和有机的理解。

10年来，我们对教师学习与身份进行了持续的关注。一方面进行了一些理论层面的研究，部分成果已经在教育期刊上发表了。另一方面，运用这些理论认识对实践中的现象和问题进行了调查与分析，本书便是这方面工作的呈现。建基于学习型组织和教师领导等理论，名师工作室是近些年发展起来的一种由专家型教师领衔的，旨在通过反思性实践总结教育智慧，提炼教育思想，推动教学改革和教师成长的"草根式"专业共同体，受到教师们的欢迎，实际上也取得了很好的效果。本书第一章即以一个名师工作室为个案，探讨了教师学习的过程。着重分析了教师个体学习过程与集体学习过程，并探究了两者之间的关联。心智模式是支配人思维和行动的心理图式，不同教师所持有的不同心理模式会导致不同的学习路径和效果。第二章以一所小学为个案，从心智模式的视角探讨了教师学习的过程。观念与行为的关系历来是教师学习研究中的核心命题，虽然一般来说观念指导行为，行为也反作用于观念的深化与蜕变，但两者的关系是非线性的、复杂的。第三章以一所高中的三位语文教师为个案，在教师教学观与行为的印证与博弈中展现其间的复杂性。培训作为促进教师学习的一种方式，自21世纪以来便大规模地开展，那么教师学习效果如何是一个需要探究的重要问题。第四章以新疆地区双语教师培训为例，在一个教师专业发展评价的五层次模型中对教师学习的效果进行了调查分析。双语教师是一个特殊的教师群体，他们既需要具备一般教师的素养，又要能够胜任双语教育教学的特殊要求。研究者对双语教师的素养结构进行了很多探讨，但是从身份角度对双语教师的工作和生活进行描述和分析的还很少见。

第五章以一所藏族中学为个案，概括出了双语教师的几种身份类型与特征，并分析了影响身份形成的因素。加强农村教育是我国今后教育改革发展的重点之一，那么，农村教师如何看待农村学校这个他们整天生活和工作的环境，是影响他们是否能够"留得住"和"教得好"的重要因素。第六章通过问卷调查、访谈与观察对一个国家级贫困县两个乡的教师学校认同进行了分析。乡村教师支持计划是2015年国家实施的旨在改善乡村教师待遇，提高乡村教师素质的系统工程，广受社会和教师的期待。第七章从最重要的利益相关者——教师这个角度对西部某县的乡村教师支持计划实施效果进行了调查分析。城乡教师合理流动被作为促进教师资源均衡配置的重要手段，在国际上不乏成功的经验，我国自21世纪以来便开展了不同形式的城乡教师交流活动。第八章从内涵式理念出发，对城市教师农村支教的过程与效果进行了调查研究。

全书由赵明仁策划并统稿，书稿的完成是团队集体工作的结果。第一章由严运锦撰写。第二章由史婷婷撰写。第三章由黄显凤撰写。第四章由赵明仁、闫欣欣撰写，赵复婧、孟玲和赵野在整理与分析资料的过程中做了大量工作。第五章由伏世全撰写。第六章由陆曼撰写。第七章由王吉康撰写。第八章由陈秀娟撰写。除第四章外，其他各章均是在作者硕士论文基础上完成的。此书的目的是基于实证资料，为我们了解在特定背景下的教师学习与身份提供经验基础和一定的理论性理解。对书中的不妥之处，敬请方家不吝赐教。

赵明仁
2018年11月

第一章 名师工作室中教师学习过程的个案研究

如何在教育变革中促进教师专业发展成为当下教育研究的热点，教师学习则是促进教师专业发展的有效途径。那么，到底教师学习的路在何方？很多来自教育现场的实践探索为我们寻求答案提供了研究路向，其中"名师工作室"便是教师在职学习的一种创新载体。鉴于此，本章基于学习型组织理论，采用参与式观察、深度访谈和实物收集法等质性研究方法，通过个案分析来探查名师工作室中教师学习的基本过程。主要问题有以下三个：名师工作室中教师集体学习的过程是怎样的？教师个体学习的过程是怎样的？教师集体学习过程和个体学习过程的转化关系是什么？

第一节 文献综述

一 核心概念界定

（一）名师工作室

名师工作室是指在教育行政部门主导下，由挂牌名师和一些相近学科或领域的骨干教师、青年教师构成，以名师为引领，以活动为途径，以学习为核心，是集教学、科研、培训于一体的学习型组织。

（二）教师学习

关于教师学习的界定，大致可以从教师学习的性质、目的、动机三个维度来理解。从教师学习的性质来看，建构主义教师学习强调主动理解、发现和探究的过程，认为教师学习是"反思性的学习"[①]；有学者认为，教师学习属于"自发的经验学习和自觉的经验学习"[②]。从教师学习的目的来看，刘学惠与申继亮将教师学习的落脚点放在"教师专业知识、能力的生长变化"[③]上。薄艳玲则认为，教师学习的目的是"形成专业身份，获取专业经验"[④]。还有学者认为，教师学习是教师"主动寻求自身整体素质的提升，持续追求专业发展和个人发展相互统一"[⑤]。从教师学习的动机来看，教师学习的动机来源于问题诱发和自我发展需求。胡相峰认为："教师专业学习是以问题为动力，在特定的情境中通过反思互动和讨论来解决问题，是应变出新的、持续的问题探究性。"[⑥] 孙福海将教师学习定义为"基于教师自我专业发展需求和意识下所获得个体专业经验的自我更新"过程。[⑦]

综上所述，我们将教师学习界定为：教师在原有经验基础上，通过与学习环境中的社会、共同体、其他个体及自我互动，持续追求专业发展和个人发展相统一的反思性实践过程。

二 教师学习的相关研究

这里对教师学习研究的基本内容从意义、性质与特征，内容、方式与策略，条件三个方面进行梳理，并探讨对后期教师学习研究的启示。

（一）教师学习的意义、性质与特征

关于教师学习的意义有宏观和微观之分。在宏观层面上是转向对

[①] 赵明仁、黄显华：《建构主义视野中教师学习解析》，《教育研究》2011年第2期。
[②] 陈振华：《论教师的经验性学习》，《华东师范大学学报》（教育科学版）2003年第3期。
[③] 刘学惠、申继亮：《教师学习的分析维度与研究现状》，《全球教育展望》2006年第8期。
[④] 薄艳玲：《论教师专业学习的内涵及机制》，《教师教育研究》2015年第3期。
[⑤] 孙传远：《教师学习：期望与现实——以上海中小学教师为例》，学位论文，上海师范大学，2010年。
[⑥] 胡相峰：《专业化背景下教师学习的特点论略》，《教育评论》2005年第6期。
[⑦] 孙福海：《关于教师学习的理论与调查研究》，学位论文，华南师范大学，2005年。

教师学习意义的探讨,强调"培养对教育有深刻认识、素质全面的教师"①,促使教师教育研究领域从教师培训、教师发展转向教师学习。在微观层面上,一看是否对学生学习成绩有所提高。二看是否有利于丰富教师专业知识,提升教师专业能力,增强教师的专业自主性,践行终身教育的理念。

关于教师学习的性质与特征研究,主要集中于两方面:一是生态取向下教师学习具有"生命化、自主性、适切性、互动化和多样性"的特征。② 二是成人学习和教师职业特性视角下教师学习具有独立的自我概念并能有效地进行自我指导学习,强调学习的主体性、职业性和探究性,学习动机更倾向于内部性,是"经验性学习、源于问题的学习和一种行动学习"③。

(二) 教师学习的内容、方式与策略

"今天的教师需要什么"是教师学习研究必然要面对的问题,纵观对教师学习内容的研究,大部分学者集中于知识的学习方面,最为典型的当属舒尔曼提出的七种教师知识——学科知识、一般教育知识、关于课程的知识、学科教学知识、关于学生的知识、关于教育环境的知识、关于教育目的知识,以及现代教育理念和其他各种能力,比如管理能力、科研能力等。教师学习的方式和策略主要有交互学习中的观摩探索策略、团队学习策略、专业对话策略、师徒制学习策略等,自我探究学习中的自我导向学习策略、反思质疑策略、知识转化策略、信息管理策略、阅读规划策略等。

(三) 教师学习条件

教师学习的条件有内在和外在之分。内在条件包括教师职业认同、教师学习动机、学习需要、学习情绪、学习态度、学习思维、自我效能感、主动性人格、意志力等;外在条件包括学习的共同愿景、学习平台、制度保障、学习文化、管理理念、校园文化与环境等。

---

① 李志厚:《西方国家教师学习研究动态及启示》,《外国教育研究》2005年第8期。
② 王凯:《教师学习的生态转向及其特征》,《教育研究》2010年第11期。
③ 张勇:《论教师学习的内涵与特征》,《天津市教科院学报》2011年第5期。

在此需要说明的是，已有文献对教师学习过程中各要素相互关系的研究相对较少。有研究者通过三角互证的方法发现，教师学习的内容、方式、动机、支持条件等几方面存在着显著的相关关系，需要对其进行整体性思考，而不能将其割裂开来。[①] 也有研究者侧重于研究学习动机、成就目标、学习策略与教师学习调节模式的关系，认为主动性人格和自我效能感对教师学习调节模式具有预测作用；教师个体不同类型的学习策略和调节模式对教师的成就目标具有不同的影响，教师个体的成就目标又会对教师学习调节模式产生不同的影响。[②]

三　名师工作室的相关研究

名师工作室于2002年首次出现于上海，是从文艺界和科技界的"工作室"体制中获得启发而将其运用到教育领域中的。随后名师工作室的发展呈现出方兴未艾的趋势。下面以名师工作室设立的目标和价值、学习活动、运行与管理为主线，梳理名师工作室研究的核心观点。

（一）名师工作室的设立目标和价值

名师工作室的设立目标大致可以分为教师队伍培养目标和"名师"作用目标。对名师工作室的不同目标定位折射出研究者不同的价值期待，有学者侧重研究名师工作室推动区域教育质量协调与高位发展的价值；也有学者的研究内容则是从宏观到微观，从区域教师队伍建设到名师团队成长再到学生发展；还有学者借助名师工作室的活动内容和方式来论述其价值与作用，其落脚点还是集中于区域价值和教师专业成长这两方面。

（二）名师工作室的学习活动方式

名师工作室的主要学习活动有：以发挥名师作用为基本形式的活动，比如观摩学习名师示范课、名师专题讲座、名师教学研讨等；以

---

① 孙传远：《教师学习的现实与期望——以上海中小学教师为例》，学位论文，上海师范大学，2010年。
② 张敏：《教师学习的理论与实证研究》，浙江大学出版社2008年版，第162—186页。

提高教学质量为目的的活动,包括同课异构、为课堂把脉、课堂教学问题解惑等;以批判性思维为基本形式的活动,包括反思实践、记录研思等;以任务驱动为基本形式的活动,包括学习培训、送教下乡等。

(三) 名师工作室的运行机制与管理

不同的学者依托不同名师工作室的运行特色建构了不同的运行模式。典型的运行模式有"六环节"模式,"1+1+7+n"模式,"1+2+3+4"模式。"六环节"模式具体包括制定个人提升计划(包括预期教学目标和科研目标),制定年度计划(包括研究重点、活动主题及其他规划),师资处审核,细化活动方案(包括活动时间、地点、人员、准备工作等),活动方案的实施(包括完成各个工作环节、做好活动记录),活动评价与资料整理(包括意见建议、撰写报告等)六环节。[①] "1+1+7+n"模式是由1名主持人,1名相关学科的专家顾问,7位优秀的年轻教师,以及若干位学习同伴构成的。其内部运行机制包括"同研共读、课题引领培训;同课异构、主题研修;及时交流、成果共享;辐射示范、成员拓展"等活动。其考核评价机制是运用绩效考评分别对工作室整体和成员进行考评。[②] "1+2+3+4"模式可具体解读为"一个目标"(激活教师发展的机制)、"两种价值"(引领作用和示范技能)、"三个模块"(专业理论、教学研究和学科实践)和"四方支持"(以教育局、教研室、学校以及高校为要素的管理、组织、服务系统)。对名师工作室的管理研究,主要集中于项目管理、行政导向机制管理、专业导向机制管理和监督保障机制管理上。

四 小结

前文梳理了关于教师学习研究的意义、性质、特征、内容、方

---

① 蒋选荣、吴江漫:《名师工作室运行机制的构建与思考》,《上海教育科研》2014年第2期。

② 任光升、李伟:《名师工作室运行机制的探索》,《当代教育科学》2011年第14期。

式、策略、条件。首先，基于以上教师学习过程中的内容，将之归纳为六个要素，分别是教师学习的动机、目标、内容、策略、评价和条件，简称之为"过程六要素"。另外，教师学习作为过程而言，必然会经历学习的发生到结束这样一个历程，因而这里将教师学习的过程分为三个阶段，即教师学习倾向产生阶段、学习行为展开阶段和学习结果生成与评价阶段。进而将学习的动机归类于学习倾向产生阶段，将学习目标、内容、策略归类于展开阶段，把学习结果的评价归属于结果生成与评价阶段，而教师学习的条件则贯穿于学习过程的三个阶段里。至此，分析名师工作室中教师（包括领衔名师和成员教师）学习的过程就紧紧围绕"三阶段六要素"框架展开（如图1-1所示）。

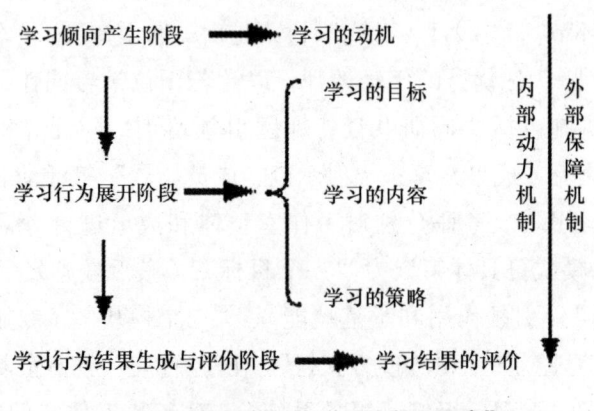

图1-1　教师学习的"三阶段六要素"

其次，已有研究认为，教师学习的内容、方式、动机、支持条件等几方面存在着相关性。成就目标、学习策略、学习动机等对教师学习的调节模式具有不同的影响。但是却没有明确指明存在怎样的关系，有什么样的影响，这促使研究者进一步深入研究现场，在相关理论的指导下，探明"过程六要素"之间的关系。

最后，从对名师工作室相关研究来看，教师学习的过程主要是依托名师工作室中所开展的各项活动来分析的，那么必然会涉及教师集体学习和教师个体学习的一个转化关系，它们二者是如何转化的，值得展开进一步探讨。

第二节 研究方法

本章采用的是个案研究方法。根据研究问题和研究目的，运用目的性抽样原则，确定以兰州市 N 名师工作室为研究对象。N 名师工作室以语文学科教师为主，由 1 位领衔名师和兰州 7 所不同学校的 12 名成员教师构成，其中 10 位属于该名师工作室的核心成员，两位属于培养学员。该名师工作室成立之后，力求使工作室的总体发展目标与成员教师个体成长目标相统一。个案工作室总体上以 3 年为一个工作周期，力求完成"五个一"目标，即带好一支科研队伍，建立一个网络交流平台，做一项课题研究，收获一批真实成果，培养一批小学语文学科的名师，在优秀的基础上追求卓越。

表 1-1　　　　　　　N 名师工作室成员基本信息表

姓名	任教学校	教龄（年）	职称	成员类别
N 老师	A 小学	10	一级教师	领衔名师
S 老师	B 小学	19	一级教师	核心成员
Q 老师	C 小学	18	一级教师	核心成员
C 老师	D 小学	12	一级教师	核心成员
Y 老师	E 小学	19	二级教师	核心成员
W 老师	E 小学	12	二级教师	核心成员
D 老师	A 小学	10	二级教师	核心成员
J 老师	C 小学	6	二级教师	核心成员
L 老师	A 小学	7	二级教师	核心成员
Z 老师	F 小学	7	二级教师	核心成员
A 老师	A 小学	2	未评	培养学员
B 老师	A 小学	1	未评	培养学员
C 老师	G 小学	12	二级教师	核心成员

笔者于 2016 年 9 月开始深入 N 名师工作室教师学习的场域，集中进行资料的收集，该阶段历时 3 个月，直到 12 月底结束。具体收集集料的方法有参与式观察法、访谈法和实物收集法。

在研究过程中，研究者参与名师工作室 5 次磨课过程，4 次公开课展示过程，1 次送教下乡活动，并对这 10 次活动进行了全程观察和记录，及时对领衔名师和成员教师进行前后三次的深度访谈。访谈对象基本情况详见表 1-1。

一 参与式观察法

观察者先后参与 N 名师工作室组织的为 C 老师公开课把脉的 5 次磨课活动；参与 4 次公开课展示活动，分别是 D 老师的《打瞌睡的房子》，Q 老师的《盘古开天辟地》，C 老师的《再见了，亲人》，Y 老师的《有的人》；参与了一次送教下乡活动。笔者通过这几次活动深入研究对象的工作场域和生活状态，观察教师学习过程的常态，并做了大量的记录和录音，为深入研究名师工作室的教师学习提供了更为真实的一手资料。观察的主要内容是名师工作室教师集体学习的过程。

二 访谈法

访谈提纲的编制：访谈提纲分为领衔名师的访谈提纲和其他成员教师的访谈提纲，访谈提纲的维度主要围绕教师学习过程的"三阶段六要素"展开。

访谈对象的选取与访谈次数：选取兰州市 N 名师工作室的 1 位领衔名师、10 位核心成员和两位培养学员，其教授学科、教龄、年龄、性别比例基本相当。前后进行三轮深度访谈。第一轮访谈初步了解相关研究内容的大致情况；第二轮访谈主要针对第一轮访谈没有解决的问题或者是某些问题进行深层次追问；第三轮访谈是对学习过程中深层次问题所进行的探索性访谈。

三 实物收集法

作为本章内容的辅助研究方法，主要收集 N 名师工作室中与教师学习心路历程有关的文字性材料和视频资料，例如教学反思笔记、学习心得、教案、教学研修视频、名师工作室建设方案、成员教师个人的发展规划、学生的作业等。

本章内容的原始资料来源主要有：将访谈内容转录成文本内容，将观察记录转录成文本内容，在实物收集中获得文本内容。对资料命名的方式为，在引用资料后直接加提供者，所有观察和访谈都在田野调查时进行，所以不再标注具体时间。

第三节　教师学习过程描述与分析

围绕研究问题，研究结果主要聚焦于探讨教师集体的学习过程、教师个体的学习过程以及教师集体学习过程和个体学习过程的转化关系。

一　名师工作室中教师集体学习过程

在本章中，不论是分析名师工作室中教师集体还是个体学习都是紧紧围绕"三阶段六要素"动态过程展开的。N 名师工作室在语用一体的共同愿景指引下，致力于追求"精致"的工作室和"精英"的教师，而要实现这样的共同愿景，离不开工作室所组织的各项集体学习活动。因此分析 N 名师工作室中教师集体学习过程，是通过分析笔者深入现场以后参与的三类学习活动来展开的，这三类学习活动也是该名师工作室最主要的集体学习活动，分别是"为课堂把脉""为孩子读诗"和"送教下乡"。

（一）学习动机

在集体学习过程中教师学习的动机主要有自我专业成长的内部动机、外部任务动机和社会服务动机。例如，在"为课堂把脉"学习活动中，对于执教的 C 老师来说，有外部的任务动机，即为了参加 2016 年"第二届全国小学'魅力课堂'教学大赛"活动；也有其内部的学习动机，即为了求知的需要、专业成长的需要和寻求教育理念的支持。C 老师说："只要你愿意成长，有志于在教育上有所突破，都会得到一定程度上的提升。一个愿意主动成长的人才会加入一个工作室，寻求大家的帮助。也就是说你都不愿意主动的话，那么外在的帮助是难以催化你的。我觉得只要我们对教育有一种恒心，有持续不断的追求，因为这个是不分地域的，于是我的经济、我的硬件可以不如别的地方，但是我不能让我的教育理念落后于其他地方。"对于参与此次活动的其他成员教师来说，学习的动机主要是专业成长的需要。D 老师说："正如有一句话所说的，你一个人走的话，他可能走得快但是走不远，如果一群人一起走的话，可能就会走得远一点，所以如果在专业成长的道路上，能够有人相伴的话，应该是一件挺幸福的事情，努力不断地向领衔名师和其他成员学习，希望在专业成长的路上走得更长远一点。"在"为孩子读诗"学习活动中，教师集体学习的动机主要是任务动机和社会服务动机。"为孩子读诗"学习活动是领衔名师为每位成员教师提供的童话作家安武林的不同诗歌，然后每位老师通过仔细揣摩诗歌的题材、内容、情感、中心思想，通过反复练习，直到被认为达到了朗读诗歌的要求，即声情并茂，对所传递的思想拿捏得精确到位、语言优美等，之后进行录音，并将录音上传到工作室的微信公众号上。其他成员教师、同行、学生和家长通过微信公众号可以聆听教师上传的诗歌录音，并展开后续的模仿、练习、感悟、内化学习。在这个学习活动中，教师集体学习的动机主要是任务动机和社会服务动机。A 老师说："N 老师给了我一本书，让我去录音，然后分享，为孩子读诗。"S 老师说："我是先找诗，找不到诗，N 老师就推荐了一首。"社会服务动机，即为了学生的发展。Q 老师说："在微信平台上，安武林的这首诗，特别能引起孩子的兴趣，因为作家写出来的这首儿童诗，想象特别丰富，特别天真特别有乐趣"。W 老师说："安武林写的诗特别适合孩子们的生活和认知水平，我觉得读的声音怎么样都不重要，重要的是影响，在诗里面孩子能够了解到跟他们相符合的那些实际经验。"Q 老师这样说：

> 这个活动不光是孩子们受益，也是我们基层老师提高语言表达能力的一个途径。领衔名师把朗读材料给我之后，我首先自己

读,读完以后觉得还可以,就读给我爱人听,因为她也是另一个名师工作室的成员,然后让她指点,我读的哪个地方有问题,这样再反复读,直到她满意了,然后录音,再发到名师工作室的平台上去。通过这个活动,我的表达能力比以前提升得更大更快。

(二)学习目标

教师集体学习目标聚焦于教师专业成长和学生全面发展两个方面。对于教师专业成长来说,在"为课堂把脉"学习活动中,教师达到的目标,一是立足教学,为解决实际问题而开展研究,通过课前研讨、课中改进、课后反思评价,提升教师的课堂掌控能力;二是形成教师个性化的教学风格;三是创新课堂是教师生命成长的舞台,要做一位有底气和落地生根的语文教师。在"送教下乡"学习活动中,教师学习的目标是树立终身学习观念,促进高效教学。工作室领衔名师 N 老师说:"立地成佛者,从此岸到彼岸,只是一瞬;苦苦修行者,从此岸到彼岸,则需数年。做教师亦然,要不断强化学习,用学习改变观念,用观念改变教学。"对于学生来说,在"为课堂把脉"学习活动中,要求通过这次学习活动,一是引导学生精读写作手法和表达技巧运用集中的段落,通过阅读、体验、感悟、领会,最终内化为学生自己的东西,沟通阅读与表达、习作之间的桥梁;二是通过教学中的言语实践和思维训练,突出语文学科的核心素养,培养学生的语文素养。

(三)学习内容

教师集体学习的主要内容是学会教学,发展教师的实践性知识。具体包括扎实的教学功底、新颖出色的教学设计、精炼准确的教学语言、稳重不失激情的教学风格、先进的教学理念、厚实的语文素养等。例如,在"为课堂把脉"学习中,参与成员从工作室一贯的教学理念出发,从读写结合的角度选择课文和设计教学内容。确定选择方向之后,从小学十二册书中选出一些读写结合点相对明显的课文,然后从读写结合的角度找出这些文章的新颖独特点。《再见了,亲人》这篇课文,领衔名师抓住了第二人称这一独特的写作手法,在确定文章和角度之后，从上课整体思路、具体切入点、教学环节、教学方法、教学语言等方面准备这节课，工作室大部分成员积极参与其中，出谋划策，最终完成了备课。然后执教老师借班试讲。工作室部分成员和工作室指导专家之一的王博士参加了观摩学习，并从参赛课的要求和特点、执教老师的风格以及核心素养的角度做了进一步挖掘，最终完成了整个"把脉"过程。

> C 老师：可以学到上课的人的构思、想法，对教材的理解定位，因为在磨课的过程中要听课，从不同的人身上可能就会听到不同的内容，除了思想之外，还会听到不同的风格、语言教态，等等。

在"送教下乡"学习活动中，教师在观摩课上要学习执教老师的讲课思路、教学方法、教学设计、教学风格和课堂管理技巧等。例如，工作室 Y 老师执教六年级语文课《有的人》，在教学中，Y 老师将臧克家这首诗歌语言的直白浅显，内涵的丰厚蕴藉拿捏到位，充分凸显了诗歌教学的特点，引导学生感受诗歌所表达的真挚情感。Q 老师展示了工作室"为课堂把脉"研修活动的最新课例《盘古开天地》。在教学中，Q 老师立足于学生的复述表达，搭设了梯度明显的"学习支架"，从而帮助学生学会有条理、绘声绘色地讲故事。这种设计充分借鉴了领衔名师的指导理论。领衔名师在"从此岸到彼岸：语文教学中'学习支架'的搭建"专题讲座中谈道："教育是一场旅程，教学就是带领孩子从此岸到彼岸，从未知到已知的过程。具体到一堂课而言，此岸是学情，彼岸是目标，我们要想使这节课的教学省时有效，推进感显著，使学生顺利达成教学目标，那么，从此岸到彼岸的泅渡就一定要有一条清晰的技术路线，它包含技术手段、具体步骤、策略方法和学习支架等。"勉励全体教师，希望大家不断强化学习，用学习改变观念，用观念改变教学。

（四）学习策略

名师工作室的教师集体学习策略主要是团队学习策略和观摩探索

策略。不论是"为课堂把脉"还是"为孩子读诗"学习活动，大部分成员教师都是大家在一起学习、交流、探讨，进行反思实践。例如，在C老师参赛课的备课和设计中，为了方便学生更好地掌握第二人称的写作手法，D老师帮助C老师设计了一个发给学生的作业单。执教老师借班试讲，参与的部分成员、指导专家、辅助成员等展开观摩探索学习。在"为孩子读诗"学习活动展开的过程中，工作室成员人人参与其中，在笔者深入研究现场的3个月中，至少每位老师都为孩子读了两首诗，有的老师甚至读了四五首诗。又如，在"送教下乡"学习活动中，参加本次教学研讨的除了工作室的6人之外，还有龙岗小学校长和全体语文教师以及永登县周边部分学校的语文教师，对于这些教师来说，他们的学习策略属于观摩探索策略。

（五）结果评价

教师集体学习结果的评价主要涉及外部评价和内部评价。在"为课堂把脉"学习活动中，C老师执教的《再见了，亲人》从众多优秀参赛课中脱颖而出，获得全国一等奖，属于外部评价。执教老师的自我评价属于内部评价。

> C老师：其实课上完，不管是在哪个学校，我觉得对学生的帮助还是很大的，因为我解决了两个问题，一是我们对这样的文章怎么写；二是这样的文章在写的时候，觉得没有内容可写该怎么办。但是，从这节课最终的学习结果来看，还是有值得改进的地方的。我也反思了一下，我们还可以做的就是，这类文章可以这样写，这样写并不是让学生编写假大空的内容，而是有一个跳的过程，最后再迁移到生活实际当中，写自己的亲人的时候应该怎么写，写自己的朋友时应该怎么写，其实是一个书信体……这样思考过之后，我觉得，其实中间这个跳板还是很有必要的。

同样，在"为孩子读诗"学习活动中，教师普遍认为，该活动提高了他们自身的语言表达能力。Z老师说："对我自身而言，我平时很少读诗，领衔名师给我诗之后，我练习读几遍，我觉得几乎都能把这首诗背下来了，最起码我也知道了安武林这个作家写的一些诗啊，有时候还会上网搜集一些相关的诗看一看"。学生对这一活动的反馈，属于他评，是外部评价。对于语言表达能力比较弱的农村孩子来说，提高了他们的普通话水平。

> Z 老师：在提高普通话水平的基础上让他们学会把诗歌的内容用不同的形式表达出来，比如说画画等形式，提高了学生的语言运用能力。比如说会让学生听一听读得特别好的那些老师的诗歌，然后让孩子学着读，因为我们农村的孩子基本上就是唱读，读诗没有啥感情，对我自身有好处，对他们也有好处。我提高了，他们也提高了。

对于表达能力比较好的城市孩子来说，Q 老师认为：

> 我们平时是自己读，有了这个微信平台之后，从我自身做起，我经常是发到我们班级的 QQ 群里或者微信群里，孩子们就会说，哎呀，这里面最近有我们老师读的作品，孩子们觉得特开心。而且我发现，在将近 20 多首诗里面，孩子们把我读的这首诗记得特别深刻，有时候还能用到他们的写作里面，觉得特别有意思。然后我们专门有一个摘抄安武林诗歌的本子，孩子们把它抄上之后甚至能够背出来，还有爱画画的，他在这个本子上根据诗的意思，根据他的理解，又配了些插图，我觉得就特别有意思，孩子们不但积累了语言，练习了他们的书写能力，而且还培养了他们养成积累这种学习习惯。

（六）学习条件

在教师集体学习中，支持教师学习的条件呈现出多元的特征。总体而言，主要有外部的文化氛围，制度的支持，物质资源的保障，团队成员的帮助，领导与同事的评价。在"为课堂把脉"学习活动中，在学习倾向产生阶段有外部的文化氛围、制度的支持。首先，工作室坚持进行一月一次的课例研讨，9月的课例研讨即为前文所述的公开课，而且有N名师工作室和全国小学教学大赛活动这样的平台支持。在学习行为产生阶段有物质资源的保障和团队成员的帮助。为备战此次大赛，工作室领衔名师N老师以及核心成员D、L、S、Q、J等先后多次帮助C老师进行磨课教学。C老师还得到了工作室指导专家王博士以及省区级教研员和行政人员的意见与建议。C老师也肯定了同事对他这次学习活动的帮助，C老师说："对我个人来说，团体众人的智慧可以让你茅塞顿开"。在学习行为产生阶段，关于领导、同事的评价。

> C老师"尽管专家评论这节课存在一些争议，但是从第一个汇报的学生所写的那个情况来看，底下的老师就非常认可，因为他还没读完，底下就开始鼓掌。"

从现场互动老师们的留言平台上可以看得出来，上过这节课的老师觉得听过后耳目一新，有一位老师在留言中写道，这节课让我有耳目一新之感，看了这个课题我都能想到，肯定是老师在上面讲得声情并茂，感人肺腑，底下学生深受感动，执教老师从写作的角度出发教给孩子写作的方法，我想这样对学生的指导和影响是深远的。这些评价对执教老师后期教学产生了深远的意义，鼓励着他们持续追求更高的目标。另外，在"送教下乡"活动中，不论是该工作室的参与成员还是参与本次学习活动的小学全体语文教师以及周边学校的部分语文教师，都是怀着强烈的教育爱、教育理想和学习动机参与的，他们以最大的热情、最积极主动的探索反思精神投入其中，这属于内部动力机制。外部的名师工作室和全体教师对本次活动的开展也给予了极大的支持。领导和同事的肯定对本次学习活动产生了重要影响，激励着工作室、工作室成员以及参与的其他语文教师向更高层次迈进。

二 名师工作室中教师个体学习的过程

通过对访谈资料的文本分析发现，N名师工作室中不同类型的教师个体学习过程呈现出不同的模式,其中领衔名师以自我导向学习的指导性模式为主,成员教师大致分为体验学习过程模式和自我导向学习过程模式。

(一)体验学习过程

通过对 N 名师工作室成员教师的三轮访谈文本进行分析发现,在教师个体学习过程中有 4 位老师属于体验学习。体验学习理论将学习定义为个体转化体验并创造新知识和赋予新意义的过程。体验学习理论涉及四个相互适应的学习环节,是一个循环往复的过程(见图 1 - 2)。

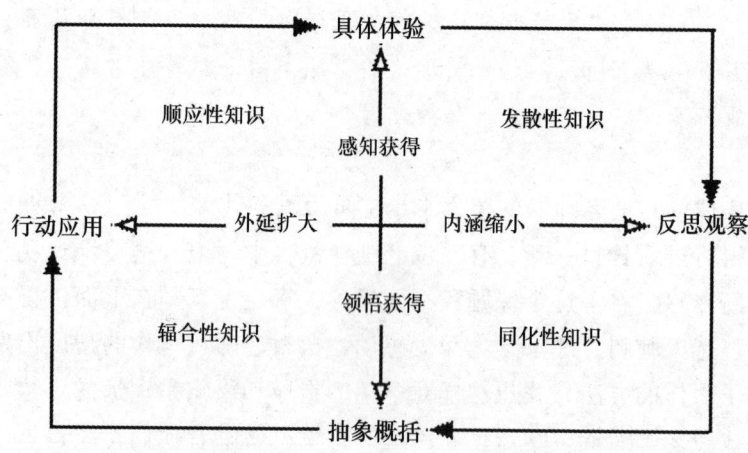

图 1 - 2 体验学习的基本过程与知识形态结构图

这里以 Y 老师的案例来说明。

具体体验:教师个体以开放的态度和意愿投身于各种新的经历,关注正在经历体验的事物的复杂性和独特性,重视感受和知觉及个人处理突发事件的能力。Y 老师在所带班级进行教学时,发现她班上的学生口语表达能力特别差。

> Y 老师:你让他写他写不出来,让他说,他说着我们这里的方言,且无法完整地表达出来。这样的话,口语交际课就很难开

展，关于所要说的内容他们只能说一两句，不能说很多。假如让他们说说他们的老师，他们就只能说一两句，其他详细的就说不上来，举个例子也不会。我们就想着怎样通过一个方法让我们的学生们张口说话，而且会说，说得很好，因为你会说，你就会写，口语交际是我们习作的一个前提，目的就是让学生会说，然后达到会写。

反思观察：从不同视角检视新的体验，并对新体验做出公正客观的描述和理解，促使教师个体原有认知结构和观念与新体验、新情境进行有意义的建构。通过长时间的观察和思考，Y老师认为，进行反思观察的原因主要有这样几个：

一是因为这些学生大多数都是从农村来的，普通话说不完整，发音不标准，表达不流畅；二是孩子普遍胆小，不敢说；三是孩子视野有限，没有见过外面更大的世界，所以有些课本上要求的话题对他们来说就特别陌生，他们不懂，就根本说不出来；四是孩子阅读量少。

在找到这些原因后，Y老师开始对症下药：

在课堂上摸索，找一些方法，首先要让学生敢说，大胆地说。说对说不对我们对他们还没有要求，先要敢说，说出来。我也不断地给提示，鼓励他们说，不断加以激励表扬，用一些词语提示帮助他们。其次，找一个他们感兴趣的话题，所以为了帮助他们说，我们就找一些题材辅助他们说，或者是离他们生活很近的题材，帮助他们说，他们能说出来了，再给他们找一些图片啊，创设一些情景啊。再次，就是在结构上、写作手法上进行突破，或者像作者一样，使用比喻啊，排比啊。最后，在这个班上专门搞阅读课，就让他们每周五下午两节课读书，读完以后做读书卡，写读书笔记，然后一学年结束了，到五年级的时候，他们作文写得特别好，我觉得这个应该是有效果的。因为口语交际和习作不是短时间内可以进步的，没办法把口语做成材料，在每一次进行口语训练之后，就让学生写一篇作文。在上课的时候、回答问题的时候从表达上都可以看出学生的进步，随着学生的变化，我们的方法也会变。

抽象概括：在反思观察中形成综合的观点和概念分析能力，强调对逻辑思维和概念的运用。不是凭直觉和感性来理解具体体验，而是通过科学的方法和系统的逻辑思维分析、解决问题。通过这样一学年的努力，Y老师通过发现、反思、实践，总结出了一套写作的方法，叫作框架式。

Y老师：就是给学生搭一个框架，然后让学生依着这个框架，在这个框架的引领下往里填东西，其实，他们的这个想法得益于现在的建筑，建筑就是框架式的，整个框架先搭建起来，然后往里填东西，再装修，这样就变得很丰富了。然后这样去尝试，先去学习理论。怎样才是框架？就是它很系统地给每一种不同类型、不同题材的习作一个框架，比如写景的，它具体到开头怎么写，中间怎么写，怎么收尾；比如写人的，开头怎么写，中间怎么写，结尾怎么写。拿一个例子来说吧。比如写人的作文，它的开头有很多的方法啊，有设问式，比如，今天他又一次让我见识到了他的机灵，他是谁呢？他就是我们班的班长某某某。有引用名言式的，比如读书破万卷，下笔如有神，真的是这样，然后就写谁谁谁，我的爷爷就是这样的。还有开门见山式、引用式等。然后通过学习，我们知道，哦，原来有这么多的好方法，而且这些方法也特别适合学生们的年龄阶段，这样他们就容易掌握了，也避免了千篇一律，因为你教给他们的是方法。

行动应用：把新观点和概念应用于具体决策和问题解决中，重视实践和实际应用，强调对教育实践活动的关心，从而积极地影响学生并改变环境。它常发生于实际应用、实习等活动中，教师将在抽象概括中所形成的有效教学经验运用于下一次教学实践中，突破固有实践模式，运用新方法、新思路加以实施与评价。通过这个框架式的习作学习，Y老师将这些积累的经验很好地运用到现在的口语交际和习作教学中：

> 我们班上的每一篇、每一组作文我都能给它找到归类，找到相应的方法，从框架式习作教学的理论里面找到一些方法和技巧，加以实践、应用，学生的习作水平提高得很快，老师也有收获。在他们的写作方面，我会每天给他们一个话题。我首先跟他们聊天，在聊天的过程中，他们就会想今天老师是怎么怎么聊的，比如像昨天，我们学校进行了消防演练，那么我给他们布置的话题就是消防演练。我就用这个话题启发学生，消防演练都干了哪几件事，做这几件事的原因，就是想让他们在聊天的过程中听出先后的顺序。然后，比如有四件事，就是避险、逃生、参观消防车以及消防知识讲座。这四件事，他们把顺序搞清楚了，又搞清楚了内容，那么他们写的时候就会有章可循，因为说和写是不一样的。

由这四个学习环节组成的两组不同的学习领域，每一组都反映了辩证对立的相互适应趋势，其中具体体验与抽象概括属于理解的学习领域，反思观察与行动应用属于转换的学习领域。

（二）自我导向学习过程

通过对N名师工作室成员教师的访谈文本分析发现，在教师个体学习过程中有5位老师属于自我导向学习，又有两位老师属于自我导向学习的线性模式，另有两位老师属于自我导向学习的交互性模式，而领衔名师则属于自我导向学习中的指导性模式。

自我导向学习是教师主动判断自身的学习需求，形成合理的学习目标，制定严密的学习计划，积极寻找学习资源，自我计划、实施、调整、监控、评价学习活动的过程。线性模式是成人学习者以高度努力的意识和自我导向的方式经历一系列阶段来实现预期的学习目的。诺尔斯提出了线性学习过程，认为完成每一项任务都需要大量的资源[①]，从而将学习过程分为六个步骤，这里仅以 L 老师的案例来说明。

第一，营造学习氛围。名师工作室在成立之初，大家都在积极寻求如何通过他们的学习成果为名师工作室更好地发展贡献力量。F 老师和 L 老师认为："那时候我们就已经关注了很多人的微信公众号，然后我们就想，我们也应该运营一个微信公众号，方便成员之间的交流"。第二，诊断学习需求。N 名师工作室需要创建一个微信平台来分享和交流学习经验和成果。第三，确定学习目标。为 N 名师工作室创建一个微信公众号。第四，寻求学习资源。上网查询与学习相关的创建步骤和要领。第五，选择、组织、实施学习策略。

> L 老师：我就上网查流程，怎么注册，怎么审批，我学会了这些，就把它用到我们名师工作室中现在的微信平台上，我们工作室现在的微信公众号、微信平台具体操作，都是我做的，包括后面的怎么运营，怎么发表，怎么发布一些信息，怎么配文，学了之后就去做，做了之后对工作室的影响就是工作室做了哪些事情、工作室的一些思想理论通过这个平台传播出去。

第六，评价学习结果：自评和他评相结合。L 老师说："这可能就是对工作室的一种帮助。在这个过程中对我的帮助就是更多地掌握了一门技术，应用网络的一种技术。"其他成员教师也给予微信平台高度的赞赏。

交互性模式认为，学习过程在本质上并不是事先计划好的线性程序，而是由许多因素相互作用所形成的不同的学习阶段，例如学习情境、学习机会、学习者的风格特征、认知过程等。一般而言，学习过程包括五个步骤，并且每个步骤几乎都涉及目标设定、聚焦、坚持和

---

① 雪伦·B. 梅里安、罗斯玛丽·S. 凯弗瑞拉、黄健、张永、魏光丽：《成人学习的综合研究与实践指导》，中国人民大学出版社 2011 年版，第 271 页。

重构等反复发生的认知过程。这里仅以 Q 老师执教高效课堂《盘古开天地》为例来说明。第一，探索——解决问题的需要。如何通过《盘古开天地》这样一篇课文教会学生讲故事，学习这一类神话故事的阅读方法，也就是我们语文课上所说的群文阅读的方法。对于教师本身来说就是如何更好地运用支架式教学来提高教学效果。Q 老师说："之前就想过要怎么上课，在挖掘教材的过程中就想这个课要怎么上，当把这篇课文拿到手里，你挖掘出来的这种深度和高度，对于三年级的孩子来说应怎么上，这不就初步形成了么。"

第二，模仿——观察类似现象，形成基本结构。观察领衔名师运用支架式教学方法的课件，例如《宝石狗》《七色花》《童年·冬阳·骆驼》。Q 老师说："挖掘出这种让孩子掌握'类'的方法和群文阅读的方法，运用支架式来展开教学后，我就开始观察领衔名师类似的课件，然后形成一个自己的思路。"

第三，实验和实践——不断改进和在模型上加以实践。Q 老师说："形成思路之后，我到名师工作室内部去上课，通过我们团队的肯定，认为在高度、深度上和在年段目标的掌握上还是比较好的，我们把课又做了改变，然后才呈现出这样一堂课"。

第四，理论化和完善。

Q 老师：我上完这节课之后突然发现，大的框架出来了，但是小的细节，比如说课文的主要内容，我应该让他们用线画出来，我就忘记了这一步。还有在第四自然段中找出这句话是围绕哪句话写出来的，即中心句，课文的中心句和在段落里找出中心句的方法是要教给学生的，但我只是提到了却没有明确它。这节课做得好的地方就是让学生们有序地找出了讲故事应该有的顺序。再一个就是形成一个整体，其实，从那四个孩子讲完故事就结束了，后面的环节就是让学生亲自去感受，有感情地朗读，应该深入下一个环节。

第五，目标达成——对学习结果的认可。自评和他评相结合。Q

老师的反思属于自评,她认为:

> 大的普及性的知识已灌输给学生了,但是还需要在细节处下功夫,要把这节课的细节部分以及各个环节顺一下。跟工作室成员商量之后,认为对这个课要有实录,要有反思,作为我们研究的一个内部资料,然后还要对之继续研讨。这其实还在过程中,尚没有结果。等结果出来之后,我就会把这些优势运用到以后类似的文章中,这就等于形成了一个教学模式。

学生上课的反应和听课家长与同事的评价属于他评。

指导性模式把促进解放学习和社会行为作为自我导向学习的核心,学习者学习的目的是通过自身的学习结果,增进自身和周围人生活与工作环境的力量和信心。领衔名师 N 老师与成员教师学习的关系即为通过名师自身的学习过程和经验,影响和带动其他成员教师的学习,进而促进成员教师的专业成长和名师工作室更好地发展。指导性模式具体包含七个步骤,这里结合领衔名师 N 老师的案例来说明。第一,构建一种合作学习氛围。2016 年 11 月,工作室领衔名师 N 老师与兰州市选派的 110 名来自小学及初、高中的金城名师、名班主任一起赴苏州参加由人民教育出版社举办的第六届基础教育改革与发展论坛活动。本次学习的主要内容涉及教师专业成长、学科教学改革、心理健康、学习共同体的构建。本次学习使领衔名师增强了加快名师工作室发展的紧迫感和责任感,期望通过借鉴专家的智慧和苏州教育的先进理念、成功教学经验,促进 N 名师工作室和全体成员教师实现又好又快的发展。学习归来之后,领衔名师在其所在学校举行了一次题为"仰望星空·坚守麦田"的教师专业成长专题报告,名师工作室全体教师和 A 小学的部分教师参与学习。第二,分析和批判反思自身及所处社会、经济与政治关系。N 老师认为,这次学习的主要收获就是让她认识到基础教育改革的急迫性和重要性,这就需要教师解放思想,开阔视野,深刻认识到学习的脚步永远不能停止。第三,为自身设定能力目标。学校因为有优秀的教师而出名,教师因为学校而更优秀，名师的成长可以影响和带动整个教师队伍的专业发展。因此 N 老师在报告中明确提出了他的责任和担当，希望通过他的学习和成长带动整个名师工作室的发展，进而促使成员教师的专业发展。第四，在个人和社会环境框架中诊断学习需求。N 老师认为，教学是一个复杂而多变的过程，需要适时的教育理论和专业知识的支撑，任何缺少理论支撑的教学都是表面的。真正的教学是需要相关的专业理论、心理学理论、哲学理论以及其他相关学科的理论来深入其本质，探究它的规律性问题。只有这样，你才能具有敏锐的专业眼光，不断促进专业理论和专业实践在共变中发展。因此提出要将 N 名师工作室发展为一个真实而鲜活的"专业共同体"，以它为基础，顺应学习化社会和终身学习理念的要求，实现教师专业发展从"被造"向"主动改变"的转变。第五，形成同社会和个人相关的学习目标，产生学习契约，形成了 N 名师工作室和教师发展的 3 年目标。N 老师提出了在 3 年工作周期中实现"1+2+3+4+5"的学习契约。3 年学习契约的具体做法为："1"指一个研究目标，即语文教学以"语用"为方向开展阅读、表达、习作的一体化联系。"2"指两条发展路径，即语文学科的教学研究与相关课题研究。"3"指三项策略，即解决教师在语文教学中所存在的问题，上好公开课、示范课、研讨课；实行每月一次的课例研究，在设计、磨课、研讨中打造精品课例；推行每学期两次的"辨课"活动，通过交流分享，转变教学理念，明晰教学目标，优化教学方法，改善教学策略，透析教学结果。"4"和"5"分别指每学年完成 4 次大型联合教研活动，实现 5 项教学成果（G+N）。第六，实施和管理学习活动。从工作室成立之初到目前，领衔名师始终按照"1+2+3+4+5"的学习契约管理工作室的发展和指导成员教师的专业成长。首先，每个月都有一次指定的课例研讨，各个成员教师轮流执教，大家集体备课、研讨、交流、反思。其次，领衔名师不仅自身定期为成员教师做培训指导，还定期邀请工作室的顾问，包括教科所的语文研究专家王博士对语文教学的指导和顾问专家赵教授对工作室整体发展和成员教师理论素养提升的指导。除此之外，领衔名师要求成员教师填写 3 年发展规划和每学期专业成长目标以及不定期的问卷调查和访谈,时刻了解成员教师在专业成长道路上的困惑,帮助他们不断向其发展目标靠拢。第七,反思和评估学习活动。虽然制定的 3 年发展目标还处于过程中,但是通过本次学习活动,给参与学习的教师带来了丰富的精神食粮和极大的心灵启迪。一位老师这样概括本次学习活动的收获:"每一次聆听,都登高更穷千里目;每一次感动,便是桃源深处踏歌行。"

三 教师集体学习过程与教师个体学习过程的转化

通过参与式观察和对深度访谈结果的文本分析,发现 N 名师工作室中教师集体学习过程和教师个体学习过程存在着两种转化关系:一是理念传递与继承;二是知识生成与分享。

(一) 理念传递与继承

在 N 名师工作室集体学习向个体学习转化中最重要的就是理念的转变。而理念主要来源于领衔名师在教育教学方面所持有的思想和情怀。因为名师是整个名师工作室集体学习的核心人物和灵魂所在,她的理念和情怀在很大程度上决定着成员教师学习的思维模式、学习的内容、学习的目标和专业成长的方向,以及整个名师工作室的定位和落脚点。在潜移默化中,成员教师就会继承领衔名师这些优秀的教育理念,进而在其具体的教学实践中进行内化和运用。N 名师工作室领衔名师的核心理念有教育爱、"一课一得""做落地生根的老师""严钻教材""语用为目标的读写一体化""为孩子读诗的点灯人"等。下面分别用教师访谈的文本来佐证:教育爱是作为一位教师应该具备而且最重要的专业素养和理念。该理念一直指引着成员教师的教学实践活动。J 老师说:"我觉得 N 老师对我们的帮助,第一是不管你作为名师还是作为普通老师,一定要对教育教学充满爱,一定要爱学生,只有爱学生,你才会在思考问题的时候站在学生的位置上。第二是思考你的教学,她对教学的那种热爱,感染着我们所有人。""一课一得"思想是 N 名师工作室一直遵循的教学理念,领衔名师主张在短短的 40 分钟的课堂上,不需要教给孩子太多的东西,这样是不符合小学生认知发展规律的。而且教太多的东西，学生们接受的效果反而没有想象的那么理想。如果是这种情况，还不如就教会他们一样东西，重点集中在彻底"会"上。这一理念被成员教师运用得恰到好处。比如说 Q 老师执教的《盘古开天辟地》。"通过这个课，只教会学生一样东西，教会孩子们如何读神话故事，我的目标就达到了，这是名师工作室一直以来的一个理念，因为毕竟孩子的接受能力是有限的，与其什么都掌握得不明白，还不如真真切切地教会孩子一样东西"。"做落地生根的老师"这一思想是指作为一名优秀的教师应该把教学落到实处，让学生们掌握到实实在在的东西，而不是成为一个表演者。A 老师就是这样认为的："N 老师给我们最大的影响就是一定要做一个落地生根的老师，一定要实，你可以不要那么花哨，但是一定要让学生们一课一得，哪怕他们在这一节课上只是学会一样东西，那也是实在的，不要像走过场一样，把每个环节啪啪啪地走完了，学生其实是没有任何收获的"。领衔名师认为，一节课的设计思路关键在于对教材的挖掘，因此应该"严钻教材"。只有认真研读了教材，领会了教材的精华，才能真正设计好一节课，抓住这节课的重点。Y 老师说："在名师工作室，N 老师经常给我们传递的思想也是经常带领我们做的事就是怎样静下心来钻研教材，对年段目标、单元目标进行细细研究，怎么样更好地为专业成长去铺路，怎么样设计一节高效的课。""语用为目标的读写一体化"是工作室在教学上最终实现的目标。比如 C 老师执教的公开课《再见了，亲人》，就恰当地体现了这一理念。"通过工作室成员一起讨论之后，这节课的目标还是回归到工作室一贯要求的语用目标的读写一体化上，就是教会学生如何在运用第二人称的基础上，知道以后抒情类的作文应该怎么写。"自从 N 老师发起"为孩子读诗"这个活动以来，各个成员教师都参与其中，一如既往地践行成为"为孩子读诗的点灯人"这一理念。

(二) 知识生成与分享

在名师工作室集体学习过程中，不仅名师倡导的理念影响着成员教师的学习过程，而且各个成员之间彼此的思想、经验、风格、教学模式等都可以影响教师个体的学习过程，或借鉴，或引以为戒，形成个体的新知识，进而为集体所共享。J 老师认为：

  在讨论一些课的时候，你会发现，别人会给你很多不同的信息和不同的思路，你有时候会觉得你上这一节课的时候，可能卡壳了，有些话你可能说得不到位，或者这个问题提得特别无效，或者没有任何意义，那么在讨论的过程当中，别的老师就会说你可以这样做，你可以那样做，这样就把一些教学的环节细化了，更加多元化了，然后，你就能够想到更多的，然后将其运用到你的教学当中。

  Q 老师：我觉得名师工作室中的集体学习打破了我对教学的观念，其他老师对我的帮助挺大，毕竟我工作时间特别长，就觉得好像已经形成了自己的教学模式，我们以前备课都是模仿别人，但是经过名师工作室的学习和在这个活动中逐渐地成长，我觉得，其实这个教学方式和方法应该加以突破，应该加以创新，应该有新的教学理念。我觉得，我们已经到了不能用一种固定的教学模式的时候，固定的教学模式和老套的教学方法，已经不适合现在的学生了，要因人而异，以学定教。在参加了名师工作室活动之后，我就觉得对我自身的这种教师的职业倦怠有了很大的改变。

第四节 结论与讨论

  在前一节中，笔者逐一回答了本章所提出的三个问题，本节主要聚焦于总结前文的研究发现和理论意义以及需要进一步探讨的问题。

一 结论

  研究发现，名师工作室中教师集体学习过程和教师个体学习过程呈现出不同的学习取向。

(一) 教师集体学习过程以"生态学习取向"为主

通过对教师集体学习过程中共同要素的分析发现（见表1-2），N名师工作室中教师集体学习的取向主要属于生态学习取向。教师生态学习取向是为了满足不同级别、不同层级教师的需求，深刻地融入特定工作实践的学习过程，主要在教师与环境中的领导、其他教师、学生、自我的互动作用中展开，将学习与工作、生活融为一体，构建共同愿景，进行精神上的互动与意义上的分享，是一种集体互助式的学习样式，具有生命化、自主性、适切性、互动性、多样化的特点。具体来说，首先，从教师学习的目标来看，教师学习不仅仅是为了获取理论知识和积累经验，而是出于在求知需要基础上实现专业发展和学生成长的目的，追求的是生态位的改变，即提高生命境界，为学生的生命成长而不断学习，以此丰富自身的生命内涵，这体现了生命化的特点。其次，教师自主地选择学习方式，组织学习策略。虽然更多的是团体学习的策略，但是在团体学习中，成员教师各自又有适合其自己的学习方式，比如观摩探索、实践反思等。而且对学习内容保持高度的灵敏性，比如在《再见了，亲人》磨课过程中，为了更好地让学生掌握写作手法而设计了一份作业单。又比如在"为孩子读诗"活动中，成员教师为积极探索和揣摩诗歌所传达的精神实质而采取了不同的朗读方法。这体现了生态学习取向的主动性特征。再次，适切性原则要求学习内容适合教师学习的风格，以适合工作室成员构成层次上的多样化特征。在集体学习中，成员教师可以根据其学习目标和专业发展阶段选择学习相应的内容。最后，学习活动多种多样，除了上述三种主要的学习活动外，工作室集体学习活动还有专家讲座、培训等，学习资源多样化，不仅有工作室提供平台，还有指导专家给予一定的帮助等，而且大家积极参与其中，在互动中学习，这体现了生态学习取向的多样性和互动性。在生态学习互动式特征中的一种学习类型就是社群学习或共同体学习，而名师工作室恰恰就是一个学习共同体，成员教师是在参与中学习，相互交流研讨，取长补短，最终实现成己成物的目标。

表1-2　　　　　　　　教师集体学习过程的共同要素

维度	内容
学习活动	"为课堂把脉""送教下乡""为孩子读诗"
学习目标	学生的发展和教师的成长
学习内容	扎实的教学功底、新颖出色的教学设计、精炼准确的教学语言、稳重不失激情的教学风格、先进的教学理念
学习策略	团队学习策略、观摩探索式
学习动机	求知的需要、专业成长的需要、社会服务动机（学生的发展）
学习结果评价	自身的评价、同行的评价、学生的评价、领导的评价
学习条件	主动性人格、教育爱、意志力、学习氛围、工作室平台、学习资源

因此，根据生态取向的教师学习内容层级设计的框架来看，要实现不同层级教师的发展目标，就要不断创新N名师工作室的发展理念，在教师集体学习过程中要求学习目标与内容具有一定的层次性，学习策略趋于多样化和差异性，学习环境设计要具备灵活性。为学习者充分提供各种资源和条件，激发教师的学习动机，适合学习者的现状，满足学习者的需求，促使学习者就近发展。因而需要适应期的教师在自我管理、同伴互助中成长；探索期的教师要在反思批判、不断完善中成长；成熟期的教师在课题研讨、自主探究中成长；分化期的教师在沐浴书香、自我研究中成长。

（二）名师工作室中教师个体学习过程以"理解学习取向"为主

在对名师工作室中教师个体学习的共同要素进行分析发现（见表1-3），教师个体学习取向以理解学习取向为主。理解学习取向强调理解和沟通互动以及在日常生活环境中寻找假设和意义。通过学习，改变的不仅仅是教师行为，而是人。教师的知识结构不仅仅包括外显的陈述性知识，更多的是个人的实践性知识，是在参与的过程中通过积极反思构建的。在教师个体学习中主要体现为体验学习、自我导向学习、价值观质变、反思性实践等。

第一，成员教师的学习动机主要源于求知和专业发展、学生成长，即使存在同行之间的竞争动机，其目的还是获得自身的专业发展。比如 D 老师在质变学习过程中出于这样一个动机，即在做课题方面有所突破，进而提升其专业能力。最终实现的目标是促进学生的发展，即通过学习，改变的不仅仅是教师的行为，更是人，改变教师自身和学生，使他们成为更"真诚"的实实在在的人。

第二，理解学习取向强调理解和沟通互动以及在日常生活环境中寻找假设和意义。比如 Y 老师在具体教学中发现，学生的普通话不好，而且口语表达能力和习作水平都比较低。因此，她就进行"反思性理解"，思考学生为什么会出现这种情况。在找出原因后，通过各种办法来改善这一状况。在寻找办法的时候，不断与学生、自我、同行"沟通"，不同题材的文章到底应该怎么写，各个部分应该怎么写，怎样才能让学生从"敢说"到"会说"到"会写"，最终实现既定目标，进而通过这个过程积累更多的实践性知识，并将其迁移到以后的教学实践中。

第三，教师个体学习中更常用的是反思实践策略和自我导向策略。在这个过程中，教师收获的知识不仅仅是陈述性知识，更多的是个人的实践性知识，是在参与的过程中通过积极反思来构建的。

表 1-3　**教师个体学习过程中的共同要素**

维度	内容
学习过程模式	体验学习过程、自我导向学习过程、质变学习过程
学习目标	学生的发展和教师的成长
学习内容	实践性知识、本体性知识、条件性知识
学习策略	反思实践策略、自我导向策略
学习动机	求知的需要、专业成长的需要、社会服务动机（学生的发展）
学习结果的评价	教师自评、教师自我归因与反思
学习条件	主动性人格、教育爱、意志力、学习氛围、学习资源

因此，为了更好地促使教师个体学习，就需要教师增强自身的职业认同感，在"自我""反思""认同"中促使其持续不断地对经验做出解释和再解释，创造新知识和意义；教师要合理地看待学习的兴

趣、需要、落差、目标等，激发其主动性人格；教师要对学习的具体情境、自身能力和学习任务的难易程度做出综合判断评估，提高自我效能感；教师要试图构建一种相互有利的关系，使彼此能充实进步，真诚地成长与发展所"存有"的目标。

二 讨论

对教师学习过程六要素，即学习动机、学习目标、学习内容、学习策略、学习结果评价和学习条件之间的关系已有研究论述得比较少，这里尝试回答这一问题。

过程六要素之间的关系体现的是教师知识的意义建构层次。这里的教师知识包括教师的本体性知识、条件性知识和实践性知识。发生学认为，知识来源于认识主体对认识客体的能动反映。认识客体有宏观和微观之分，宏观方面的认识客体包括客观现象、人类活动和生活经验等，文本、文字、符号等属于微观方面的认识客体。也就是说，认识客体还不是知识，是形成教师知识的客观基础，只有赋予它意义，才能生成知识，而且只有通过建构才能实现这一目的。从这一角度而言，知识是意义建构而来的。在名师工作室的教师学习过程中，教师的需要、教师学习的动机、学习的目标和学习的内容属于主要的认识客体。教师是主要的认识主体。只有主客体互动与建构，对学习内容与原认知结构内容间的内在联系达到较深刻或独特的理解，知识才能有效生成。因此，教师知识的意义建构是指在名师工作室中以教师的需要和学习动机为基础，以教师对知识间联系的深刻与独到的理解为核心，以新知识的生成与运用为目标，以促进教师专业成长和学生全面发展为目的的反思性学习过程。

（一）教师知识的表层意义建构

"知识的表层意义建构"是指在教师的需要和学习动机的引导下，通过教师的接受式建构，理解与掌握客观知识，进而使客观知识对学习者来说具有个体意义。它体现在教师对学习目标的制定和学习内容的选择两方面。学习目标的制定和学习内容的选择往往开始于学习动机，也就是学习的某种"诱发点"，即一种来自外部或内部的作用于教师的刺激，这种刺激标志着对现有思考方式和行为模式的不满，进而引起教师行为的改变。名师工作室中教师学习的"诱发点"建立在相关的实践经验和认识的基础上，让教师产生不一样的感悟和体验，最终促使教师产生行为改变的冲动，进而制定学习目标和选择相应的学习内容。

不论是在教师集体学习的过程中还是在个体学习的过程中，大致有两种学习动机：一是问题情境"诱发"教师学习。当教师的教学行为没有实现或是超出了预期的结果，就会引起困惑和反思，诱发行为的改变。在实际教学实践中，教师随时随地都可能产生与教学预期不相符的问题情境，这是学习研究的起始点和依据。例如，在教师个体学习中，Y老师针对其所带班的学生口语表达能力弱，口语交际课很难实施，进而导致习作水平不高，学生怕写作文，不愿意写作文的问题展开了体验学习过程。首先分析教师的具体体验，发现问题并分析问题；然后针对问题学习和丰富相关知识，进而寻求解决问题的策略和方法，实施干预，验证问题是否得到解决。二是落差"诱发"教师学习。落差是主动学习的起始点，产生于应然与实然之间所存在的差距。在落差产生之后，积极主动的反思性学习就开始了，它扮演着催化剂的角色。不同的教师拥有不同的教育体验、知识理念，也许一个最年轻、最没经验的教师可能会比一个骨干教师在特定方面具有优越性。因此，如果教师同行之间能够相互启发、帮助、切磋，表现出奉献、相互理解等职业精神，一个教师对教育的贡献就不只是自身的使用价值本身。例如，在名师工作室的教师集体学习中，通过对教师同伴课堂教学实践的观察和教学理念的考察之后，每位教师都充分发表其意见，成为决策的参与者，积极探讨同伴教师的行为是否实现了既定目标，是否解决了实际问题，当教师在实践中出现落差时就需要同伴及时指出，帮助其修正、调整实践策略。另外，当教师的教育信念、教师角色、外在压力都与其原始状态产生落差时，专业引领的作用就会发生。通过面对面的交流，帮助教师深入理解新理念新思想，认识当前教育改革背景下的新角色，激发教师专业认同和专业发展的内在需求，促使他们产生主动的学习行为。

总之，在教师知识的表层意义建构中，不管是问题情境引发教师学习还是落差引发教师学习，都是从不同的侧面探析名师工作室中的教师是如何学习的，都遵循着一个循环往复的过程，即"诱发点"→产生学习动机→制定学习目标、选择学习内容→学习策略和方法→评价预期、非预期的结果→反思总结→产生新的"诱发点"，都是以学习动机为基础的，既解决了教学中的实际问题又促使教师在不断发现问题、反思实践、解决问题的循环过程中发生行为改变，产生学习动机，实现其专业成长和学生全面发展的学习目标。在这个过程中教师学习的内容更多的是发展自身的实践性知识，完善和充实教师原有的条件性知识和本体性知识。

（二）教师知识的深层意义建构

知识的深层意义建构是指在充分理解和明确学习动机的基础上，教师对学习目标和学习内容进行再次开发。在这一过程中教师注重与自我和学习环境中他人的协商合作和探究性建构，建构的结果具有异质性，生成的新知识具有高度的个体性，并通过对话与协商，使具有个体意义的新知识能够为教师集体所共享。它也可从以下两个维度来理解。一是学习策略的运用维度；二是学习结果的评价与反思维度。

从学习策略的运用维度来看，知识的深层意义建构体现为：其建构的基础是在知识表层建构中对学习目标和学习内容加以充分把握之上积极建构已经理解和学习的知识，即发展教师的实践性知识和完善教师的本体性知识与条件性知识，进而实现教师的成长和学生的发展。建构主体是教师与自我和学习环境中的他人互为学习的主体，表现为在教师集体学习过程中的教师与他人互动学习中运用的团队学习策略、观摩探索式学习策略和教师个体学习过程中与自我互动中运用的反思实践策略和自我导向策略。建构的目的是探索实现学习目标和满足学习动机的新知识，促使新知识的共享与流动。例如，在名师工作室集体学习活动——"为课堂把脉"中，N名师工作室所有成员教师在促进专业成长的动机指引下，积极参与《再见了，亲人》的磨课学习活动。指导专家从培养学生核心素养的角度对C老师的授课内容进行指导，成员教师D老师设计作业单，帮助执教老师更好地突出教学重点，即第二人称的写作手法。最终形成同类文章的设计思路和教学理念，供全体成员教师借鉴和继承。

从学习结果的评价与反思维度来看，知识的深层意义建构是指教师与自我和学习环境中他人的"探究式建构"。教师通过与自我的对话，结合教师自身的知识经验以及个人理解对已形成的学习结果进行意义建构，体现了教师个人价值的实现；学习环境中的他人基于已有的认知和经验对教师的学习结果进行再次审视，并在与教师本人和其他学习者的互动交流中进行视域融合，形成具有意义的个体知识。当这个学习结果与预期的学习目标不一致或者没有实现预期的学习结果时，就需要进行深度反思，积极调整解决方案，实施干预，进一步总结反思，直到学习结果这一新意义得以完善，进而创生出新知识。因为教师知识的意义建构过程是没有终点的，始终处于连续与循环的状态。解释学大师伽达默尔认为，文本的未决状态永远需要人们不停地做出解释，文本的局限性构成了文本的开放性，文本的模糊性使文本成为不枯竭的意义之源泉。① 正是在这一过程中不仅知识自身得到发展，也促进了教师和学生的发展。教师知识的意义建构的目的就是实现教师的成长和学生的发展。

总之，在教师知识的深层意义建构中，不管是学习策略的选择维度还是学习结果的评价维度，都从不同的侧面体现了学习者知识获得的协商性、知识的客观性与主观性的统一和学习共同体的复杂性和多层次性。最终使得新意义得以完善，生成教师的新知识，使教师集体知识和个体知识实现共享和流通。

（三）教师知识的意义建构的基本条件

教师知识的意义建构的基本条件也就是教师学习过程中支持教师学习的条件，包括内部动力机制和外部保障机制，贯穿于整个建构过程中，包括教师的主动性人格、教育爱、意志力、学习氛围、工作室提供的平台、学习资源等。这里主要聚焦于学习氛围、学习的意志和

---

① 李素敏、纪德奎、成丽霞：《知识的意义建构与基本条件》，《课程教材教法》2015年第3期。

主动性人格、学习的动机与需要。

首先,名师工作室中教师的学习氛围应该是努力消除孤立、服从、依赖的观念,积极营造整体性的、合作的教研氛围,让教师和工作室成为真正的学习和研究主体。马卡连柯曾说,如果有五个能力较强的教师团队在一个集体里,受着一种思想、一种原则、一种作风的鼓舞,能齐心协力工作的话,那就要比 10 个各自单独行动的优良教师好得多。① 营造名师工作室的学习文化就是要发挥"雁式团队"的力量,让教师如同大雁一样在飞行中具有团队协作的精神,在教学中分享默契和优秀教学经验,在互动中学习成长,最大限度地加强教师之间的专业对话和合作效能。激发教师学习的主体意识,让其实践和研究从课堂出发再回到课堂,促进教师反思自身的持续发展,进而促使教师更积极地投入学习与教研活动中。这种学习氛围一方面可以让成员教师看到自身和他人之间的差异,推动教师不断学习。另一方面,可以激励教师以更坚定的信念来积极思考和反思日常教学工作中所遇到的挫折和压力,以全新的态度投入教育教学实践中,体会这种组织文化所给予他们的发展力量和支持,让教师体会到职业的幸福感,增加对教师行业和自身的认同,不断追求生命的成长和质感。

其次,学习意志是学习者自主确定学习目标,并根据学习目标调节其学习行为,克服各种困难的心理过程。由于教师在学习活动中会面临各种外在的或内部的挑战,如社会对教师职业的偏见,学习的文化环境和物质条件的制约等;教师已有的知识结构和经验不完善,学习力比较低等,这时就需要教师具有坚强的意志去迎接挑战。意志对于学习有积极的调节作用,能够激发学习者的积极主动性以克服学习环境中的任何困难和阻力,能够控制和支配其情感,约束其言行,克服其消极情绪和行为冲动,提高学习效率。在教师学习的意志力中主动性人格尤为重要,因为主动性人格显现于个体在思想情绪和行为方面积极的主动性特质,是教师学习的必备条件。具备主动性人格的教

---

① 沈伟明、施泉明:《关注教师心理健康 提高教师群体活力》,《基础教育参考》2012 年第 15 期。

师能够判断有效的教育机会，确定明确的个人成就目标，积极与周围环境互动，具有较高的自我效能感，并采取持续不断的主动行为直到目标的实现。

最后，学习动机是直接推动教师进行学习活动的内部动力，建立在教师对学习的需要基础之上，教师学习的需要表现为多种形式，可以是对学习内容、学习问题的兴趣，对教师角色改变必要性的认识，对教师身份的认同，也可以是促进学生发展的需要或者是实现自身的专业发展。学习需要是教师学习活动的动力源泉，学习动机就是学习需要的表现形式，同样的学习需要可以有不同的学习动机，同样的学习动机也可能由不同的学习需要产生。学习动机引起学习行为，学习行为导向学习目标，学习动机是一个主观因素，具有内在性、缄默性的特点，而学习目标是教师个体学习后所期望达到或实现的结果，呈现出外在性和开放性的特点。动机和目标并不总是一致的，相同的学习动机可能有不同的学习目标，当教师实现学习目标后，虽然原有的学习需要得到了满足，但常常又会出现新的学习需要，进而产生新的学习动机，导致教师采取新的行为来实现新的学习目标。一般来说，学习动机总会产生一定的学习效果，而且两者之间呈正相关，也就是说，一定的学习动机会产生相应的学习效果，新的学习效果又会刺激新的学习动机的产生。

概而言之，名师工作室中教师集体学习过程以"生态学习取向"为主，强调教师与环境中的领导、其他教师、学生、自我的互动作用，将学习与工作、生活融为一体，构建共同愿景，进行精神上的互动与意义上的分享，具有生命化、自主性、适切性、互动性、多样化的特点；教师个体学习过程以"理解取向"为主，强调理解和沟通互动以及在日常生活环境中寻找假设和意义。教师集体学习过程与个体学习过程存在两种转化关系，即理念传递与继承、知识生成与共享。

第二章　心智模式视角下教师学习过程研究

20世纪五六十年代，美国学者泰勒前瞻性地指出："未来的在职培训，将不被看作'造就'教师，而是帮助、支持和鼓励每个教师发展他自己所看重、所希望增加的教学能力。占指导地位的、被普遍认可的精神，将是把学习本身放在最重要的地位。"[①] 对教师而言，学习不仅是对外在变化的一种适应，而且应是内在生命的一种自觉，是教师个人内心深处的一种自我主动的追求。已有的文献侧重对教师学习中认知过程的研究，但对教师个体在学习过程中的内在心理活动和情感过程的研究偏少。本章尝试从"心智模式"的视角，分析作为学习者的教师所具有的特征，从关注教师个体的角度，了解教师的学习需求、情绪、动机、愿景、信念与反思等。

第一节　文献综述

一　教师学习的内涵

学习是有机体通过与其环境相互作用而导致能力或倾向相对稳定变化的过程[②]，是发生于生命有机体中的任何导向持久性能力改变的过程，而且这些过程的发生并不是单纯由于生理性成熟或衰老机制的

[①] 泰勒：《教师在职教育的回顾与展望》，瞿葆奎：《教育学文集·教师》，人民教育出版社1987年版，第478页。

[②] 皮连生等：《学与教的心理学》，华东师范大学出版社1997年版。

原因。① 在罗杰斯看来,"学习"是覆盖全人、自我指导、渗透人格的,亦即会带来行为、态度乃至个性的变化,其本质是意义的建构。②

古德莱德结合成人学习的特点,提出了对教师学习的几点理解:教师学习是以实践和问题为导向的;教师都想维护其自尊;教师倾向于把新知识与旧知识融合起来;尊重教师的个人需要;教师看重其经验的价值;教师倾向于在学习上进行自我指导并做出选择。③ 教师学习过程包含着紧密联系的两方面建构:对新信息的意义建构,以及对原有经验的改造和重组。教师的学习发生于真实的教学情境中,需要教师之间的对话与合作,是一个充满了个性化和社会化的过程。

考伦—斯密斯和利特尔曾概括了有关教师学习的三种观点:第一,教师学习是一个掌握和应用已知的教学法和学科知识的过程;第二,教师学习是一种通过经验的反思所进行的实践知识的建构过程;第三,教师学习是教师教学所需要的知识的生成过程,当教师有意把他们的课堂和学校作为探究的场所时,学习便发生了。④ 也有学者从建构主义视野解析教师学习,认为教师学习是反思性的学习,是教师以主动发现和探究的态度与过程,在拓展和提升原有知识和经验的基础上所获致的丰富的教育理想和知识,增进专业理解和技能,不断更新自我,培育创造性生命力的成长过程。⑤

有研究者认为,可以把教师学习界定为"一种通过特别学校背景与个别教师学习实践的兴趣与性情之间的互惠合作"⑥。作为成人学习者,教师有着丰富的教学实践经验,面对教学中的困惑,教师具有解

---

① 伊列雷斯:《我们如何学习——全视角学习理论》,孙玫璐译,教育科学出版社2010年版,第6页。
② 钟启泉:《现代课程论》,上海教育出版社2003年版,第10页。
③ J. Goodlad, *Teachers for Our Nation's Schools*, San Francisco & Oxford: Jossey-Bass Publishers, 1990.
④ M. Cochran-Smith, & S. Lytle, "Relationship of Knowledge and Practice: Teacher Learning in Communities," *Review of Research in Education*, 1999, 24: 249–305.
⑤ 赵明仁、黄显华:《建构主义视野中教师学习解析》,《教育研究》2011年第2期。
⑥ P. Hodkinson, & H. Hodkinson, "The Significance of Individuals' Dispositions in Workplace Learning: A Case Study of Two Teachers," *Journal of Education and Work*, 2004, 17 (2): 167–182.

决这些难题的需求,因而教师的学习具有明确的目的性和应用性。教师的学习被"问题"所激发,受到强烈的想要解决问题的心理暗示和驱动,具有很强的实效性和自觉性。基于此,"教师的学习并不只是简单意义上的独立学习或自学而已,教育活动中的教师学习,意味着教师集体中学习文化的构建和发展。这种教师的学习文化,不仅意味着教师具有学习的精神、态度、方法和行为,而且在本质上是合作的、共同的、探究的学习氛围的营造与基于组织的学习行动的自发与自主"[①]。教师的学习是与课堂教学活动密切相关的专业学习,因此"教师学习明显不同于理论学习,它与教学活动的不同任务密切相关,而且是嵌套在不同教学任务中的,情景认知的学习理念存在于日常教学活动当中"[②]。教师的这种基于实践问题的学习与他们在学校中所经历的教学和学习活动交织在一起,影响并指导着他们的教学实践。

舒尔曼等人提出,教师发展和学习的特征包括愿景、动机、理解、实践反思,教师学习应该致力于认知、性向、动机、表现和反思这五个范畴的发展。[③] 关于教师学习的很多研究都是从经验总结和学术思辨的角度展开的,主要有三个分析维度:学习的结果(即教师个体认识、行为以及身份的变化),学习的外部条件(环境、促进方式)和学习的内在过程(发生机制,即教师学习所涉及的个体与环境互动中的心智活动过程)。[④] Jarvis 提出一个由浅入深、由表及里的教师学习结果分类:基于臆测之上的习惯性反应;不把周遭情境作为学习机会;拒绝新的学习;前意识学习;行为改变;记忆新的信息;沉思;反思性实践;实验性或科学性探究。[⑤] 也有一些研究注重教师

[①] 朱益民:《教师培训的教育学研究》,学位论文,华东师范大学,2004 年。

[②] K. Kwakman, "Factors Affecting Teachers' Participation in Professional Learning Activities," *Teaching and Teacher Education*, 2003, 19 (2): 149–170.

[③] L. S. Shulman, & J. H. Shulman, "How and What Teacher Learn: A Shift Perspective," *Journal of Curriculum Studies*, 2004, (36) 2: 257–271.

[④] 刘学惠、申继亮:《教师学习的分析维度与分析现状》,《全球教育展望》2006 年第 8 期。

[⑤] P. Jarvis:《学习的吊诡:社会中的个人蜕变》,王秋绒译,学富文化事业有限公司 2002 年版。

学习社群和网络的构建，关注为教师专业发展提供支持性的环境，以及教师团队探寻与改进实践时的协作交往，交往沟通规范和信任的建立与维持，且表明强有力的专业发展社群有助于改进教学和促进教育改革。① 教师学习是经验性反思的建构学习过程。教师学习是一种由经验性学习、基于问题的学习、自我导向的学习、同伴互助式学习、职场学习等组成的综合体。②

21世纪以来，教师学习研究兴盛的背景主要是对情景认知理论等学习概念的重视。随着我国教育事业的快速发展，教师研究逐渐从教师行为等外显性的研究，过渡到对教师思想、信念等内在性的研究，"教师学习"逐渐成为教师教育研究中的一个热点，转向"教师学习"意味着突出教师知识的内生性。③ 成功的教师学习要求有一个连续不断的、合作努力的职前、职后以及终身的专业发展的机会。我们可以把教师专业发展理解为不断接受知识，不断提高专业能力的过程，在这一过程中，教师通过不断学习、反思和探究来拓宽其专业内涵，提高专业水平，从而达至专业成熟的境界。④

二 教师学习的心智模式

心智模式概念最早是由苏格兰心理学家肯尼思·克雷克在1943年提出的，他认为，心智将现实建构成"小型的模式"，并用它来对事件进行预测、归因以及做出解释。⑤ 彼得·圣吉认为，"心智模式"是根深蒂固于心中的，影响我们如何了解这个世界，以及如何采取行

---

① J. W. Little, "Locating Learning in Teachers' Communities of Practice: Opening up Problem of Analysis in Records of Everyday Practice," *Teaching and Teacher Education*, 2002, 18 (8): 917–946.
② 邓友超：《论教师学习的性质与机会质量》，《教育研究与实验》2006年第4期。
③ 毛齐明：《国外"教师学习"研究领域的兴起与发展》，《全球教育展望》2010年第1期。
④ 卢乃桂、钟亚妮：《国际视野中的教师专业发展》，《比较教育研究》2006年第2期。
⑤ 吕晓俊：《组织背景中员工心智模式的理论与实证研究》，学位论文，华东师范大学，2002年。

动的许多假设、成见,或图像、印象。① 心智模式用以表示一个系统的内部表征,是一个特殊的认知结构。它隐藏在人们的心中,不易被察觉与检视,但无时无刻都影响着我们认知的方式,其主要内容体现为结构化的知识和信念。

  学习被认为发生在两种情况下:第一,当取得预期的结果时会产生学习,也就是说,在行动设计和行动结果之间有一个匹配;第二,当发现并纠正预期结果与实际结果之间的不匹配时会产生学习,也就是说,不匹配会转变为匹配。② 阿吉里斯在《组织学习》中提到单环模式和双环模式。单环学习和双环学习可以通过图2-1来解释。单环学习是指组织在察觉问题的存在后,依其既定的行为规范和政策进行整改以达成组织目标的过程,是通过一般的学习来寻求行为和结果之间的匹配,以保证组织的正常运转的过程。当产生匹配,或者改变行动来纠正不匹配时,就产生了单环学习。单环学习可以维持组织的正常运行,但不能取得改进效果。双环学习是指组织可以在调整其现行的政策、规范和目标的基础上处理所暴露出的问题的过程。③ 双环学习进一步追问组织行为的前提是否恰当,通过克服"习惯性防卫"所造成的认知障碍,谋求从行为的前提变量(即行为的前提假设)上

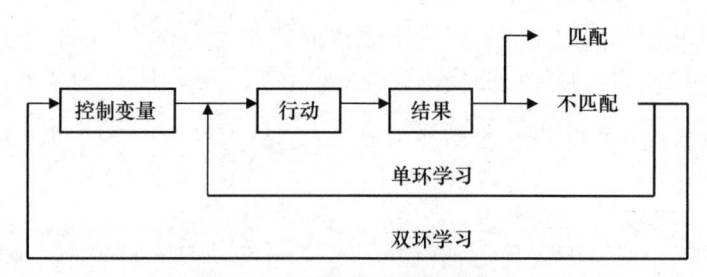

图2-1 单环学习和双环学习

资料来源:阿吉里斯《组织学习》,张莉、李萍译,中国人民大学出版社2004年版。

---

① 彼得·圣吉:《第五项修炼:学习型组织的艺术和实务》,郭进隆译,上海三联书店1998年版。
② 阿吉里斯:《组织学习》,张莉、李萍译,中国人民大学出版社2004年版。
③ 同上。

取得根本性改善。当纠正不匹配时,首先检查和改变控制变量,然后才是行动的改变,这就发生了双环学习。双环学习可以使组织取得深层的改进。

如果说单环学习强调的是对现状的"认知",那么双环学习则强调对造成现状原因的"反思"。在大多数情况下,人们的学习行为是一个"单循环",在这个循环中,"人们按照组织已有的规范来调整自己的行为,坚定不移地实现组织的目标"[①]。单环模式中的教师学习是在保守、封闭的环境中进行的,行动者之间缺乏合作、信任与交流,教师在学习上缺乏行动和情感上的全身心投入,缺乏不断创造和超越的内在动力和精神。双环模式中的教师学习是一个动态的过程,是在赋权的环境中,在行动者相互信任、支持、坦诚交流、尊重、共情、奉献与投入的氛围中进行的,它涉及教师学习的反思过程和情感因素,强调教师要开放心态(即开放其内心世界,比如积极吸纳新知识和新信息,扩充和改善认知结构,改造原有的心智模式),实现其内心世界与外部世界的交融。

认知心理学家试图探讨学习者内部心理结构的性质以及它们是如何变化的,这就涉及了学习者的心智模式。认知心理学认为,学习是学习者主动加工信息和构建意义的过程,学习的基础是学习者内部心理结构的形成和改组,而不是刺激—反应连接的形成或行为习惯的加强或改变。皮亚杰认为:"知识是主体与环境或思维与客体相互交换而导致的知觉建构,知识不是客体的副本,也不是由主体决定的先验意识。"[②] 基于经验的教师学习关乎着教师个人的体验,学习的起点或知识的获取是来自教师经验的。有了"经验",教师便可对已获经验进行"反思",即对经验过程中的"知识碎片"进行回忆、清理、整合、分享等,这就体现出教师作为"学习者"的主体性。

---

① 阿尔玛·哈里斯:《教师领导力与学校发展》,许联、吴合文译,北京师范大学出版社2007年版,第11页。

② 转引自邵瑞珍《教育心理学》,上海教育出版社1997年版。

库伯认为，由于每个人的内在性格、气质的差异性，以及生活、工作阅历、教育知识背景的差异性，每个学习者的学习风格会不一致。根据学习圈理论，可以将学习者的学习风格大致分为四类：经验型、反思型、理论型和应用型。两个互动维度在学习周期中可以划分出四个空间，分别代表四种适应性的方向或知识的四种基本形式（见图2-2）。该模型揭示了每种知识所形成的典型条件：同化型知识通常从领悟和内在反思中得到发展；聚合型知识通常从领悟和外在行动中得到发展；顺应型知识通常从感知和外在行动中得到发展；分散型知识通常从感知和内在反思中得到发展。[①] 从外在行动的改变到内在反思的转换，反映了学习者的心智模式对认知方式以及结构化的知识和信念的影响。

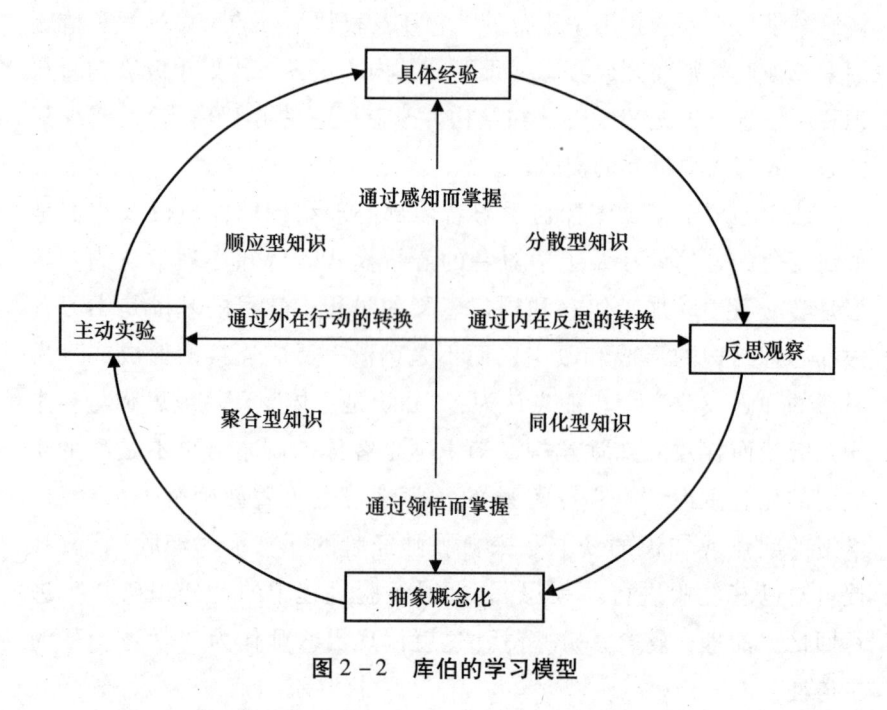

图2-2 库伯的学习模型

---

① 转引自克努兹·伊列雷斯《我们如何学习：全视角学习理论》，孙玫璐译，教育科学出版社2010年版，第6页。

第二节 研究方法

教师学习具有情境性、实践性和过程性等特点，只有通过质性研究才能更深入地了解其学习的过程。本节以某省会城市一所小学的教师作为样本，主要采取深度访谈、课堂观察、非参与式观察、查阅反思日志等方法收集资料，从教师学习状态、学习类型和影响教师学习的因素等方面来探讨教师学习问题，了解教师学习的内容、方式、动机、条件，以及教师自主学习、教师专业成长的现状。

根据典型性抽样原则，在某省会城市选取一所教育教学质量较高（以当地教育行政主管部门的评价结果、学生成绩、家长评价等为参考依据）的小学（C小学），对这所重点小学的几位骨干教师在较长时间内进行连续追踪，了解不同教师的学习经历和成长过程，分析他们专业发展的影响因素。

W老师，毕业于某师范学院中文系，1998年到C小学后一直从事语文教学工作以及班主任工作，同时负责校刊的编辑，是区级骨干教师。

J老师，1984年毕业于某师范学校，毕业后分配到C学校担任数学教师，至今有27年的教龄。

L老师，毕业于某师范学校，通过自修取得大专学历，2006年取得某师范大学成人本科学历。曾获"市语文优质课比赛"一等奖，是区级骨干教师，至今有21年教龄。

S老师，毕业于某师范学校，通过自学考试获得英语专科学历，于2004年取得成教英语本科学历。毕业后先在县城一所小学教了一年英语和数学，刚到C小学时教英语，后来因为对英语教学不感兴趣而改教数学课。

笔者2011年11月对这所学校进行调研，一共访谈了15位教师（包括校长、教导主任及教研组长等），其中重点访谈W老师三次，J老师两次，L老师四次，S老师两次，每次访谈不少于40分钟。对访谈资料的分析步骤如下：在征得老师同意后对谈话进行现场录音，然后对访谈进行转录，按照时间编码；对资料进行阅读梳理，建立基本的分析思路，并对其中的重要概念加以比较、分析、分类；深入分析资料，充实理论。

观察法，即通过对教师的课堂教学行为、课外学习途径以及日常教学生活的观察，了解教师在专业成长的过程中是如何学习的，学习是如何发生的，教师通过学习获得了怎样的发展。对于观察资料进行分析的步骤是：第一步，对资料进行初步整理，以保证资料的准确性和完整性。如进行编号，标明被观察者的姓名、性别、年龄、任教科目等信息，并说明观察进行的时间、地点和情境。第二步，对原始资料进行分类，在整体把握观察事件的基础上，确定分析单位和进一步分析的框架。第三步，借助所确立的概念和分析框架，对原始资料进行分析和处理。

第三节 教师学习过程和影响因素

本章要回答的具体问题是：从心智模式视角看，中小学教师在其专业发展过程中是如何学习的？影响中小学教师学习的因素有哪些？如何改善教师学习？下面围绕这些问题分析主要研究发现。

一 教师学习现状及过程

（一）学校场域中的教师学习状况

C 小学特色教育分了三大块：经典诵读、国际象棋和艺术教育，特别是经典诵读教学起步较早。教研以"强师资，抓教学，促特色"为主线，分语文、数学、英语、综合四个学科教研组，要求专业课教师做到一个月写一篇反思日记，单周进行专业学习，双周进行集体备课。教师的学习形式有培训、校本教研和联片教研等。

> M 校长：平时教学压力大，教师一方面渴望培训，想要得到提高。另一方面他们通常把培训都放在双休日，老师就不太情愿。在教师学习方式上，（我）感觉硬性的培训效果会好些。原

因是教师忙，也会有惰性，没有养成好的学习习惯。在教师专业发展问题的认识上，觉得对老师分层会好些，这体现在两个方面。第一，新手老师有一年的实习期，师徒结对，一年后出师。第二，有经验的老师（骨干教师）应潜心研究教学，这体现在写反思、论文和随笔上。（教师发展）重点在于抓好两个方面：参与的面和质量。存在的问题是，在做课题的过程中，教师在交流上有欠缺。在强化教师的业务学习上，重视教师教育教学信息技术的培训，在老师的交流中争取解决问题，攻克疑点和难点。

学校的规划课题，一般都交给教研室。学校的老师们在近一年内个人申请了11项小课题。

  Y老师：像我们这个学校，班额也比较大，老师们就是忙于批作业，忙于上课。这几年我觉得老师们进步比较大，比如申请课题，搞研究，然后学校牵头搞大课题，进行研究。前几年，我们对课题研究，就觉得好像特别害怕，不知道从什么地方开始，从哪下手，但是，在真正接触的时候，在搜集资料的时候，好像觉得还是有能力的。咱们学校还有一个大课题，看年底能不能结题了。这是一个市教科所的"小学数学生活化"课题。

学校鼓励老师参加各项比赛。

  J老师：以前学校对老师的奖励，都是发一些生活用品，但是，随着对教师专业方面的要求提高，学校领导在这方面也动了一些脑筋，就转换成购一些专业方面的书来进行奖励，这也促进了老师后续的不断学习和进一步的发展。

  W老师：我们校长在这一点上其实做得相当可以，他每年给每个老师发一部分钱，甚至对每年奖励的钱，他也不发现金，而是让你买书，拿买书发票到学校报销。有一次，他甚至给每个老师充了一两百元的卡，这个卡只限于你到书店去买书。所以学校想了很多方法鼓励老师学习。但是对于我们大多数老师而言，看书的时间比较少。

刘书记：我觉得教师学习的积极性，主课老师是比较积极的，尤其是年轻的老师，因为现在要求越来越高，赛教啊，还有课题研究啊，学校的这种要求迫使他们不学不行。要说学习上稍微松懈一点的可能就是年龄偏大的老师了，然后就是在小学高级职称竞聘上觉得已经到头了的老师，再努力好像也没有什么奔头了。

（二）教师访谈个案
1. W老师：反思教学、提高技能
W老师爱好写作，擅长朗诵。读大学期间他一直在校广播站担任编辑，到了C小学以后也承担了学校校刊的编辑工作。校刊主要刊登面向学生的习作。

刚开始发过几次老师的论文，但是关于学校老师，就要谈到老师的学习、学习的积极性之类的了。尤其像小学老师，学习的欲望是有的，但是说句实话，他们太忙，真顾不上。

"从自己的教学实践中学习"，是一线教师学习教学的普遍途径。教师从这种鲜活的实践中获得新知识，获得对学生、学校、课程、教学方法的理解。

对小学知识层面的东西，我现在的反思是，像语文写字有"笔画、名称"，在知识层面上，有些基本东西知道。在课堂设计上，哪些内容应该讲得少一点，哪些内容应该讲得宽一些。还有在结构、时间的安排上，现在更倾向于关注教材和学生方面的。想着如何教以及怎样教，对于知识点的把握是否能把学生思路控制在你讲课的范围里。一堂课后可能会想想好在哪里，不好在哪里，但是一遇到其他事情的干扰，没有来得及写下来，也就过去了。

针对教材中所存在的问题，W老师平时会反思，并把想法用文字形式记录下来。W老师认为，从授课方式上讲，可以做到立足实际，灵活授课。但是就教材内容而言，却没办法。

> 人教版的教材，它的作文这个板块的设计啊，问题就特别严重，特别多。如果说完全按照人教版的作文教材来教的话，学生到六年级以后还是不会写。如果说你胆敢把教材内容有所变动的话，那考试的时候，它是完全按照教材出的。你没办法。比如，有一年我们参加区上的统考，就遇到了一个让人感觉尴尬的事情。有那么一句古诗：不教胡马度阴山。其中的"胡马"，你说让现在的人来理解的话，就会理解成敌方的军队，敌方的战马，甚至理解成敌人，那都是正确的。我们学生的都是这么写的，都不是完全标准的答案。结果批卷的老师是完全按照教科书上的一个解释，教科书上的解释是：胡人的战马。那个批卷的老师就是按照这样批的，一个字都不差，必须抠那个教科书上的解释。你要是写成敌人，写成敌人的军队、敌人的战马，全部为错。所以说在教材的处理上，老师是心有余而力不足的。

W老师认为，从学习的积极性、效率各方面来看，以其年龄和教龄而言，各方面的心态都趋于平和。她会尽可能地挤出时间多学一点。

> 我有幸到东南沿海那边去过一次，感触就非常深。那边的老师，可以说从教学理念、教学方法各个方面，跟我们西部这边都不同，都不是10年的问题，所以应该到那边去取经，学习一下。如果是从提高教学能力和改变课堂教学这个角度来讲的话，观摩是最具实效的。你去一些先进的地方观摩，先进的学校观摩，听优秀老师的课，看他们的课堂，那是最有实效的。还有一个就是

听一些全国名师的课，你听过以后，那感触是非常深的，只要是认真听课，认真学的老师，都能从中学到一些。

作为一个真正搞教学的老师，从网上下的东西我知道不能用，要做大量的修改，才能搬到自己的课堂上去。这个跟我的性格有关系。还应该加强专业理论知识学习，还有就是坚持读书，读书一般应该杂一点。但是作为我个人来说，更倾向于杂文，就是随便看看。而且有时候特别愿意向学生推荐一下。我觉得学生的视野应该更加开阔一点。

2. J 老师：熟练讲授、动态生成

在 J 老师 27 年的教学生涯中，他主要教数学课，在学校老师缺乏的情况下也教过一些综合课。他习惯了在处理完一天的教学工作后，看看专业方面的书籍。在下午 4：20 学生放学后的一个小时，用来批作业、备课和看书等。他形容其目前的学习状态是"疲倦"的，但不是"倦怠"的。平时喜欢网购一些适合的书，倾向于独立学习。但是他把其目前的学习归结为被动式的学习。

> 如果我明天上这节课，我才去认真地钻研一下有关这节课的教案、方法，如果没有这一节课，我一般就不去（钻研），因为老师都是有针对性的，他上哪一节课，才会关注那一节课该怎么讲。

J 老师的这种被动学习方式，其实一部分原因在于他认为对教材和授课方式比较熟练，有信心在短时间内把教学要点提取出来，能胸有成竹地应对课堂。

> 当作业批完了，课备完以后，我就会看一看平时教学中的一些难点，应该通过怎样的方式去突破。今天我在网上看的就是明天我要教的垂线，要教这个垂线的画法。下午我正好没课，就打开电脑在网上学习，看是怎么样讲这节课的，就看他们的教案。

> 以前从书上经常看一些教育家的教学案例，像以前我们订的那个《小学数学教学》杂志，上面经常有名家的一些案例、分析。我们是教数学的，专门给数学老师配备的就是这一本书，吴正宪的，这是一个教育方面的名家吧，她的一些教学实例，我们也在看。

J老师从观看教学实例中感受到他的教学视野逐渐变得开阔，于是有意识地把先进的教学理念贯穿到他的课堂上来，经过实践，却感觉到有些差别。J老师把原因归结为老师自身的素质，有些问题可能是老师提得过大，学生不知道如何回答。让他深有感触的一点是，人家的课堂生成抓得比较好，在课堂上针对学生提出的问题能够将话题展开，有深度，但是他包括其他一些老师在这方面感觉就逊色一些。

> 说到课堂生成啊，确实很难掌控，老师预先是想不到的，学生在课堂上突然提的一个问题，有时候是很好的问题，但是老师因为思考时间很短，这样，就把它忽略过去了，亮点也就抓不住了。

> 刚毕业的时候教学生，我感觉就是备课，写得特别多，基本上就是说的每一句话，都要写到教案上，可是，现在写得就不这么多了，就是写个大体上的程序，所教的主要知识点，就不那么详细了，这就是在教学上我感觉前后不同的两个方面。

3. L老师：突破"瓶颈"，力求发展

L老师喜欢文学，自修中文，是一名曾经多次获奖的经验丰富的语文老师。在实行"师徒制"的C学校里，L老师是某新手教师的"师傅"。L老师懂得在课堂上激发学生的兴趣，她坚信这跟老师自身的修养、理念、能力、知识的储备等有关系。她从小就喜欢小孩，这和她母亲是幼儿园园长分不开。

> 从小我喜欢小孩，我妈那时是幼儿园园长，所以我跟孩子、

学生的沟通，自有一种本事，十分容易。我能感受到怎么样走进，从哪个角度能走进他们的心里，怎么说话我能打动他。这类似于一种本能。你非要让我说清楚我用了什么方法策略，我感觉不是十分能说得清楚。甚至有时候我课备得不是很精，但是我能很好地驾驭这堂课。我发现有时候课备得不是那么特别细致也有好处，你会更多地注意、关注学生。有时候你甚至可以沿着学生的思路走下去。对不对，事实上你是为了学生的学，你不是为了老师的教。

L老师将"以生为本"的教学理念贯穿于平时的课堂教学中。

最近给学生灌输的就是：其实，课文有时候内容并不复杂。我经常对他们说：故事简单着呢，你们站起来给我讲，就是概述一下。学生在概述的过程中，他能看懂的地方就说得一清二楚，就能说到点儿上，那么，这些地方还需要你老师颠来倒去地给他讲吗？对不对。但是有的地方在他的描述当中你就会听出疏漏，有的地方他就说不清楚，那么，这往往就是重点和难点，然后逮着这些东西再去讲，这样才有效果，学生也感兴趣。你想，学生已经明白的地方你再颠来倒去地讲，他肯定不爱听。他困惑的地方，这个地方弄不明白，他可能就愿意听。

我觉得老师的知识一定要特别丰富，其实，我有时候就对孩子们讲：老师给你们讲的这个知识点，就是大学里的，有时候讲文字，文字的起源、构成，或者其他什么，你单教这个字和"竖横折钩撇"，他不爱听，但是你给他讲这个字为什么是这个样子的，我们祖先造字时是什么想法，经过几千年的演变发生了一些什么样的变化，其实，孩子们还是好学的，他会很好奇。你光给他干巴巴地讲这个"怕"字，他不爱听，你给他讲这是"害怕"的"怕"，他就不爱听。那么，你给他讲这个"怕"字为什么是竖心旁呢，这是指人的内心的一种感受。

L老师爱好文学，但是在习作教学中却面临着困惑：

> 习作教学也是我的一个弱项，一个空白。虽然我意识到这一不足，但是没有进行深入的思考，没有进行系统的重新构建。所以呢，我们班学生的习作也不咋的。首先老师要有思考，对学生才能有引导。关于习作，绝大多数老师没有进行过思考。所以，现在连我自己，包括学生都很困惑。6年学下来，我就说我们都有问题。

作为区级骨干教师，L老师现在正参加培训，在规定的时间里在网络上收看视频，并且提交论文作为学习后的心得体会。

> 这两年在课堂上我尽量把我的注意力放到关注学生上。年轻的时候，事实上一般是在走教材，走教案，这倒不是我们每一个人的感受，就包括苏霍姆林斯基，他也是这么写的。然后就会出现说了上一句忘了下一句的现象，于是人就傻在那儿了，挂在那儿了，我们就说挂在黑板上了。事实上就是因为他在走教案。而我的感觉似乎是2008年或2009年开始，可能到了一定的阶段，就开始真的关注学生了，这样，我觉得更自如一些了，当然，这要建立在一定的基础上，毕竟我对这个教材比较熟，在熟的情况下，我可以做到这一点。但是，对于新老师，你完全不让他关注教材的话，那也不可能。我觉得就小学课程的内容来说，个人的理解不同，讲出的效果也是不一样的。就像做饭一样，同样的菜10个人做出来就会有10种味道。因为讲课这个东西，今年你教三年级，明年你可能还教三年级，但是你对于三年级课的理解可能有很多的不同，因为教学就像人家所说的老师和医生是一样的，必须靠实践来磨炼，越有时间的积累，经验就越丰富。每个人的教学方法也不一样。

L老师认为，这么多年的教学实践已经有了一定的积累，但出现在教学上"卡"在经验上的现象，还是不容易突破的。大部分教师都不容易突破那个"瓶颈"。对于自身的专业成长乃至职业生涯规划，L老师认为，目前还没有渠道、意识和机制推动着教师向前走，往往是老师自己"深一脚、浅一脚"地摸索着前行。

4. S老师：立足课堂，学做科研

S老师的求学经历稍微波折些。从师范学校毕业后，她自考了英语专科，后来读了师范大学的英语成教本科。毕业后教过一年级的英语和数学，现在C小学教数学课。S老师描述她的教学和学习心态的主动性大于被动性，主要源于她自身发展的需要，想让她的文凭能够再高一点。但是对于自身教学和学习规划，她觉得还是有点茫然。S老师是多媒体教学的积极践行者。

> 我每天都用课件上课，基本上是每节课都用。我是每天晚上都在加班，就是找课件，下载一些课件，再根据学生的情况修改一下。我现在养成这个习惯了。也不是说，每一节课都需要课件，至少，在我最近这几节课中我觉得用课件更方便，像我讲的图形，我比画不出来。再一个，我拿着图形，学生看得也不是很清楚，但是，你通过课件一演示，学生就明白了，哦，就是这么拼凑的，就演示得很清楚。

除了在学校里自己在课堂上学习外，还跟着"师傅"学习，S老师平常回到家里也会花一两个小时学习。

> 我个人的学习几乎大多数是在家里完成的，比如说学生的成绩登记，给学生上课的课件，再比如说我自己个人的论文，全部是在家里完成的，家里的事不用我操心。

S老师反思她的课堂、教材以及教法，觉得问题还在于对教材的把握上。

对教材经验少，觉得对教材的把握上还不是很周全。教材难度普遍提高了，我觉得，说是给学生减负，怎么教材却越来越难了。而且和教材相配套的练习题，它有时候和教材不是同步的，它要么是特别简单的题，要么就是特别难的题，所以我说，因为每一个学校学生的情况不一样，最好我们就是搞科研，干什么，出配套练习题。就利用两年的时间，把所有的配套练习题都出了，我觉得这是最好的。

我最大的体会就是前两年我代五年级课的时候，有一个知识点我自己觉得比较马虎，因为第一次代课嘛，然后我就问老教师，用他的方法给学生讲了。我今年又代五年级课，我不由自主地就想到了一个更好的办法，其实，我以前讲完那个之后我当时还没有想到一个更好的解决办法，但是到今年讲的时候确实是不自觉地想到的，所以我觉得经验特别重要。第二遍真的比第一遍成熟多了。

苏霍姆林斯基曾经指出："在学校全部教育现象及其复杂关系中，最宝贵的东西是什么？教师的信念——这是学校里最宝贵的东西。"只有上升到信念层面，才会具有行动的价值。

教师在教学过程中肯定就是研究者，一个是对课堂内容的研究，一个就是对教法的研究，这一节课的知识有效地让学生学会，肯定就研究这个教法。再一个就是老师是一个研究者，要研究学生的学习，怎么样把学生的学习效率提高，他肯定也在研究。还有一个就是他在教学之余，还在研究有关教师的专业，包括道德素质各方面的知识、内容。

我们不仅仅研究教学，还应该搞科研。就是教师要做出一些科研成果，我觉得这才是真正的成长。一个是在论文上，还有一个我们可以出些配套练习题，我们完全就可以把教研活动放到这方面，自己编写。每个年级的老师把本年级、本学期内所教的知识重、难点、易错的记下来，记上一年或者两年，最多两年吧，然后整理成文,我觉得这样是可以的。

我申请过课题,已经结题的是一个关于"数学作业量的问题",我当时把我们班分成了三拨,然后将他们的作业分三个层次。我实验了整整两年,从五年级代他们班的课开始,我就这么做了,一直到六年级他们毕业。我觉得(效果)还行,好学生其实(作业)量反而多,他们除了做一点点基本的作业之外,我还给他们配了一些"培优"题,简单的(题)做得少,每天都做三道培优题,然后找我批,有时候就讲,不一定每天都讲,但是我每天都批。然后中等的学生就让做配套练习,学困生我就给他们加了"口算",我自己出的一本《口算》,自己用手抄写的一本题集,把各个方面结合起来手抄的一份,来不及打(印出来)了。我现在申请的课题是"课堂错误资源的利用"。

我觉得老师要发展,除了做本职工作外,还要做大课题。让全校老师一起动起来。在数学方面,我们学校有一个大课题,基本上就是分工,集思广益,每个人收集的资料不一样,做的方面也不一样,你工作不可能做得那么全,大家一起做,每个人都能借鉴所收集的资料,然后运用到课堂上。

我觉得跟老师们的这种交流和互动应该更加强一点。像我和Y老师、J老师在办公室里面,特别是在平行班里,或者是在一个年段里我们交流得更多一点,但是跟别的老师也就仅仅局限于学科活动方面,交流会少一些。再一个,我觉得就是应该搞"同课异教",效果挺不错的。同一篇课文,同一年级四五个老师去讲,效果还真是挺明显的。每个老师都值得我们学习。

反思课堂的实效性,S老师将她所学的知识转化为教学技能,试行"数学作业分层布置"计划,面对新一届学生,她调整了教学思路,在教学中摸索出适合这个班级的教学方法和模式,S老师对学习有着开放的心态,对教学有着批判精神,是探索新教法的积极践行者。

二 影响教师学习的因素

（一）信念

科瑟根认为，教师学习与发展要受六个层面问题的影响：环境、行为、能力、信念、专业认同、使命。① 教师对各种教学相关因素所持的看法就是教学信念，教师在教学过程中的所有课程决定和教学行为均受其教学信念的影响。帕杰斯指出，教师信念是教师教学的中心，教师教学信念不仅会影响教师知觉，以及班级中信息与问题的处理方式，而且对教学目标与任务的确定也具有重要的作用。在一定意义上可以说，教师的教学信念影响着教师在教学过程中的表现、思考与决定。

要有成为一名"好"老师的信念。帕杰斯在一项研究中发现，当实习教师进入教室进行教学时一般是根据教师头脑中的建模进行的。这种建模主要来自于社会文化和个人学习经历的影响。因此，教师教学信念的形成，可追溯到个人在社会化过程中对教育的所见所闻，或本身的教学经验上。

> L老师：李镇西老师的《做最好的老师》给我启发最大，因为成为一名教师是我愿意的事情，也是我擅长的事情。但怎样成为一名好老师，这是我当老师以来的目标，读完这本书，犹如与一位有经验的老师进行了一次长谈，受益匪浅。就像那天我看苏霍姆林斯基的那本书所写的，他说真正好的老师实际上不是教教材，是教大纲。就是你要把握大纲，当然现在叫"课程标准"，你要站在一定的高度来把握这个教材，教材要为我所用。这样可能会好一些，但是这就完全要靠老师的水平了。

要有做"研究型教师"的信念。教师应该是"研究者"而不是

---

① F. A. Korthagen (2009), "Professional Learning from Within," *Studying Teacher Education*, 5 (2): 195 – 199.

"教书匠",教师应以研究的态度对待教育教学工作,提高"学理"素养。在现实中,教师往往会面临各种困惑,比如,增加教学内容和教学任务与课时有限的冲突;教师缺乏专业指导,有"教研意识"但没有具体的方法;怕新的尝试会影响学生的成绩,而仍旧沿用原来的旧模式。教师对于提倡的"学做研究者"这一理念与处理现实中的矛盾会产生畏难情绪,缺乏自信。

W老师:如果站在一个高度上认为教师应该是一个研究者,这是一个比较新的提法,但也是很中肯的,提得很好。作为教师,如果说你仅仅是照本宣科,那充其量你只是一个"教书匠"。作为教师,最起码你要做到这一点:你得研究自己的教材,如果再提高一点,那就是在研究教材之余,你还应该研究教育理论,对你所担任的学科应该要研究,所以说教师是一个研究者,这个提法是非常好的。但是如果说这个提法要真正落到实处,每个老师都认识到这一点,而且是从主管部门到领导,都能认识到这一点,那应该说对我们整个的教育发展是非常好的。

L老师:《教师如何成为学生的心理专家》这本书在教学方面对我很有启发和帮助。它从关注学生身心健康的角度引导我如何进行有效的教学。教师在讲授知识的同时很少关注学生的心理发展状况是不合理的,只有了解学生的心理才能因势利导,促进教学,也有利于学生知识、技能、情感等的平行发展。

(二) 情感(绪)

苏霍姆林斯基说过:"教师的任务是要不断地发展学生从学习中得到满足的良好情绪,以便从这种情感中产生和形成一种情绪——即强烈的学习欲望。"有研究者主张教师的职业发展应考虑情绪的作用,特别是在新教师学习教学中,情感具有关键性作用。[1] 新入职教师处

---

[1] L. Ria (2003), "Beginning Teachers' Situated Emotions: A Study of First Classroom Experiences," *Journal of Education for Teaching*, 29 (3): 219 – 223.

于职业生涯进入期，所面临的主要任务是熟悉教学内容和学生，积累教学实践经验。该阶段的教师情绪特征表现为教学投入深，与班级融为一体，教学中有激情，精力充沛，情绪饱满。

  L 老师：(我) 现在的教学和学习积极性很强，想提高自身，也挺有兴趣的，我喜欢上课。对网上英语教学中的小游戏，或者如何教单词一类的，我特别爱看，像网上的课件，你可能基本上是用不上的，因为你讲课是按照你的思路，如果下载现成的课件的话，对于你没有多大的帮助，你得自己去做。但是存在的问题就是两极分化，因为英语学习两极分化现象特别严重，学得好的在外面上培训班，效果就越好。然后，你每次上课的时候，你感觉就是特别亏待了好孩子。你上得深了，好孩子高兴了，普遍的就是中下的学生，就啥都听不懂，如果你偏向中下的孩子，你上这个常态课，正常的课，好孩子就会觉得吃不饱，觉得很欠他的。因此特别苦恼。

  随着经验的积累和教龄的增加，教师进入了专业发展时期，成为熟手型教师。这一阶段的教师在满足胜任教学任务的同时产生了沉重的情绪负担，慢慢地将"自我"与学生分开，工作情绪不可避免会受到干扰。许多学者认为，执行高负荷的情绪工作容易引发情绪失调和情绪衰竭，从而降低情绪工作者的工作满意度，引起职业倦怠和离职意向，教学中的教师更容易表现出职业意识淡漠和教学行为消极的态度。一部分老师感觉不到教学所带来的愉悦感，于是从其他途径寻找满足感和自我实现，如编写出版教参、教辅资料等。

  W 老师：其实有些理论对我们来讲还是希望得到的，因为我们也知道理论是指导实践的。但是，就是害怕那一种理论，害怕脱离实际，而创造出来的那种理论。好多老师，包括我在内，对理论性的东西总有一种偏见，觉得它比较教条等，但实际上这个过程就在于教师自己的一个"内化"过程。

L老师：绝大部分的老师，说实话，毕竟不是搞研究的，那么你给我这个教材，我就教呗。但是，出现的结果往往就是6年里学生学了12本书，学得很认真，但是6年下来，第一，不喜欢读书；第二，不会写作。最可怕的是，失去了学习的信心和兴趣。我觉得这个是很可怕的。

那几年可能是年轻吧，对教育教学也有一些兴趣。但是对自身的发展，专业的发展，没有进行深思熟虑的思考，没有进行完整的深入考虑，没有完整的设想。所以很盲目，比如说参加竞赛，参加也就参加了，也不知道为什么。参赛之后也没有留下一些东西，没有及时进行归纳、总结。我记得很清楚，那年我们到东郊小学参加市"同课异构"活动，就是几个老师同时讲一节课。其实，当时我还是记了一些笔记，还是很有感触的，但是，人是有惰性的，也就不了了之了，这是非常可惜的。我觉得我还是没有目标，没有方向，没有动力。这是根源性的问题。就说你的课题、获奖，可能就像这树上的果子。这棵树要生长，就要靠根，如果这根有问题树还怎么生长？再说人有惰性，没有目标我该怎么做呢？我何必费那么大的精力，这肯定是要投入很大的精力的，搞教学也是挺不容易的。

其实，你说单纯地搞语文教学，不是说我完全没有兴趣，我有一阵子会看有关教学的杂志，就跟看小说一样，我会看得津津有味，就能达到这个程度。其实，一切都是动力问题。我们以前还没有这么多的培训和资料，当时我记得我就靠一些期刊报志，如《小学语文教师》之类的了解一些新的动态，资源也是很匮乏的。但是，当你愿意学的时候，你哪怕就看一篇文章，也能感悟到很多东西。而现在铺天盖地、各种各样的培训，可是在你被动地去听老师的讲座，是不一定有效果的。

教师的职业特点和要求决定了课堂教学是一个高情感投入的过程。有研究通过调查认为，学校要求教师表现的情绪主要是热情、乐观、爱、信任、平和、微笑、激动、喜悦、高兴、兴奋、感动、自豪、满意、期望、接受等正面情绪以及冷静、严肃、镇定等中性情绪。① 首先，教师的情绪要有稳定性，不要意气用事、放任自己的不良情绪弥散，要懂得自我调节、张弛有度。其次，教师情绪要有可控性，理智地控制不良情绪，避免在处理突发事件时情绪失控。而且，教师要善于识别和把握学生的情绪状态，用和蔼的态度消除学生的负面情绪，引导学生体验学习的乐趣。最后，教师情绪要有渗透性，在课堂上，教师要善于利用积极、乐观、饱满的情绪去感染学生，创设一种"润泽"的师生互动交流氛围。

（三）反思

教学反思是教师对其教育教学活动所进行的反馈性思考活动，是把他们的活动从感性的变成理性的，把无意识的变成有意识的思维加工过程。在反思中，教师对他们的行为和思想进行着慎思和重构。② 为什么要反思？处在操作性实践中的教师需要通过反思来纠正实践行为；教师需要通过反思来提升他们的操作性实践。由反思积累起来的经验有助于教师生成顿悟。集体反思可以使教师共享隐性知识，从而有助于教师实践智慧的养成。③ 有效的反思能不断提高一个教师的教学水平。

> W 老师：其实我有过一次失败的课堂。我听过一个名师的课以后，我就完全按照他的那个（方法）上一次，试一试。结果上课的时候，我自己感觉每个环节我都做到了，但是课上完以后，效果就是不好。我自己也觉得课堂氛围赶不上人家的，事后想想，出在风格上，自己不是那个风格。

"和同事就某一问题展开讨论"成为小学教师首选的反思方式，其次是"在头脑中回顾一下"这种随机性的反思方式。

---

① 刘衍玲：《中小学教师情绪工作的探究性研究》，学位论文，西南大学，2007年。
② 赵明仁：《教学反思与教师专业发展——新课程改革中的案例研究》，北京师范大学出版社2009年版。
③ 邓友超：《教师实践智慧及其养成》，教育科学出版社2007年版，第4页。

现在我倒觉得，像同事之间平常随便的聊天反而是有作用的。而学校有的时候集中的学习，老师们反而觉得成了负担。而且在那种场合之下，可以说都是表面应付，也谈不到实质的东西，谈不出真相、真话。所以，你说类似于学校的业务学习，或者是开会学习，等等，多半流于形式，没啥作用，反而还不如平时的聊聊天有作用。

一名优秀的老师常常表现出一种质疑的方式，一种反思问题的方式，被一种兴趣所激发的方式，这些都与这位老师以其自己的风格体现课程的方式有关。真正的学习从来就不只是纯粹的智力增长：当我们获得的知识、价值和技术与我们自身的成长相联系时才是真正的学习。① 研究者发现，反思使得教师能够持续地进行学习。教师学习在以下三种情形中发生：当个人能够在与他人观点的比较中进行反思性的思考时；在困惑的、复杂的和模糊的情境中个人能够通过提问和推理赋予所面对的情境以意义时；当有冲突发生，而且个人试图批判性地检验和证明自己现存的理论时。

L老师：刚上班时，教学上考虑更多的是如何给学生传授知识，重点在教学的技巧和方法，慢慢地，觉得作为小学老师，其实更重要的在于激发孩子们的兴趣，培养孩子对祖国文字的热爱。要教给他们方法。在这方面，现在反而感觉越来越有难度。

其实现在不光是我一个人，有很多一线老师普遍对这一套教材不是很满意。我们听过一个报告，是讲习作方面的，报告者说这套教材编得很差。也就是说，一线老师有这种感受，专家也有这种感受。我的感受是这套教材的编写，把我们的传统抛弃了，但是，又没有新的建树。我就感觉是一片混乱，东摘一点，西凑一点，当然我们不是搞研究的，水平确实有限。我就觉得这个教

---

① 马克斯·范梅南：《教学机智——教育智慧的意蕴》，李树英译，教育科学出版社2001年版，第6页。

材毛病太多了，太大了，选的那些文章都经不起推敲。它也没有一个理念贯穿其中，没有线索，比如说这个单元的主题，这个单元和上下单元的承接，一册书在整册书里的位置，总之，它在系统性上，就没有做出精心、深入、慎重的思考。

就像我上一篇作业，写到最后一句，我觉得是我这段时间内的一个想法，还是写得比较诚恳的：作为语文老师，你能够用6年的时间，能够激发一个孩子对祖国语言文字的热爱，并且使他们能够运用，具有运用这种语言文字的能力，我就觉得善莫大焉，可谓功德圆满了。应该将注意力放在这一块上。其实，有的知识点什么的，那是不着急的，二年级不会，初二年级他总会了。最重要的是唤起他对语言文字（的热爱），让他感知语言文字的魅力。

（四）评价

教师实际的教育教学行为受到其所在环境的影响，学校管理与评价教师的标准与方式，直接决定了教师采用何种方式进行教学。具体到各种课程评价方面，比较多的是借助学生通过课程所获得的进步与发展来判断课程的功过得失。对于教师的努力则表现出要么忽视，要么仅以学生成绩作为权衡的量化评价。

对一所学校的校长来说，解决教学生活中的"为什么评""评什么""谁来评""怎么评"的问题显得必要而迫切。学校要形成良好的学习文化和教研文化，还应该关注到教师个人因素方面，刘校长认为：

我觉得应引导老师多读书。站在他们那个角度，我觉得他们应该主动地学，因为这是内因，其他的像学校提供学习方式等，都是外因。如果内因不起作用的话，他学习的这个速度、进步的速度都比较缓慢。所以，就从我现在看这个学校的老师，优秀的老师还是要自己动起来。自己动起来，给自己加压。

对于"建立以学校自评为主,教育行政部门和学生家长共同参与的评价制度"这句话的理解,刘校长认为:

> 家长只能作为参考,因为家长不能够全面地了解一个老师,他的评价只能是一个参考。对每年的这种综合考评可能现在各个地区都有它的考评办法。这种压力我觉得应该有,如果没有的话,老师和学生其实有共同点,他们每走一步,都需要得到肯定。得到肯定,他才有前进的动力。

> W老师:从学校来讲,要看评价方式能不能有所改变,这个评价方式所指的就是考试。因为一旦有考试存在,那我们的所有教学都必须围绕考试走,因为考试,你的考核就是那个标准,不会变。如果要围绕考试,作业量你不得不考虑。好多专家说的是:好学生不是作业喂出来的。可是,我们作为一线的老师,基层的老师,我们援引部队上的一句话:神枪手是子弹喂出来的。如果学生学完一个知识点,你不进行一些巩固训练的话,时间长了学生就会忘掉。所以作业量就减不下来。如果教育部门真正要把这一点落实好的话,我们就会有大量的时间去学习,更好地钻研怎么样教学。主要是从繁重的作业当中解脱出来,这样的话,老师就能够更好地学习,更好地钻研教学。

> 刘校长:"成绩和升学率"不是学校唯一的评价标准,应该说,各学校现在都不把它当成是唯一的,也不是参考的主要标准。但是老师在这一方面的荣誉感还是比较强的,家长也更关注成绩,所以老师们十分关注每一年年终的成绩。对奖励他不是太在乎,但是他在乎荣誉。所以老师对成绩还是感到有些压力的。虽然很多学校没有给老师施加这方面的压力,但他们自身有压力。

第四节 结论

通过对四位小学教师教学中学习过程的分析发现:

第一，小学教师有学习的意识和获得专业成长的心向，但是缺乏对其专业发展的明确认识和规划。对于 L 老师而言，她已经经历了教学上的"高峰期"，当多次获奖逐渐成为"昨日的辉煌"时，她陷入迷茫之中，对于其专业发展似乎有些期待，但不知如何做起。现在的她发展正处于"高原期"，如何突破发展的瓶颈，成了困扰她的最大难题。种种困惑得不到解决，慢慢地也就没有了学习的动力。作为学校公认的理论性较强的老师，J 老师现在是 S 老师的"师傅"，在教学上可以做到"游刃有余"，并给予 S 老师细微的指导。J 老师在学习上属于"熟练的被动者"，他看书的目的是解决教学实践中的问题，对于他的持续发展没有具体的想法。比较而言，W 老师和 S 老师对于他们的学习和提高有着较为深刻的认识，善于反思，勇于探索并尝试将之运用于实际的教学当中。缺乏具体的专业发展规划，是制约他们专业成长的一大难题。中小学教师普遍具有积极的教学和学习心态，但是对于专业发展的认识处于一种"模糊"状态，没有明晰的规划和奋斗目标，缺乏专业自主性，专业理想不高。

第二，小学教师的学习通常是一种"单环学习"，而不是"双环学习"。J 老师和 L 老师的学习属于"单环学习"，注重"认知"，面对教学中的问题有疑惑和想法，属于零散式记忆，没有进行系统归纳整理。对教材、教法和课堂生成等有过反思，但并没有尝试改变其行动，凭"经验"教学。W 老师和 S 老师的学习属于"双环学习"，他俩共同的特点是善于反思并大胆试验，以他们灵活的方式处理教材与教学内容之间的矛盾，尝试改变他们的行为，以学生为本，摸索出一套适合本班学生特点的教法和学法。总体来看，大多数中小学教师的学习属于"单环学习"，教师之间的交流和讨论经常发生在同一学科的几个教师之间，有时候是在同一年级组或同一个办公室之间。没有打破学科壁垒，在一种相对更加开放的环境中进行交流，教师之间缺乏合作，缺乏创造精神和超越的内在动力。

当两个老师真正地参与一项学习现象的理解和意义建构时，合作性的讨论就变得极有价值。W 老师善于从他的教学实践中学习，他对知识的获取、对于教材的思考，以及对于学生的关注都来自于课堂。

作为反思型学习者,他批判教材的滞后,以他的课堂为实验田,灵活地改进教学模式,真正做到了教学相长。

作为有着27年教龄的老教师,J老师的学习动机来源于教学实践中问题的解决。书籍和教学视频是他学习的主要途径,他善于把好的教学方式和先进的理念融入课堂中,以学生为主,把他对新知识点的理解化难为易地、巧妙地传达给学生。倾向于理论学习的他,对教学有着他独到的感触和思考,但是面对"如何将理论与实践结合起来,从而有效地指导教学"这个问题,他觉得有点力不从心。

第三,影响小学教师学习的因素是多元而复杂的。影响小学教师学习过程的因素有很多,从自身来讲涉及反思、情感和信念等方面;从客观条件来看,体现为学校这个场域的整体氛围以及教师之间的集体互动。

小学教师针对教学中的困惑和问题通常选择"在头脑中想想"的瞬间反思方式,他们把原因归结为时间精力有限,不能进行系统的整理和思考。部分教师缺乏职业情感依赖,表现为在教学中积极性不高,自身提高的动力不足。教师在教学中有不同的教学信念,如做一名"好"老师,在做好"教书匠"后学做"教育家"等。教师之间的合作、交流、互动,如学科教研活动、校内培训活动等,在一定程度上也强化了教师的学习,虽然教师对此类"硬性"的学习手段有一些抱怨情绪。校园的文化建设也成为促进教师学习的潜在因素。

第四,教学管理对教师的评价往往具有功利性。评价标准和方法的单一性,如"以成绩为主"作为考核教师的主要依据,往往制约了教师的积极性,阻碍了教师的专业成长。长期以来,课堂教学评价主要服务于行政管理,被用于对教师的考核评比,其结果直接与教师奖惩晋升挂钩,一堂评优课的成功会给教师带来很多荣誉和实惠,会成为教师晋升获奖的重要依据。在这种评价中,评价的目的被异化为选拔,而教师评价的发展性功能,促使教师专业发展的功能常常有意无意地被忽视了。

第三章　高中语文教师教学观与教学行为关系个案研究

教师教学观①与教学行为是教师专业发展研究中的焦点问题。本章在新课程背景下，聚焦于高中语文课堂教学，分析教师教学观与教师课堂教学行为的相关性。本章试图运用实证研究的方法回答以下问题：（1）高中语文教师的教学观与课堂教学行为的现状是怎样的？高中语文教师教学观与课堂教学行为的关系是怎样的？（2）影响高中语文教师教学观与课堂教学行为关系的因素有哪些？外部因素是如何影响二者之间关系的？内部因素是如何影响二者之间关系的？

第一节　文献综述

一　概念界定与分析

教师的教学观，顾名思义，就是教师对教学过程总的看法。② 从教学观的来源分析，可分为外铄的与内生的；就教学观的功能而言，可分为能动的与实践的。

教师教学观是在客观实在的基础上进行内化的结果，是教师从实

---

① D. D. Pratt, "Conceptions of Teaching," *Adult Education Quarterly*, 1992, 42 (4): 203-220.

② D. Kember, "A Reconceptualisation of the Research into University Academics' Conceptions of Teaching," *Learning and Instruction*, 1997, 7 (3): 255-275.

践和经验中形成的对教学的本质和过程的基本看法。① 也有学者指出，教师的教学观念就是教师在教学实践中逐渐形成的对教学活动的系统认识。② Marton 认为，教师的教学观是存在于一定社会形态下的教师对于教学内涵、教学模式和教学控制方式等因素的总体认识、理念与看法，是教学活动的基本指导思想和对教学本质与过程的基本看法。③ 因此，教师的教学观来源于实际的教学活动，同时通过教师自身内化成为对教学本质与过程的基本看法、思想及其思维方式。

教学观是人们在教学实践中所获得的对教学问题的认识、看法及其思维方式，它直接影响着教师的知觉、判断，甚至影响着教师的课堂教学行为、教学计划和教学过程。④ 很多研究表明，教师教学观是预测教师课堂教学行为和课堂教学效果的最有效指标。⑤ 教师教学观甚至比教师应如何组织教学，该采取什么样的课堂活动等知识对教学行为的影响更有力。⑥ 教师的教学观一旦确定，就会在他们的头脑中形成一个框架，影响他们对教学过程的具体事物和现象的看法，影响他们在教学中的决策和实际表现。因此，教师教学观是教师对教学实践活动进行思考并对教学实践活动产生影响的一种思维方式。

语文教师教学观是语文教师对语文教学的一种教学思想。钟慧指出，语文教师教学观就是语文教师以科学的人文精神为指引，用长远的思想观念从大视野来考虑对学生的教育，用素质教育的指导思想来

---

① D. D. Pratt, "Conceptions of Teaching," *Adult Education Quarterly*, 1992, 42 (4): 203-220.

② 何基生：《教师教学观念和行为转变的困境与对策》，《教育理论与实践》2009 年第 29（1）期。

③ F. Marton, "Phenomenography-Describing Conceptions of the World around Us," *Instructional Science*, 1981, 10 (2): 117-200.

④ M. Pajare, "Teache's Beliefs and Educational Research: Cleaning up Amessy Construct," *Review of Educational Research*, 1992, 62 (3): 307-332.

⑤ J. C. Richards, & C. Lockhart, *Reflecting Teaching in Second Language Classrooms*, Cambridge: Cambridge University Press, 1996, p.29.

⑥ 郑曼怀：《大学英语教师教学观念与教学行为的对比研究》，《韩山师范学院学报》2009 年第 30（2）期。

设计合乎学生发展的教学方法和手段，把语文教学置于社会生活的大背景中，把语文教学与生活联系起来，全方位、多角度、多渠道地学习语文知识，培养语文能力，提高语文素养，增强语感的一种教学思想。① 也有学者从现代语文教育的发展方面指出，语文教学观是对语文这一特定对象的认识或看法。主要表现在这样两个方面：语文学科的性质是工具性与人文性的统一；语文的教学改革是"教"和"学"的结合。② 我们把语文教师教学观界定为：语文教师在其语文教学实践过程中所产生和发展起来的，对于语文教学活动和教学本质与过程的基本观点和看法。主要是指语文教师对教学本质、教学目标、教学内容、教学方法、教学评价、师生角色等相关因素所持有的观点、看法。

课堂教学行为是师生在课堂上共同进行的教学活动。课堂教学行为不是教学形式、教学方法的简单相加，而是一个结构复杂、内容丰富的包括教和学两个动因的目的性行为，是由教师和学生两个行为主体构成的，包括与这两个行为主体有联系的各种因素。③ 课堂教学行为存在教师行为和学生行为两个行为主体，那么一定也包括主体及主体之间的活动，因此课堂教学行为不是单一的、孤立的，而是教师的教与学生的学统一的行为。④ 张建琼、吴定初认为，课堂教学行为从两个维度进行分析理解：一是观念的层面，二是操作的层面。基于这两个层面，将课堂教学行为定义为"师生'共同体'在课堂教学情境中共同促进积极教学和自我发展的整体行为"。这个"整体行为"是指课堂教学行为的共同体特征，既包括教师的教学行为，也包括学生的学习行为。⑤ 也有学者把课堂教学行为理解为教师这一特定的角色在课堂这一特定的场景下，为实现教学目标和学生的发展这一目的

---

① 钟慧：《大语文教学观及其实践》，《教育理论与实践》2011 年第 3 期。

② 李永红：《从现代语文教育的发展看语文教学观的变化》，《成都教育学院学报》2003 年第 17（3）期。

③ 戴国忠：《略论教学行为的内涵与特征》，《普教研究》1994 年第 4 期。

④ 陈霞：《新课程背景下教师课堂教学行为研究》，学位论文，四川师范大学，2008 年。

⑤ 张建琼、吴定初：《课堂教学论稿》，中央文献出版社 2007 年版，第 113 页。

所从事的各种与教学相关的活动。① 本章中的课堂教学行为是指,高中语文教师在课堂这一特定场所为实现教学目标和学生的发展目的所从事的各种与教学相关的行为,既包括教师教学行为,也包括学生的学习行为。在本章中着重考察的是课堂上教师的教学行为。

二 教师教学观的相关研究

关于教师教学观的研究兴起于 20 世纪 80 年代,通过教学观和教师教学观的概念分析,可以把教师教学观的特征概述为如下几个方面。

(一) 情境性

许多研究者认为,教学观与它所处的背景密切相关。文化的差异会带来教师教学观的差异,在学校教育阶段,学科领域、课程评价体制等背景也会使教学观发生变化。有研究者认为,教科学教师的教学观可能同教历史教师的教学观不同。② 也有研究者进一步认为,由于教师自身的价值取向和教育教学环境的不同,即使同一学科教师的教学观也不见得就完全一致。还有研究者指出,观念具有情境性,任何教师的教学观都是相对于特定的教育教学情境而存在的,脱离了具体的情境,教师的观念就无从谈起。

(二) 内隐性

教学观是教师主体的内部建构,是一种主体性的认识,具有内隐性。有些教师并没有意识到他们的教学观是什么,但是他对教学的看法却潜移默化地指导着他的教学行为。尤其是有一定经验的教师,他在他的教学实践中已经形成了一套习惯性的、固定的做法,并且认为他的做法是行之有效的,即使他接受了某种新的教学观,也不会在课堂教学实际中很快地改变他原来的做法。③ 从另一个角度来讲,教师

---

① 陈霞:《新课程背景下教师课堂教学行为研究》,学位论文,四川师范大学,2008 年。

② P. Ramsden, A Study of the Relationship between Student Learning and Its Academic Context [Unpublished Ph. D. Thesis], Lancaster University, 1981.

③ 施宇:《新手型、成手型中学化学教师教学观现状的比较与分析》,学位论文,东北师范大学,2009 年。

们经过一系列培训，接受了新的教育教学理念，很清楚应该教给学生什么东西，师生之间应该扮演怎样的角色等。他们可以说出新名词、新概念、新理论、新观点，但他们的教学行为变化却不大，很多教师只是拿新瓶装旧酒，穿新鞋走老路。① 因此，教学观作为一种观念，具有内隐性。

（三）先在性

教师的教学观主要是通过人的意识即主观的形式表现出来的，表现为类似先于经验形式的构架模式。教师在形成和发展自身教学观的过程中，不仅对教学现实进行研究，而且利用和借鉴前人对教学的理解所形成的观念，作为他们认识教学、从事课堂教学的理论依据。② 也就是说，教师在了解和明白当前教学活动之前，头脑中并不是什么也没有，而是已经形成了一个"教学观念结构"。

（四）稳定性与可变性共存

教师的教学观在形成之后，就具有一定的稳定性。这种稳定性如果在对先进教学理论的掌握和新出现问题的解决之中渗透，就会表现为教师锐意改革的坚定性；如果同落后的、陈旧的教学观融合在一起，就会表现为顽固性，影响教学的发展。③ 因此，某种教学观一经形成，就不可能由于外界的灌输或简单的倡导而发生改变。④ 但教学观的相对稳定性也有可能随着时间和环境等因素的改变而发生变化，许多研究指出，教师的教学观具有可变化性。⑤ 教学观是在教学实践中建立的，并且又反作用于教学实践，它随着教学的变化而变化，随着教学的发展而发展。教学观的转变也是一个内在的重新

---

① 施宇：《新手型、成手型中学化学教师教学观现状的比较与分析》，学位论文，东北师范大学，2009年。

② 王传金、谢利民：《教学观念研究：何去何从》，《教育理论与实践》2006年第7期。

③ 施宇：《新手型、成手型中学化学教师教学观现状的比较与分析》，学位论文，东北师范大学，2009年。

④ D. Kember, & L. Gow, "Orientations to Teaching and Their Effect on the Quality of Student Learning," *Journal of Higher Education*, 1994, 65 (1): 58–74.

⑤ F. Marton, "Phenomenography-Describing Conceptions of the World around Us," *Instructional Science*, 1981, 10 (2): 117–200.

建构过程。①

关于教学观的分析维度，研究者通过理论研究或对研究中收集的数据加以抽象，所概括的维度从两个到九个不等。但概而言之，教学观研究中有五个常见方面：学和教的本质、教学的目标和预期结果、教学内容、学生和教师的角色、教学方式，本章将这五个方面作为预设维度。

在国外研究的基础上，我国学者余文森认为，与新课程相适应的体现素质教育精神的教学观主要包括：从教学过程与教学结果角度而言的开放与生成的教学观；从师生关系的角度而言的交往与互动的教学观；从教学目的的角度而言的全面发展的教学观；② 这三种教学观彼此之间相互联系、相辅相成，只有从整体的高度把握每一种观念的精神实质，才能正确引领新课程的实施。③ 高凌飚将我国教师的教学观分为两个层次：第一层次有五种类型的教学观：传授知识、应付考试、发展能力、端正态度、教书育人；第二层次有两种类型的教学观：单向灌输式和互动发展式。④ 其中第一层次中的前两种教学观倾向于以教师为中心，属于"单向灌输式"教学观；而后三种教学观倾向于以学生为中心，属于"互动发展式"教学观。因此，在本章中，我们利用教学观维度中的两面性，采用"单向灌输式"和"互动发展式"。

冯茁指出，教师教学观转变的过程可分为感受、接近了解、进行比较、做出判断、接受或拒绝、强化、付诸教学实践等阶段。⑤ 田良臣、刘电芝认为，教学观念对教学行为的影响是通过教学策略这一中

---

① 陈冬梅：《新课程国家实验区教师教学观调查及其结果的运用研究》，学位论文，华南师范大学，2004年。
② 余文森：《论新课程背景下的教学观》，《福建师范大学学报》（哲学社会科学版）2006年第6期。
③ 郝琦蕾：《教师的教学观念与教学行为研究——以综合科学课教师为例》，《当代教育与文化》2010年第2期。
④ 高凌飚、王晶：《教师的教学观——一个重要而崭新的领域》，《华南师范大学学报》（社会科学版）2003年第7期。
⑤ 冯茁：《教师教学观念转变的关键问题及其机制》，《沈阳师范大学学报》（社会科学版）2003年第3期。

介桥梁而实现的。首先是在教学环境中，教师要接受、认同外部的宏观教学观念，经过主体的选择和加工之后，进入体悟、内化环节，也就是开始在内部进行建构，最终生成教师个人的微观观念；在这个基础上，教师结合其经验和教学实际将教学观程序化，然后形成能体现教学观实质和精神的具体教学策略；最后，教师在特定情境的教学中运用具体的教学策略进行教学，至此，新的教学观念致使教学行为发生根本转变。同时，教学实践又会促使教师在更高水平上修正和完善教学策略，这样通过以教学策略为中介对教学实际进行反思、充实、提升原有的教学观。[①] 因此，教学从观念到行为的转变是一个动态的探索过程。

三 课堂教学行为的相关研究

关于课堂教学行为的影响因素，研究者们通过对影响教师行为的内外因素的分析，明确教师行为既要受教学情境、学生学习和行为、考试制度、学校管理制度等外部条件的影响，又要受教师的认知、观念、理论水平、情感等内在因素的影响，包括教师的知识理论水平、教学能力、教学经验、教学效能感、角色意识等。[②] Widck 和 Hunt 指出，教师的"认知复杂度"影响他们对课堂的看法和组织教学活动的方式；以梅斯克为代表的学者认为，教师的认知风格影响其课堂教学行为。[③] 闰龙认为，教学行为是教师素质、教学理念、教学能力的外在表现，是教师专业知识、教学技能和教学经验的具体应用。而教学效果是教师教学行为的直接体现，影响教学效果的因素也必然会影响教学行为。因此，他认为，影响教师教学行为的因素是多方面的，其中主要因素应该包括以下四个方面：教师素质、教师的专业知识和

---

① 田良臣、刘电芝：《教学策略：沟通教学观念与教学行为的中介桥梁——兼论新课程方案的实施》，《教育研究与实验》2003 年第 3 期。

② 罗丽君：《教师的缄默性教育观念及其对课堂教学行为的影响研究》，学位论文，西南大学，2009 年。

③ 转引自郑燕祥《教育的功能与效能》，香港广角镜出版社有限公司 1986 年版，第 72 页。

技能、教学情境、教学内容。① 景敏、谢慧通过访谈、问卷调查得出影响教师课堂教学行为改善的主要因素有班主任工作任务重、学生能力水平、班额较大、各级各类的考试评价、教师评价制度、教学内容和要求与课时不相匹配、教学资源缺乏、硬件条件及教师所处的社会环境、对教与学的认识、以往的教育经验等。② 宋祖成认为，教师课堂教学行为受教师职业准则、教学目标、教学管理规范和学生学习情况的制约，而根本制约和区分教师课堂教学行为价值的因素有两个：一是教师的教学理念，即教师对教学的基本观点和根本看法，是在教学实践中产生和形成的教学思想和观念体系，它影响着教师的教学态度、行为选择和行为组织；二是课堂教学结构，即教师、学生、教育资源和教学目标、教学步骤、教学手段等诸要素在课堂教学特定时空里相对稳定的组合方式和活动序列。③

总的来说，影响课堂教学行为的因素不是单一的某一种因素，而是由多个因素共同组成，主要有外部因素和教师内部因素。课堂教学行为既要受教学情境、学生学习和行为、教师评价制度、考试评价制度、教学资源、以往的教育经验、教学内容和要求与课时不匹配、课堂教学结构等外部条件的影响，又要受教师的认知、情感等内在因素的影响，包括教师的教学观、教师的知识、教学能力、教学效能感、角色意识等。

四 教师教学观与课堂教学行为关系研究

教学行为是教师教学观的外在表现形式，教学观研究的兴起，也是源于研究者在阐释教师行为时发现，要正确解释所获得的行为信息，就必须了解教师对教学的基本观点和看法。④ 作为一种认识和理

---

① 闫龙：《课堂教学行为：内涵和研究框架》，《全球教育展望》2007 年第 36 期。
② 景敏、谢慧：《影响初中数学教师实施新课程的归因分析》，《数学教育学报》2005 年第 5（2）期。
③ 宋祖成：《改善教师课堂教学行为的实践研究》，《教师之友》2005 年第 5 期。
④ J. Nespor, "The Role of Beliefs in the Practice of Teaching," *Journal of Curriculum Studies*, 1987, 19 (4): 317–328.

念，教学观是教师进行教学的内在依据和基础，是通过教学行为这一中介影响和作用于学生的。① 一般来说，教师的教学观有两种表现形式：一是通过教师的口头陈述直接表现出来，呈现出显性的形态；二是通过教师的教学行为间接表现出来，呈现出隐性的形态。② 行动理论认为，教师同时拥有宣称理论和使用理论。宣称理论存在于教师的意识层面，就是教师所相信的，在行动中将会或不会遵从的理论。③ 使用理论存在于人的行动当中，经常潜藏于无意识层面，通常不为人所注意。宣称理论与使用理论实质上是教育理论与实践所一直探求的知与行的关系问题。教师同时拥有这两类理论，而这两类理论有时一致，有时并不一致。当不一致时便会导致教师的思想和行动的不统一。④ 由此，教师教学观与其教学行为的关系正如宣称理论与使用理论的关系一样，有以下几种说法。

(一) 一致性

关于人的行为与其思想观念的关系问题，受马克思关于人的思想观念决定行为的著名论断影响，人们普遍认为教学观念决定教学行为，⑤ 正如传统的教师教学观认为宣称理论一定能够引导教师的行动一样，教师持什么样的教学观念，就以什么样的教学观念来指导他们的教学实践。⑥ 教学观念伴随着教学实践的发展而发展，反过来教学观念又推动着教学实践的发展；教师的教学行为总是自觉或不自觉地受某种教学观念的左右。⑦ 在教学论研究视域中，影响课堂教学行为

---

① 庞丽娟、叶子：《论教师教育观念与教育行为的关系》，《教育研究》2000年第7期。
② 李渺：《教师教学观念与教学行为"断裂"的现象分析及其思考》，《当代教育科学》2007年第19期。
③ 赵明仁：《教学反思与教师专业发展——新课程改革中的案例研究》，北京师范大学出版社2009年版，第29页。
④ C. Argyris, & D. A. Schon, *Theory in Practice: Increasing Professional Effectiveness*, San Francisco: Jossey-Bass, 1976, p. 20.
⑤ 林静、刘恩山：《教师教学观念研究的概况与启示》，《教师教育研究》2009年第7期。
⑥ 李渺：《教师教学观念与教学行为"断裂"的现象分析及其思考》，《当代教育科学》2007年第19期。
⑦ 王传金、谢利民：《教学观念研究：何去何从》，《教育理论与实践》2006年第7期。

的因素有多种多样,如环境、传统文化、学生的知识水平、认知特点、教师教学观、教师知识水平等。其中,教师教学观对教师课堂教学行为起着导向性的决定作用,支配着具体的课堂教学行为。Clark与Perterson的研究也表明,教师的思维过程对他们的课堂教学行为有相当的影响,在一定程度上决定了他们的课堂教学行为。[1]

(二) 差异性

教师口头持一种教学观念,但是真正支配他教学行为的却是另一种教学观念。[2] 传统观念认为,宣称理论一定能够引导教师的行动,但实际上并不完全是这样的。[3] 例如,教师总是说教师应是学生学习的帮助者和引导者,但是在课堂教学中,他们却总是喜欢采取讲授方式,让学生进行抄写、背诵等严格控制的方式,却很少有开放的或者建构的、与学生共同探究的教学设计。这种言行不一致的现象的确屡见不鲜,教师可能会察觉到也可能意识不到他们所宣称理论和使用理论之间的不一致。[4] 因为使用理论以缄默知识的形式存在,不能通过言语清晰地表达出来,需要观察人的实践来建构,它直接地、持续地影响着人的行为。使用理论虽然不在教师意识的前台,身处无意识的后台,但是却持续地影响着教师行为中的每个细节。[5] 基于此,研究者发现,教学现实中确实存在种种教学观念与教学行为相背离的现象,开始对教学观念与教学行为的关系进行反思。因此,教学观念与教学实践就存在着差异性。

教学观念与教学行为之间并非一一对应的关系,二者之间存在着

---

[1] C. M. Clark, & P. L. Peterson, "Teachers' Thought Process," in M. C. Wittrock, & P. L. Peterson, *Handbook of Research on Teaching*, New York: Macmillan, 1986, pp. 255–296.

[2] 李渺:《教师教学观念与教学行为"断裂"的现象分析及其思考》,《当代教育科学》2007年第19期。

[3] 赵明仁:《教学反思与教师专业发展——新课程改革中的案例研究》,北京师范大学出版社2009年版,第29页。

[4] 李莉春:《信奉理论与使用理论之辨及其对教育实践的意义》,《外国教育研究》2010年第1期。

[5] 赵明仁:《教学反思与教师专业发展——新课程改革中的案例研究》,北京师范大学出版社2009年版,第29页。

一致性，也存在着差异性。① 很多研究发现，使用理论和宣称理论有时是一致的，有时却是不一致的，而且有的时候教师却不能意识到这两种理论之间的落差。使用理论和宣称理论之间最理想的状态是宣称理论和使用理论一致，然而，现实中总是有一部分宣称理论并没有付诸行动，教师的教学观和课堂教学行为不一致；一部分使用理论处于日用而不知的层面，没有被行动者挖掘、利用和修正。②

人们总是期望言行一致，教师在课堂教学中能够做到教学观和教学行为的统一。因为宣称理论代表着"应然"的追求，希望所达到的目标，使用理论则代表着"实然"的状况。所以宣称理论和使用理论的一致性，表明的是教师实践的改善程度。③ 因此，对教学观和课堂教学行为之间的关系可从以下几方面理解：（1）教学观念与教学行为两者不是孤立地存在着的，应该是也必须是相互联系、相互结合的；（2）教学观念和教学行为之间是彼此联系的、相互影响的，而非简单的由此决定彼的关系；（3）教学观念的水平和层次不同，对教学行为的影响程度也不同。④ 教学观念向教学行为转变的前提条件之一是改变或更新落后的教学观念和确立先进的教学观念，而先进的教学观念向教学行为的转变又受诸多因素的制约，是一个复杂而艰难的过程。可见，差异说不是对决定说的否定，而是拓展。⑤

五 关于高中语文教师教学观与课堂教学行为的研究

通过文献搜索发现，目前国内有关语文教师教学观与教学行为方面的研究和论述主要是宏观和理论层面的，比较缺乏实证性研究。就

---

① 王传金、谢利民：《教学观念研究：何去何从》，《教育理论与实践》2006年第26（7）期。
② 赵明仁：《教学反思与教师专业发展——新课程改革中的案例研究》，北京师范大学出版社2009年版，第29页。
③ 同上书，第29页。
④ 王传金、谢利民：《教学观念研究：何去何从》，《教育理论与实践》2006年第7期。
⑤ 林静、刘恩山：《教师教学观念研究的概况与启示》，《教师教育研究》2009年第7期。

教学观对实践的影响而言,钟慧从大语文教学观出发,分析了生活化的语文观、立体性的语文观、实践性的语文观对语文实践活动的指导。① 黄海慧以自身教学中的隐性教育观念为案例,探讨了老师隐性的语文课程观、隐性的教学观以及隐性的学生观对语文课堂教学行为的影响。② 从教学观与教学行为的关系来看,江新和张海威在前人研究的基础上,编制了"汉语教师教学观念调查量表",调查对象为准教师、新教师和老教师,每组各54人,结果说明三组教师的语言教学观念有着一定的一致性;在此基础上,他们采用个案研究的方法,分别对三名准教师、新教师和老教师进行了问卷调查、课堂录音和访谈,结果显示,三位教师在教学观念和行为的关系上既存在一致性,也存在不一致性。③

第二节　研究方法

由于教师教学观的情境性与内隐性等特性,以及课堂教学行为的可观察性,本章采用个案研究方法,有利于了解教师的教学观、课堂教学行为,以及它们之间错综复杂的关系。同一所学校的个案老师虽处于相同的文化氛围、相同的组织结构中,执行着相同的课程标准,但是由于教师的生活经历、受教育经历、教学经验以及自身知识与能力的差异,在教学观上表现出极大的个人化特征,其课堂教学行为也具有个性化。另外,希望通过本章研究能够对研究问题获得比较深入的解释性理解,所以选择少量的教师进行研究。在具体研究对象的选择上,通过目的性抽样,邀请能够提供最大信息的研究对象。

样本是在研究的过程中逐步确定下来的,确定研究样本的主要原则为:教师同意协助研究者完成研究。本章取样一般经历了如下程

---

① 钟慧:《大语文教学观及其实践》,《教育理论与实践》2011年第3期。
② 黄海慧:《语文老师隐性教育观念在课堂教学行为中的凸显》,《教海探航》2010年第6期。
③ 江新、张海威:《汉语教师教学观念与教学行为关系初探》,"国际汉语教学理念与模式创新"国际学术研讨会论文,2010年11月12日。

序：联系校长→联系科组长→联系年级集备组长→联系教师→教师同意→课堂观察→访谈。

本章选取广东 A 中学作为个案，该校地处粤西一个偏远的小乡镇，是国家级示范性高中，是一所历史悠久的名校，以"学生发展为本，对学生终生负责"为办学理念。笔者于 2012 年 10—11 月，直接进入田野，对教师进行观课和访谈。首先是在科组长、集备组长、教师的推荐下对高一和高二的 12 名语文教师进行听课，然后考虑到教师们教学水平、教龄、学历背景、性别等差异，选定研究对象，对其进行"课前访谈—听课与观察课堂—课后访谈"，并收集教师们的课件、教案等文件资料。在研究听课和访谈的 12 名教师中，有个别教师只进行了访谈而没有听课，或者只听课而没有访谈，既听课观察又进行访谈的教师为 6 名。根据资料的实际收集情况，从中选取 3 名教师作为个案进行深入研究。

W 老师，女，中学特级教师，第十一届全国人大代表，现任校教研室主任。1984 年到 A 中学后一直从事语文教学工作。教学风格自然，善于抓住学生的特点进行教学。

L 老师，女，中学语文高级教师，现任年级集备课组长，任教两个班的语文课。原来任教于乡镇中学，2004 年调入 A 中学后一直从事语文教学工作，从教 17 年。教学上善于从学生的角度出发设计教学活动，擅于捕捉教学中所出现的问题，引导学生思考。

X 老师，男，中学语文一级教师，现任教两个班的语文课，兼班主任。原中等师范学校毕业，通过自考 2005 年获得中文本科学历，毕业后到 A 中学担任语文教师，走上讲台已有 7 个春秋。教学上行为洒脱，慷慨激昂，能够引起学生强烈的情感共鸣。

根据胡伯曼等人的职业发展理论，X 老师处于稳定阶段，自信，注重提升教学技能，对教学事务有自我确定感，有安全感和自主性；L 老师处于"实验"或"多样化"阶段，有很强的动力，充满热情，乐意接受新的挑战；W 老师已处于"平静"阶段，能接受现在的我，而不是他人希望的我，有更强的自信和平静，对学生较为宽容，尊重其自主性。① 这三位教师都在 A 中学任教语文课。选择同一所学校的理由是，本章中的个案是教师而不是学校，选择同一所学校有利于在相同的学校环境下比较不同教师的教学观和教学行为。因为每个学校因不同的办学理念、文化传统、课程领导、师资力量及其学生水平而在教学观和教学行为的理解和实践上很不相同。研究同一所学校中的教师比研究不同学校中的教师能够减小研究对象所处环境上的差异，有利于进行个案分析。

本章关注的焦点是教学观和课堂教学行为，是教师对教育教学的观点、看法，以及在课堂教学活动中的行为表现。因此，主要采用观察、深度访谈和文件收集等方法收集资料。

一 观察法

本章通过研究者对教师课堂教学行为观察教师如何设计教学内容和通过什么方式达到什么样的教学目标和预期结果。观察学生在课堂教学中的表现，了解他们在课堂上进行怎样的学习过程，获得了怎样的发展。在田野研究过程中，重点观察 W 老师的课 7 节，L 老师的课 8 节，X 老师的课 5 节，每次听课时都进行详细的课堂实录，填写课堂观察表，力求客观真实地描述每一位教师的教学行为，并在观课后及时对教师进行访谈，便于教师回忆课堂情景。在此过程中，本章也尽可能地收集教师的教案、课件，作为对研究信息和数据的相互补充和相互印证。

二 访谈法

本章主要采用无结构访谈和半结构访谈，在收集资料的初期，主要运用无结构访谈，这样做一方面能够比较开放地了解学校语文教学整体情况，以便有针对性地选择研究对象。在正式的调查期间，采用半结构访谈，主要从教学本质、师生角色、教学的目标和预期结果、

---

① 赵明仁：《教学反思与教师专业发展——新课程改革中的案例研究》，北京师范大学出版社 2009 年版，第 121—122 页。

教学内容、教学方式等维度对教师进行深度访谈，包括课前深度访谈和听完课后追溯访谈。笔者在收集资料期间，一共访谈了12位教师（包括教研主任、科组长等），其中重点访谈W老师6次，L老师6次，X老师4次，访谈时间与课堂观察同步，一般在听课后立即进行（便于教师回忆课堂的行为），对于不能立即进行访谈的，则根据教师方便原则与教师协商时间进行访谈，每个教师的访谈大约持续30—40分钟。在征得老师的同意下对谈话进行录音，然后对访谈的内容加以整理。

第三节　高中语文教师教学观与课堂教学行为分析

作为一种认识和理念，教学观念是教师进行教育教学的内在依据和基础，但它并不直接作用于学生，而是通过教学行为这一中介影响和作用于学生的。根据对教师教学观念的分析，教师教学观念具有宣称的和使用的两个层面，包含着相当广泛的内容，例如教学本质观、教学目标观、师生角色观、教学内容观、教学方式观等，这些教学观念深刻地烙印于教师们的课堂教学行为中，影响着教师的实践。下面以个案的形式，首先探讨高中语文教师宣称层面的教学观，然后以他们的课堂为题材，分析他们的课堂教学行为及其所折射出来的教学观，继而探究教师教学观与课堂教学行为的关系，分析将从教学本质、教学目标、教学内容、师生角色、教学方式五个方面展开。最后对三位老师的教学观和课堂教学行为进行跨个案比较。

一　W老师：以学为主

教师如何看待教与学的关系是其教学观的重要体现之一。在谈及这个问题的时候，W老师认为，教学应该是以学为主，教师起指导帮助的作用。"我觉得教学主要是以学为主，老师是帮助、指导学生。"

W老师认为，高二的语文教学就是要培养学生的兴趣，培养学生应对考试的能力，陶冶语文情操，提高学生的语文素养。

> 语文教学给学生更多的是在教学的过程中，培养学生对语文学习的兴趣，还有就是锻炼学生解题能力，特别是应对考试的能力，现在高中的学习就是为了高考，语文的学习也要培养学生一种语文情感、语文素养。

教学不仅是课程传递和接受的过程，还是课程创生与开发的过程。教师持什么样的教学内容观就显得特别重要。问及对教学内容的看法，W 老师认为：

> 首先高中整个阶段的学习都是为了高考，所以我们现在的教学就是要适应考试要求，注重与考点结合。考什么教什么，我们选择每个模块的学习，每篇文章，都是为了高考。像文言文，考的是课外文段，但知识都是来自课文。

W 老师认为，除了要瞄准和适应考试要求，将课本知识与考点相结合外，还会依据学生的实际情况和教材特点，有选择地调整或增减内容。

> 当然在教学过程中课本是一定要重视的，考试万变不离其宗，认真用好教材其实就是和考试接轨了。现在教材不仅在内容上信息量大增，而且内容安排上也更加灵活，作为教师应该灵活地运用好教材。课文无非就是例子，教材教参也只是给出一些教学建议，我们可以根据考试要求和学生的实际情况对教学内容、编排顺序和教学方法进行适当的取舍或调整，我们根据实际情况对教学内容进行整合，以便提高教学效果，提高学生的应考能力。

教师的师生角色观是指教师对他们和学生在教育、教学中处于何种角色的观点与认识。W 老师有怎样的师生观呢？她认为，教学以学为主，教师对学生的学习起帮助引导的作用。

现在的知识日新月异,是个知识大爆炸的时代,而且是一个学习社会,现在新课程提倡要培养学生自主合作探究的学习方式。我在课堂上给学生自主探究和讨论的机会比较多,学生自己是学习的主人,是合作者,应该是在老师的帮助指导下,通过独立思考探究完成问题。

W 老师反对"填鸭式"和"灌输式"的教学方法,她主要根据课堂以及学生的实际情况来进行教学,可能由于教学经验丰富,她上课比较自然。她认为:

在课堂上要调动学生的积极性,让他们充分参与进来。我的课堂都是随意性很强,变动很大的,无法预设,当然,主要会根据课堂以及学生的实际情况来采取教学方法。

课堂教学行为是指教师在课堂这一特定场所为实现教学目标和学生的发展所从事的各种与教学相关的行为。它被教学观打上深刻的烙印,反映着教师的教学观。具体在教学中 W 老师是怎么做的呢?我们先来看看 W 老师《段太尉逸事状》的课堂实录:

师:"柝"这个字怎么读?
生:"tuò"
师:"tuò",看来,大家都没有预习。好,现在大家来理一下这一段,看看要注意哪些词语?(让学生思考。提示哪些词需要记住,有没有古今意义的词?)
师:……哪位同学来说一下"你认为这一段有哪些词需要注意。"(一学生举手,老师示意起立)
生1:晞再拜,"再"。
师:再,翻译一下。古义是什么意思?
生1:第二次。
师:第二次。那再拜是什么意思?

……

师：是古代的语言，拜两下，表示器重的意思，是古代特有的一个词。

生1：公幸教晞以道。

师：翻译一下。

生：幸亏你用大道理教诲我。

师：这个"幸"翻译成"幸亏"。信达雅，从雅的角度来讲，幸亏……那要客气客气，客套话应该怎么说？

……

师：旦日。我们在《鸿门宴》中就有介绍，是明日，第二天早上。

比如说"中秋节的明天"是哪一天。好，再来读这段，从言未毕开始。

……

师：淮西寓军帅尹少荣，刚直士也。翻译这段。（学生独自翻译）

淮西是地点，军帅是什么意思。那么翻译这一句，尹少荣是人名，所以翻译这一句最关键的一个词在哪里？

生：士也。

师：士也，刚直士也，刚直，刚正。也就是说这一句没有比较难的东西。……判断句式。还有一句：汝诚人也？怎么翻译。

对吧？有仁义有信用。信达雅，要注意一下。

……

师：最后一句，"一夕自恨死"怎么翻译？一个晚上就自己悔恨死掉了。（学生笑。）这句话怎么翻译，想想。平时我们有句话讲：呢个都吾识，真系丑死咧（粤语）。有没死？

生：没死。

师：没死，那是什么意思？是非常丢脸的意思。所以我们信宜的话有很多都保留了古代那种意思。……好啦，记一下这个"恨"字的意思。

从这个实例以及通过研究者的观察发现,在 W 老师的课堂上学生比较活跃,老师与学生之间能进行积极互动交流。前半节课以"学生提问,师生共同解答"形式为主,后半节课以"教师提问—学生回答—教师总结"为主。那么 W 老师是否坚持以学为主,结合课本知识和考点,帮助和指导学生提高语文学习的兴趣和应试能力?

从教学本质上看,教学以学为主,对教师而言,意味着上课不仅是传授知识,而且是一起分享理解,协助学生学习;对学生而言,意味着主体性的凸显、个性的表现、创造性的解放。在 W 老师的课堂上,前半节课让学生思考并提出疑惑之处,然后师生共同进行探讨。如"哪位同学来说一下你认为这一段有哪些词需要注意。"学生通过思考也提出了"'睎再拜''公幸教睎以道''愿奉军以从'如何翻译?""'顾叱左右曰''请假设草具'怎么解释?"等问题,后半节课以教师提问,学生回答为主,学生仅仅跟着老师看书、找答案,被动地接受知识,师生间的分享、互相促进难以体现,具有一种单向传授知识的特征。

在教学目标上,从 W 老师的课件来看,这节课她以掌握重点字词、学会文言文翻译为目标。在课堂实录中,W 老师整节课着重梳理字词句的翻译,前半节课让学生提出重点词语并进行翻译,后半节课由她指出重点词语进行翻译,并且注重翻译的"信达雅"效果。此外,W 老师不忘指出与考点相关的注意细节。

从教学内容选择上,W 老师考虑到学生现有的学习能力,结合课文知识点和考点,采用了以讲课本知识点为主,引申课外知识、考点的方式,向学生传授知识。比如讲到"而已"时,W 老师指出:"从我们考试的角度来说,就要译出来,否则一分就没了。"讲到"旦日"时,回顾学过的知识,"我们在《鸿门宴》中就有介绍,是明日,第二天早上。比如说'中秋节的明天'是哪一天。"讲到"一夕自恨死"时,结合当地的语言特色进行讲解,让学生更容易理解:"平时我们有句话讲:呢个都吾识,真系丑死咧(粤语)。有没死?……所以我们信宜的话有很多都保留了古代那种意思。"

在师生角色方面,从《段太尉逸事状》的课堂实录看,"教师即学生学习的协助者、促进者"是 W 老师教学观念的一部分。但从观察中可发现，W 老师的整个课堂都是问答形式，不是学生问师生答，就是教师问学生答，这种形式只是单一的知识传授，并没有发挥出学生的合作性、探究性。当学生提出疑问或者回答问题时，老师没有针对学生的表现做出评价，而是继续进行教学内容的讲授，课堂在教师的控制下进行。

在教学方式上，针对文言文的翻译，W 老师主要以讲授方式为主，梳理课本文段知识。整个教学过程运用多媒体手段，通过简单的提问形式，向学生传授知识。另外，她还抓住了学生存在对课文不熟悉的问题，让学生通过多次朗读获得语感，获得对文段的熟悉和理解。

总体而言，W 老师的教学观对她的课堂教学行为有指导作用；反过来她的教学行为也反映她的教学观。如果用阿吉瑞斯所提出的行动理论来透视 W 老师的教学观念与课堂教学行为关系的话，W 老师同时拥有宣称理论和使用理论，这两类理论有时一致，有时并不一致。当不一致时便导致了教师的观念和行为的不统一。

W 老师认为，教学应该是以学为主，教师起指导帮助的作用，引导学生思考。对 W 老师的课堂教学行为加以分析，发现前半节课是"学生提问—师生探讨"的模式，后半节课是"教师提问—学生回答—教师总结"的形式，这样看似以学生为主，但整个课堂教学仍然摆脱不了"传递—接受—记忆—再现"的模式，学生的学习活动主要还是训练、适应、服从他人的思想与意志，完成认识性的任务。虽看似互动的课堂，但并非为了引起学生思维的冲突而达到积极探究的要求，仅仅是一个"圈套"或"程式"，并没有真正把教学看成是以学生为主的过程，学生仍然是为了接受知识而存在的客体，而且还限于对学生单向的"培养"活动。"教学就是教师教、学生学"的使用理论对"以学为主"的宣称理论形成挑战。

在课堂实录中，W 老师为达到让学生掌握重点字词、学会文言文翻译的目标，整节课着重梳理字词句的翻译，并且注重翻译的"信达雅"效果，而且及时指出与考点相关的注意细节。这正是 W 老师认为高二语文教学就是要培养学生应对考试的能力在教学实践上的反映。但是，W 老师对学生文言文阅读能力的培养是为了"以后的高考"，对学生掌握过程方法的重视是为了应试，却没有真正认清过程方法对学生发展的重要性，更难以培养学生学习语文的兴趣。W 老师认同新课程所提倡的观念，但未能在实际教学中体现出来。

W 老师在课堂上不仅从考试的角度讲解知识点，也利用回顾学过的知识引导学生温故，巩固已学知识，更是从实际出发，结合当地的语言特色对知识点进行讲解，让学生能够更好地理解和把握知识。这些都和她认为"除了瞄准和适应考试要求，课本知识与考点相结合外，还会依据学生实际情况和教材特点，有选择地调整或增减内容"的观念相吻合。

对于师生在课堂上所扮演的角色，W 老师认为，教师是引导者、协助者，学生是合作者、探究者，在实际教学中，W 老师从个别难点词语、句式判断、效果等方面引导学生对文言文进行翻译，这凸现了她的"教师即学生学习的协助者、促进者"的教学观念。但从观察中发现，W 老师的整个课堂都是问答形式，不是学生问师生答，就是教师问学生答。在这种简单的问答形式下，学生只是跟随老师的思路，被动地接受知识。可知，在 W 老师的潜意识里存在着这样的观念：教师是课堂教学的主导，在这种观念的驱使下，教师居于课堂教学的中心地位，掌控着整个教学过程。隐藏的教学观念往往影响着她的行为而她却不自知。在这样的课堂上教师仍然是教学的主宰和课堂霸主，"学生是合作者、探究者"的观念没有得到体现。

从以上对 W 老师教学观和课堂教学行为的整体分析中，我们可以发现，W 老师部分宣称的教学观通过课堂教学行为凸现出来，宣称理论和使用理论一致，这是最理想的状态。而 W 老师的"以学生为主""教学目标要培养学生兴趣""学生是合作者、探究者"等观念尚停留在"宣称理论"层面，这些宣称理论并没有被付诸行动，课堂教学行为反映的是教师处于日用而不知的教学观中，即隐藏的教学观。这表明 W 老师的教学观与课堂教学行为之间并非单一的对应关系，而是存在着"有时一致，有时不一致"的复杂关系。

二 L老师：授之以鱼，不如授之以渔

L老师认为，教学不只是注重结论，更要注重过程，教学是一个师生互动的过程。这体现了新课程所提倡的三维目标之一——过程与方法。高一高二的课堂教学与高三的有点不同，高二要调动学生，从多点"进行互动，要启发学生。"

L老师认为，高一和高二应注重激发学生的学习兴趣，教给学生学习方法，高三应注重讲授知识点或考点，进行应试训练。"高一高二就要让学生有兴趣。在课堂教学上，要调动学生，启发学生。从备课的角度来讲，得想想用什么方法适合，用什么方法能够提高学生的兴趣。"

在教学内容的选择方面，L老师认为，要根据各节课、各篇课文的特点，以及学生所需来选择；对于水平不同的学生，选取不同量的拓展内容；进行大循环教学，原来的课件也应循环利用。L老师明确课堂的目的，然后根据这个教学目的来选取合适的教学内容。"我的教学设计，没什么依据，但上课会有条思路，根据各课文，有什么特点，学生想了解点什么，自己心中要有数。"对于水平不同的学生，所选取的内容也有所不同。"水平高的学生肯定反应灵敏，思维快，基础知识扎实，就不用老师讲那么多。"L老师这几年都是从高一一直带到高三，在这样的大循环教学中，她还会用原来所备的课件内容。L老师认为，学生水平各有差异，课堂上的反应也不一样，要尊重他们的差异。

> 我觉得水平高的学生成绩好些，应试能力也强，比较自觉主动，也具有创造性，学习态度比较端正，可以自己学习，能够自主地进行探究问题；水平低的学生学习能力就差一点，反应也比较慢，课堂上只能老师讲，他们就听和记笔记。

L老师认为，要发挥学生的主体性，鼓励学生自主学习，也要引导学生思考问题，做学生的指引者。"在我的教学中我会注重发挥学

生的主体性，鼓励他们自主地学习，多想多思考，大胆地去怀疑，去探究。"

L老师处于职业发展的"实验"或"多样化"阶段，喜欢运用不同的教学方式、课堂管理技能和评价方法。L老师说："会针对不同的学生程度和经历使用多种教学方法，如讲授、合作学习、探究式引导等多种方法结合以激发和鼓励学生的兴趣"。她认为，文科班和理科班之间没有区别，上课都一样；对于语文的上课形式，她认为与教师的教学观念有关，教师的教学观念不同，其教学形式也不同。而且她认为，与W老师一样，上课比较随心所欲，但是课前会根据学生的特点和教学内容去思考用怎样的方式上课。

> 文科班跟理科班，如果从学文科角度来讲，没多大区别，但如果从学理科的角度来讲，理科的学生思维较活跃，较灵活，文科的就较死板点。教师观念不同，上课的形式也大有不同。我课前都会想一下学生应该怎么调动，用怎样的方式去讲，学生容易接受。但很多时候，在课堂上，会临时即兴用其他方式去上。

教师的教学观念，在一定程度上会影响他们的课堂教学行为，并通过教学行为表现出来。L老师又有怎样的教学行为呢？我们先来看看她的一节作文课——《材料作文，片段练习评讲》的课堂实录：

> （学生课前阅读积累）
> 师：这是红楼梦里面的一个句子，意思就是说超脱了，就是很多留恋都已经放下了，度人，就是法师、和尚用什么来超度的意思。"怆"这个字实际上是昨天念过的，读什么呀？
> ……
> 师：这是我们同学写的《得与失》，一起来读一下。
> 生：齐读"古语有云：……所以，在生活中有得必有失。"
> 师：好，下面前后位来讨论一下这个文段，你觉得好与不好？如果好，好在哪里？如果不好，不好在哪里？可以从多方

面，多角度讨论。开始。

（学生前后位积极讨论。约两分钟）

师：这个文段比较短，容易讨论。（讲台上看到一篇文章，没写名字）……

还有其他看法吗？

生3：我觉得这个文段写得不好，首先第二段开头第一句就是个病句。

师：哦，第二段开头第一句就是个病句。嗯，这个我们要赞扬一下，真的是要赞扬一下。

（学生鼓掌）

师：……

师：还有吗？其实他的某个句子还是有他可取之处的，例如时间消磨了他青春的岁月，夺走了他的……当然说得对不对是另外一回事，他懂得这样做。再来看这个文段。（多媒体展示《传递》），大家看着有问题还是没有问题？好，再来读一读。列车响起，开始。

生：齐读："列车响起汽笛……"

师：好，再给2分钟时间前后位讨论。

……

师：大家不约而同地说没有，那么，传递是什么？传递是什么？2007年的广东高考题，就是叫传递。如果你连传递都不懂，就写传递，那就写不出来。什么叫传递？

（学生零星回应）

师：给你，你就给下一个，下一个再给下一个……这才叫传递，所以，汽笛声有传递吗？其他有传递吗？

生：……

师：对。他所期许的中心或者话题已经不合材料，这是他最大的问题，偏了。所以这样的作文，你问哪里有传递。刚才的"得与失"，哪里有得？哪里有失？明白吗？

所以看这里，有传递吗？没有传递，从这个材料，我们得到什么东西呢？我们仔细的读一读这两段话，从"老纪"开始。

生：齐读："老纪……"

……

师：不过这个材料，你想拿到高分，就要挖深一点，就要再想远一点。这是2012年北京的高考题。……这两年都在讲和谐社会，像我们平常，进出校门，如果心血来潮地说一次，"校警，早上好"，这没什么，但是你每次进出校门都说"校警，早上好，晚上好"。那就说明，这学生素质好。……

从这个实例中我们看到L老师的课堂。L老师善于耐心地鼓励学生，注重学生学习态度的培养。在课堂开始时，她通过学生写周记的事情来鼓励学生写作文的积极性；在课堂的最后，讲和谐的主题时，通过身边的小事情来深化主题的理解。另外，L老师也注重学习方法的传授。比如在讲《得与失》一文时，她运用合作学习的方式，让学生分小组讨论，鼓励学生大胆地提出他们的看法、质疑，同时提醒学生要从多角度去思考。

在教学目标上，从她的课件来看，这节课要让学生学习材料作文的写法。在课堂上，L老师围绕这个目标，激励学生学习，让学生思考《得与失》《传递》两个文段的优缺点。在讲《得与失》一文时，当学生大胆地指出其中的错误之处，并有针对性地提出此文段存在偏题的问题时，L老师及时赞扬这位学生，并引导其他学生对这位同学所提出的看法表达他们的观点，同时，通过总结提示学生思考问题的角度。

就教学内容而言，这节课是关于材料作文片断练习的评讲，L老师从学生实际出发，选取了学生的文章作为例文进行评讲，让学生通过阅读和讨论其同学的文章认识到自己所写文章的好与不好之处，让学生更容易理解和明白。同时，L老师能够抓住每个教学的机会，还通过举身边的例子——与校警之间，来深化学生对和谐主题的理解。但选取的教学内容依然紧紧围绕高考，如指出"这是2012年北京的高考题"。

从师生角色方面来看，L老师在课堂开始时通过周记和作文评改方式，表达了平等对待学生的想法，能够引起学生的理解与赞同。同时，L老师尊重和鼓励学生，激励学生学习的积极性，让学生成为学习的主人。比如在学生提出他们的观点和看法时，L老师及时做出评点与鼓励。整堂课主要是"教师提问—学生讨论—学生发表意见—教师点评"的模式，在过程中预设开放的话题"这个文段的好与不好之处"，让学生进行探究，并与学生互动，但是大部分时间都是教师自问自答或者是被教师控制在"有没有""认不认同"的回应中，未能真正发挥学生的主体性。

对于教学方式，L老师处于职业发展的"实验"或"多样化"阶段，喜欢运用不同的教学方式、课堂管理技能和评价方法。在她的课堂上，L老师针对学生不喜欢踊跃回答问题以及已有的经历，采用讲授、鼓励、小组讨论、问题式引导等方式，激发学生学习兴趣，引导学生思考问题的角度。

当我们从行动理论的视角来看L老师的教学观念与教学行为的关系时，对资料的分析发现，L老师也同时拥有宣称理论和使用理论，这两类理论有时一致，有时并不一致。总之，L老师的教学观与教学行为之间存在着复杂的关系。

L老师认为，教学不只是注重结论，更要注重方法和兴趣的培养，课堂上要调动学生，要提醒学生，要启发学生。因此L老师运用鼓励的方式激励学生的积极性，在讲《得与失》《传递》二文时，运用提问的方式引导学生思考，还让学生分组讨论，提醒学生多角度地思考问题，鼓励学生大胆质疑，并根据学生提出的观点指出分析总结思考问题的角度，以及解决问题的方法。L老师认为，课堂要与学生互动。研究者注意到L老师在学生表达观点时，通过追问的方式，与学生互动，引导学生深入思考问题。但是在课堂上大部分时间里都是教师在自问自答，或者更多的是封闭式提问"有没有""认不认同"，这看似互动，其实是L老师"教学的首要任务是重视知识方法的传授和掌握"的观念体现。

L老师认为，授之以鱼，不如授之以渔，高一和高二应注重激发学生的学习兴趣，教给学生学习方法。在整堂课上，L老师在讲授《得与失》《传递》两个文段时，提出了一些开放式的问题，让学生充分表达自己的想法。如对两个文段进行讨论："如果好，好在哪里？如果不好，不好在哪里？"这个问题没有一个明确的答案，而学生通过讨论体验了思考的乐趣。当学生大胆地提出观点时，L老师及时表扬学生，增强学生的信心，也激发学生的兴趣。

就教学内容而言，L老师根据材料作文评讲的特点，从学生实际出发，选取了学生的文章作为例文进行评讲，让学生通过阅读和讨论他们同学的文章认识到自己写得好与不好之处。同时，L老师能够抓住每个教学的机会，这体现了L老师"处处是语文，处处是教育"的缄默观念。最后指出"这是2012年北京的高考题"。可见，L老师对教学内容的选取始终是在"高考指挥棒"的影响下。

L老师在课堂开始时通过周记和作文评改方式，表达了平等对待学生的想法，这正是她认为对待学生要一视同仁观念的体现。当学生针对问题提出他们的观点和看法时，L老师及时做出评点与表扬，这体现了L老师"要激励学生学习的积极性，让学生成为学习的主人"的观念。通过观察，笔者还注意到，这堂课主要是"教师提问—学生讨论—学生发表意见—教师点评"的模式，在过程中看似发挥了学生的主体性，但大部分问题都是封闭式的，这体现了L老师"教师是课堂的控制者、知识的传递者"的隐藏观念。

L老师喜欢运用不同的教学方式、课堂管理技能和评价方法。在她的课堂上，L老师针对学生不喜欢积极回答问题的特点，采用多次鼓励的方式，激励学生；在探讨《得与失》《传递》两个文段的好与不好之处时，采用合作学习的方式，提供学生相互交流探讨问题的机会；在学生分享观点的过程中，采用提问的方式提示学生思考问题的角度，并运用讲授的方式向学生解释疑难知识点。

总而言之，L老师的"教学不只是注重结论，更要注重方法和兴趣的培养""依据学生情况和课文特点选取教学内容""引导学生大胆质疑，激励学生积极性""上课随心所欲，课前思考上课的教学方式"等观念通过课堂教学行为表现出来，即处于教学实践的"使用理论"层面，宣称理论和使用理论达成一致。但是其课堂教学行为也反映出"教学的首要任务是重视知识方法的传授和掌握""以应对高考为目的选取教学内容""教师是课堂的控制者、知识的传递者"等隐藏的教学观，与"教学本质是师生互动""依据学生实际情况和课文特点选择教学内容""要发挥学生的主体性"等宣称的教学观形成挑战。宣称理论与使用理论表现出不一致性。

三　X 老师：课堂上要留下点东西

X 老师认为，教学的本质是学而不是教，课堂教学要以学生发展为本，在教给学生知识的同时，要教给学生一种能力。他这样说道：

> 我觉得教学是学而不是教。学生才是课堂的主体，教师只是课堂的组织者、学生学习的引导者，教师负责组织课堂，怎样让课堂有效，让学生通过课堂学到点知识什么的，引导学生去思考问题，提高一种解决问题的能力。

从教已有 7 个年头的 X 老师，显得较有自信，更多地关注教学中非预期的情形。他认为，课堂教学不能仅仅是被所谓的新课程理念牵着鼻子走，而应该让学生有所收获。

> 实习和刚毕业的时候，都会想着运用新课程理念，但是现在很多时候可以用得上的似乎少之又少，主要是因为：第一，真正实行新课程需要很多的时间；第二，现在的评价方式也是有问题的，其实高中更多的就是考试评价，很多时候都是从学生成绩来评价教师教学，而不是评价学生的发展。我觉得一节课更重要的是让学生学到东西，就是一节课要有成效。

X 老师的课件是依据他和学生的风格从网上下载或参考同级教师的课件，然后进行整合使用，有时是直接使用其他老师的课件。"我会综合一下其他教师的课件，或者网上下载的课件。当然所做的课件都会根据考试大纲。"学生对感兴趣的话题则比较积极活跃,特别是搞一些他们感兴趣的活动,表现得尤为积极。"我两个班的学生都比较积极,特别是对感兴趣的话题都比较活跃。"对于课堂学习,学生应该跟随着教师的思路。"课堂上必须跟从老师的思路来学习,要不,学习还是会跟不上的,课后又不用时间去学语文。"X老师认为,要运用各种手段去讲授知识,引导学生思考问题的思路和角度,调动学生的积极性,培养学生学习的兴趣。"我觉得课堂上也得引导学生如何学习,所以主要是通过各种手段来讲授知识,引导学生如何思考一个问题,从哪个角度思考,用怎样的思维去思考。"

X老师也有着与他观念不一致的课堂教学行为。在此以一节课堂实录为例:

师:《孔雀东南飞》,我们来看看预习得怎么样。觉得这个语言,理解起来怎么样?

生:通俗易懂。

师:也就是我们故事的梗概要怎么概括清楚?我们男女主人公的命运怎么样?

……

师:什么样的爱情悲剧?

生:凄凉的、封建的。

师:凄凉的、凄惨的爱情悲剧。是什么原因导致的呢?

生:封建的。

师:最主要的原因是封建礼教。好,话说回来,我们都知道《诗经》讲到爱情的有很多。与爱情有关的有什么呀?

生:牛郎织女、孟姜女……

……

师:什么叫悲剧?就是将人生的有价值的东西毁灭给人看。听过吗?

……

师:你觉得喜剧或者悲剧,哪一种更能够震撼人心?

生：悲剧。

师：悲剧，为什么呀？就冲"毁灭"这两个字，毁灭的是什么呀？

生：有价值的东西。

师：有价值的东西，那你认为这篇文章里最有价值的东西是什么？

生：生命、爱情、信念……

……

师：昨天课本剧表演，我们同学在最后也安排了这个情节（结尾）。……关于古今意义词"自由"，课本注释里面有，配套练习里面也有。"床"也是古今意义，在古代是坐具，大家记得，按照日本是怎样的？

生：跪。

师：日本韩国的白话也是从中国传过去的，他们在古代里面也保留着中国古代的一些意思。你看这个坐具，是怎样做的。再看偏义复词。这是我们前面几篇课文没有出现的，但课后练习也有。偏义复词，是指……比如说"便可白公姥"取哪个呢？

生：姥

……

好，看看使动是怎样的呢？使什么怎么样；意动呢？

……

师：好，我们几个小组总结的……

……

师：这里写到兰芝被遣，与美貌无关。那为什么要写"严妆"？讨论5分钟。

（学生进入讨论状态）

师：好，这里写，是要写走得有尊严，还有其他吗？

……

从 X 老师的课堂实录以及研究者的观察看，X 老师的课堂气氛极其浓厚，学生的积极性比较高，师生之间的互动也比较强。教师通过问题引导式激发学生的兴趣，看似充满互动的课堂，可是细细深究起来，无论是对课文线索的探讨，还是对字词的认识，都是教师预设好了结论，然后让学生去论证的。

就教学本质而言，在课堂开始，X老师引导学生梳理课文线索，通过预设刘兰芝悲剧命运的结论，然后引导学生从悲剧的分类、原因和本质来探讨刘兰芝的悲剧命运。接着运用多媒体、释疑问难等手段对课文的字词、语法进行梳理，让学生获得文言文知识的学习。最后预设了刘兰芝提出自遣和离别前严妆的原因探析，让学生分组讨论，进一步理解刘兰芝这个人物形象。整节课既让学生获得知识，也培养了学生分析人物形象的能力。

从教学目标来看，X老师注重让学生学到知识或者能力，预设了"悲剧是将有价值的东西毁灭给人看"、课文字词理解、刘兰芝提出自遣及离别前严妆的原因探析等几个环节，并通过问题引导式、小组讨论、多媒体展示等方式，引导学生去思考，去探析。

从教学内容的选择上，X老师根据他的经验，选取鲁迅名言"悲剧是将有价值的东西毁灭给人看"作为结论，通过引导学生对课文的分析来论证，也加深了学生对悲剧的理解。另外，X老师考虑到学生现有的学习能力，主要针对课文提出简单的问题，让学生通过课文的阅读来探讨问题。

在师生角色方面，学生对教师提出的问题，加以主动的思考，认真的讨论，并做出积极的回应。如教师提出"刘兰芝提出自遣，为什么？"的问题时，学生小组之间主动展开了激烈的讨论，各小组踊跃发表意见。教师为了组织好课堂，设计了通过对主人公悲剧命运的探析来梳理文章线索、字词的理解，通过刘兰芝为什么提出自遣和在离别前进行严妆来分析人物形象等，让学生步步紧扣教师预设的思路，论证预设的结论。

在教学方式上，X老师有目的、有针对性地运用问题引导式，引导学生去思考问题，如在讲"悲剧"时，他通过"悲剧是什么？""毁灭了什么？""本文有价值的东西是什么"等问题，引导学生探讨主人公的悲剧命运。另外，除了运用问题引导式来讲授知识外，X老师还增加了小组讨论，学生自主阅读，合作研究，通过小组讨论为学生提供相互交流的时间和机会。学生探讨问题的能力获得了新的提高，并在探究中获得快乐的体验。

我们仍然在行动理论的视野中分析X老师的教学观念与教学行为的关系，发现X老师的教学观既有已内化的处于教学实践的使用理论层面，也有停留在口头上的宣称层面，这两种观念指导着教师的实践，而教师的课堂教学行为又反映出教师所拥有的教学观。

X老师认为，教学的本质是传递知识与技能，促进学生有效学习。从课堂观察发现，X老师不管是让学生从悲剧的分类、原因和本质来探讨刘兰芝的悲剧命运，还是运用多媒体、释疑问难、小组讨论等手段对课文的字词、语法进行梳理，以及对刘兰芝提出自遣和离别前严妆的原因探析，都体现了X老师注重知识的传递和对学生解决问题能力的培养。

从教已有7个年头的X老师，课堂上不再仅仅是尝试践行新课程所提倡的理念，而是更注重学生对知识和能力的获得。从课堂实录来看，他引导学生分析主人公的悲剧命运，让学生理解"悲剧是将有价值的东西毁灭给人看"；他对课文字词、语法的讲授，让学生积累文言文基础知识；他设计"刘兰芝为什么提出自遣及离别前要严妆"这一问题，让学生通过对问题的探讨，加深对课文的理解，并且提高思考和解决问题的能力。在过程中运用问题引导式、小组讨论、多媒体展示等方式，也都是为了向学生传递知识和能力，但这样学生是否真的学有所获呢？这在课堂上似乎很难体现出来，因为课堂上并没有对这一方面进行巩固。

在教学内容的选取上，X老师认为，他是依据他和学生的特点，所教授的内容都是来自于课文，他的课件包括对课文线索的探讨、字词的理解、人物形象的分析。这也体现了他"课堂上总要留下点什么"的观念。

在师生角色方面，X老师认为，学生比较积极，是课堂的参与者，在教师的指导下学习。因此在课堂上，X老师设计了文章线索的梳理、字词的理解、通过刘兰芝提出自遣和在离别前进行严妆的原因分析人物形象等，学生对教师提出的问题，进行主动的思考，认真的讨论，并积极回应。如教师提出"刘兰芝提出自遣，为什么"的问题时，学生小组之间展开了激烈的讨论，各小组踊跃地发表其意见。这体现出学生是学习的主动者、参加者。但观察整个课堂，研究者发现，学生都是按照教师预设的思路，围绕课文，从书本上论证教师预设好的结论。这体现的是"教师是课堂的组织者、设计者、控制者"的观念。

X 老师认为，他上课喜欢运用各种手段讲授知识，引导学生思考问题的思路和角度。在课堂上，X 老师有目的、有针对性地运用问题引导式，引导学生去思考问题，如在讲"悲剧"时，他通过"悲剧是什么？""毁灭了什么？""本文有价值的东西是什么"等问题，引导学生探讨主人公的悲剧命运。但这里的引导是学生按照教师预设好的思路与论证预设好的结论，是一种单向的传授知识行为。

通过上面的分析，在 X 老师的观念和实践中，他努力把学习的权利交给学生，希望课堂真正有效，但是由于自己能力上的不足，他还不能在实践中很好地做到。通过深层探究，X 老师的"课堂上要留下点东西""教学内容取他人之所用""教师是课堂的组织者、设计者、控制者"等观念已内化成教学实践的"使用理论"层面，而与停留在"宣称理论"层面的"课堂要真正有效""教学内容的选取依据学生特点""学生是学习活动的参与者，在教师的指导下学习"等观念表现不一致。

四 跨个案分析

对以上三位老师的课堂教学分析可以发现，他们在教学观念和课堂教学行为的表现上有相同之处。他们都认为，教学应该以学生为主，课堂上要培养学生的学习兴趣，教给学生知识与能力；他们对于教学内容的选取都是依据学生的特点和考试考点；他们的课堂都是在教师的预设和控制下进行的，学生是接受知识的客体。

三位老师在教学观和行为表现上亦有不同的地方。在教学本质上，W老师的行为更多的是受"教师怎么教，学生怎么学"观念影响的；L老师则注重鼓励学生，注重学生学习态度和情感的培养；X老师的行为都是为了向学生传递知识。在教学目标上，W老师的观念和行为指向考试甚至高考；L老师认为，课堂教学要激发学生的兴趣，教给学生方法，在实践中结合考点来践行她的观念。在教学内容上，可能由于经验的原因，W老师和L老师能够选取学生身边熟悉的事例，让学生理解知识更为容易；而X老师基本上是围绕课文，讲课文。从师生角色层面看，W老师的课堂能够体现教师是学生学习的促进者，但她的行为也受"教师是课堂的控制者"的影响，而未能真正体现学生学习的主体性和探究性；L老师能够尊重学生的想法，让学生从探究问题中获取乐趣，但课堂上更多的是教师讲，学生听。在教学方式上，W老师由于教学多年，经验丰富，对方法的选取能够根据课堂的实际；L老师和X老师更多的是受"上课应该有条线索，用怎样的方式学生能接受"观念的影响，按照预设好的思路，用封闭式提问对知识进行讲授。

总的来说，对三位教师的教学观与行为的分析，发现教学观与课堂教学行为之间一致性与不一致性共存的复杂关系。教师们部分地宣称教学观通过他们的课堂教学行为表现出来，也即是教师的教学观处于教学实践的"使用理论"层面，宣称理论与使用理论达成一致；但是，通过他们的教学行为反映出来的教学观却未必是他们所宣称的教学观，有可能是处于日用而不知的"使用理论"层面，甚至有些教学观依然停留在"宣称理论"层面，没有付诸行动，宣称理论与使用理论不一致。

第四节 影响高中语文教师教学观与教学行为关系的因素分析

教师的教学观与课堂教学行为之间并非一一对应，而是存在着一致性与不一致性共存的复杂关系。基于这样的结果，研究者继续观察三位教师的教学情况，并对教师做进一步的访谈，通过进一步的追问试图找出影响教学观与课堂教学行为关系的因素。在与教师访谈和对教师课堂进行观察时,发现影响教师教学观与课堂教学行为关系的因素有很多,可以分成外部因素和内部因素,外部因素主要是教学情境、学生、考试制度和教师评价;内部因素主要包括教师未能内化的理论、教学经验、教学反思。

一 外部因素:教学情境、学生、考试制度、教师评价

教学情境不仅包含课堂场景,而且内含个体情感,是场景与意境的统一。因此,教学情境具有复杂性。教学情境的复杂使得教师经常面临教学决定的两难,造成了观念与实践的不一致。

> W老师:课堂很难预设,我的课堂就经常会变化。因为课堂牵涉到学生,学生是人,会有他们的观点、看法,有他们的主观情感。要根据这个课堂,或者学生,去改变,去采取可能更适合的方法。所以说,课堂无法预设,他们的想法也会随时改变。

在W老师看来,课堂无法预设,需要根据学生的变化和课堂特点随时调整教学策略和方法。另外两位老师也有同样的感受,他们认为,课件可以重复利用,但是课堂无法复制。L老师说:"我在这个班上课是这样子,但是在另外一个班上同一课是不一样的,因为毕竟学生不一样,对课堂的反应也不一样。"课堂教学是对未知世界的探索过程,并非简单地重复过往的经验,而是对经验的活化、重组与创新。

学生水平的高低是影响教师教学观与教学行为关系的重要因素之一。水平高的学生比较自觉、主动,上起课来比较容易些,很多东西只需点到即可,学生就会明白;而水平低的学生学习能力差些,更适合用讲授方式。L老师说:"水平高的学生成绩好些,比较自觉、主动,也具有创造性,可以自己学习,能够自主地进行探究问题;水平低的学生学习能力就差一点,反应也比较慢,课堂上只能老师讲,自己听和记笔记。"虽说是县城最好的中学,但学生与大城市的学生相

比还有很大的差距。W老师认为:"这里的学生跟广州、深圳的学生无法比,依赖性比较强,主动学习难培养,所以很多时候你想这样子去上课,但是因为学生的原因,不得不改变教学方式。"这样教师所宣称的教学观就无法通过教学行为展现出来。

班额规模过大,教师负担重,也让教师的教学观只是宣称理论层面的表达,而指引其具体实践的是隐藏的教学观。L老师认为:"我教两个班,一个班79人,一个班61人,没那么多时间去实行小组合作学习,也很难关注到每一个人。"

对教师教学观和教学行为影响较大的因素是现行的高考制度,一张卷子定终身,尽管现在一直强调要培养学生的能力,但升学为就业、就业为生存的社会现实,不能不使教师所教,学生所学都是为了高考。三位老师选取的教学内容都会依据考点,其教学的目的也是培养学生的应试能力。W老师就认为:"高考就是指挥棒,所以我们现在的教学就是要适应考试要求,注重与考点结合。……考什么教什么,我们选择每个模块的学习,每篇文章,都是为了高考。"

对教师进行评价是加强教师队伍管理的有效措施,通过考核、检查、评价有助于全面了解教师工作的情况,从而有针对性地对教师进行管理。教师评价具有激励、导向、诊断功能,有助于教师明确他们的职责和权利,有助于提高教学质量。[1] 对教师的评价在很大程度上制约着教师的教学观和教学行为。X老师认为,现在的评价方式是有问题的,现行更多的是考试评价:

> 现在的评价方式也是有问题的,你以什么来评价一节课,和最后怎样评价这个学期所学的东西,现在高中更多的就是考试评价,很多时候都是从学生成绩来评价教师教学的,而不是评价学生的发展。

社会对教师的评价也只认你的教学成绩高不高,不管你是否培养

---

[1] 王斌华:《发展性教育评价》,华东师范大学出版社1998年版,第46页。

了学生的能力，是否教给了学生过程与方法，是否为他们的发展提供了空间。教师想依据新课程所提倡的理念去改革教学方式，又怕教学成绩降低，这给老师们造成了巨大的压力。

  W老师：成绩和升学率不是学校唯一的评价标准，但是社会要看学生的成绩，给教育局上报的是学生的成绩，各兄弟学校要比的也是学生的成绩，家长关注的更是学生的成绩。虽然学校在这方面没有给我们老师施加压力，但是我们自身是有很大的压力的。

二　内部因素：未能内化的理论、教学经验、教学反思

对教师来说，教师理论水平的高低，在很大程度上影响着教师对教学观念的理解，理论水平越高，理解的速度越快，并以此对照自身的教学实践活动。X老师说："我接受过新课程的教学理论，而且我也非常认同以学生发展为本，提倡自主、合作、探究的学习方式等理念，我觉得这些理念都很好。但是要真正实行，并非易事。所谓'理想很丰满，现实很骨感'。"从中我们能够发现教师们都接触过新课程教学理论，其教学观念脱离传统和灌输取向，但是要他们接受这些在知识观和学习观上都与传统观点不同的理论不是一件容易的事，其教学行为仍然是传统的、灌输取向的。或许有些教师已经记住新课程教学理论，但是还未能内化成为其教学哲学，所以未能加以实践。

教学经验：新瓶装旧酒。教师经过多年的教学之后，会或多或少地积累一些教学经验，形成属于自己的教学风格。这本来是好事，教学经验越丰富，教学能力就越强。但是，教师经过多年的教学经验所形成的一种固定的思维模式，是灌输式的教学方法始终占据主导地位，而新课程所倡导的启发式、问答式、探究式等教学方法，没能得到广泛流传和发展的一个原因。教学似乎只有按照某种固定的程式，教学活动才能得以有效进行。于是，教师掌控着整个课堂，他们执着地追求教学的规范化和模式化，严格设计教学过程，在课堂上则按照设计好的程序将教学进行到底；即便是其中穿插了一些师生问答或分

组讨论教学，也只是一种机械化、模式化、固定化的形式。结果，学生的学习积极性逐渐降低，教师的教也没有创造性可言，教师的主导性和学生的主体性也无法发挥，教学失去了应有的活力，课堂变得沉闷、乏味。尽管新课程一再倡导一切以学生为本，让学生成为课堂的主人，但许多教师仍然采用新瓶装旧酒的方式，拿着新教材，用着老方法。W 老师就说："老师们课上了这么多年，他们都有自己的方法，我们平时不是说教无定法吗？只要能调动学生的积极性，能让学生学到东西，什么方法都可以。"作为一名教师，教学经验已存在于他的头脑之中，他在接受新观念的过程中，难免会受到干扰，甚至会加以抵制。因此旧的教学经验与新的教学观念这种千丝万缕的关系，成为影响教师教学观和教学行为关系的因素之一。

教师教学反思控制程度不同，教学观与教学行为关系的表现就有所不同。具体到每一堂课，在教学前，教师经常并且进行深刻反思就能够体会观念的渗入和转化设计是否合理，也能使教学设计和准备达到最优化；在教学中，教师经常并且进行深刻地反思就能够发现问题并及时调节与修正，亦能使教学观念在教学行为中的转化和表现不断趋于合理，也可以更有效或创造性地解决问题；在教学后，教师经常进行深刻反思，就能积极总结出教学观念转化过程中的优缺点、转化结果的有效性，评价其表现水平，分析其可行性和价值等。[①] W 老师认为："平时很少写教学反思，课后会思考一下课堂上存在的问题，应该怎么样去解决。"L 老师说："反思，就是有时候自己上完这节课后，可能会想一下这节课有哪些地方上得不够好，没有讲好，应该怎样讲更好，或者是哪些地方之前没想过，但是上得比较满意。我是不会把它写在这个纸上的。"X 老师说："没写过教学反思，我现在带两个班，还当班主任，除了上课、备课之外，平时还会有些零零碎碎的事情要做。"

研究发现，三位老师都不写教学反思笔记，即使进行反思，也只

---

① 徐燕刚：《教学观念与教学行为差异的心理源分析与对策》，《教学研究》2004 年第 27（3）期。

是从教学活动本身去反思教学，停留在教学方法和内容上，很少思考教学活动对学生的意义，更很少反思教学行为背后所援引的理论基础。缺少深入的教学反思，这正是影响教师教学观与课堂教学行为关系的一个重要原因。也许正如阿吉瑞斯所说，大部分人所宣称的教育理论和真正支配其行为的使用理论常常是不一致的。教师若缺乏主动觉识力与反省思考力，即使他通过阅读有关的研究或参加有关的研习想提升其教学能力，最后可能还是依其多年来的教学习性进行教学，却不能觉察到他所宣称的教学观与教学行为上所存在的差异。

第五节 结论

教师教学观与课堂教学行为之间存在着复杂的关系，受到来自教师个人和外界内外各因素的影响。高中语文教师的教学观在不同维度上具有层次性和复杂性。通过对三位教师教学观的调查分析，我们发现，高中语文教师教学观在教学本质观、教学目标观、教学内容观、师生角色与教学方式几个方面具有层次性和复杂性。

在教学本质上，W老师认为，教学以学为主；L老师认为，教学既注重结论，也注重过程，是一个师生互动的过程；X老师认为，教学就是传递知识与技能，要促进学生有效学习。就教学目标而言，W老师和L老师认为，教学要培养学生兴趣。W老师还注重培养应试能力，L老师则注重教学生方法；而X老师就是希望学生能学有所获。从教学内容来讲，三位老师都会依据学生的实际情况来选择教学内容。W老师注重课本知识与考点结合和教材特点；L老师则根据课文特点和教学目的来选取；X老师会依据他的风格，整合他人的课件为其所用。在师生角色方面，三位老师都认为，学生是在教师的指导帮助下学习的，但L老师更强调学生学习的自主性。在教学方式上，W老师的课堂能够运行自如，上得比较自然，而L老师和X老师的课堂可看到预设的痕迹。

经仔细分析发现，教师对教学观不同方面的理解存在着差距，即教师的教学观表现出层次性。有些已经内化为指导教师行为的个人观念,即处于教师教学实践中"使用理论"层面,而有些尚是教师口头表达的观念,这种观念仅仅停留在"宣称理论"层面。不同教师教学观的不同方面具有不同的特点,这又反映出教学观念的复杂性。

从三位教师的课堂实录和资料分析来看,不管教师是否持有相同的教学观,教师的课堂教学行为在不同维度上的表现不同。

在教学本质方面,W老师的课堂可分为两部分:前半节课以学生提问,师生共同探讨为主;后半节课以"教师提问—学生回答—教师总结"的形式来进行,学生跟着教师的思路,看书找答案,未能真正体现以学为主。L老师的课堂,主要是"教师提问—学生讨论—学生发表观点—教师点评"的模式,L老师善于抓住教育的机会,培养学生的学习态度和传授学习方法。X老师是从文章线索的探寻,到字词的梳理,再到人物形象的分析来设计课堂,主要以"教师提问—学生回应"的方式,教师所提出的问题大多是预设的,答案也是预设的,师生之间的互动只是为论证已知假设,这个过程也许能让学生在课堂上有所收获,但却未能培养学生主动探究学习的自觉。

在教学目标上,为达到既定的目标,W老师能够根据课文的特点选取教学内容和教学策略;L老师则善于运用鼓励法,引导学生大胆质疑和发表观点,目的在于激发学生的兴趣和传授学习方法。X老师设计的文章线索、字词梳理、人物探析几大环节,体现出他注重的是传递知识和能力。

就教学内容而言,三位教师都注重从学生出发,结合考点。W老师的课堂既能以讲授课本知识点为主,引申考点,也能结合当地的特色进行教学。L老师的课堂能够从学生的实际出发,选取教学内容,但最终指导其行为的依然是考试。X老师根据他的经验和学生现有的学习能力,选择教学内容进行教学。

在师生角色方面,在W老师的课堂上,教师是主导,学生是接受知识的客体;L老师在课堂上尊重学生的想法,但教师是课堂的控制者,未能发挥学生的主体性;X老师的课堂体现了在教师的指导下学生的主动性。

在教学方式上,W老师能够抓住学生的特点来进行教学;L老师采取讲授、小组讨论、问题引导等方式进行教学；X 老师则喜欢运用问题引导式指导学生去思考，去学习。

教学行为是教学观在实践中的反映，上面三位教师的课堂教学行为既体现出教师停留在"宣称理论"层面的教学观，也体现出已经内化的个人观念，即处于教师教学实践中"使用理论"层面。也就是说教师的课堂教学行为能够反映教师的宣称教学观，也反映了教师隐藏的教学观。

高中语文教师教学观与课堂教学行为之间一致性与差异性共存。教师都认为，教学应该以学生为主，课堂上要培养学生的学习兴趣，教给学生知识与能力；他们对于教学内容的选取都会依据学生的实际情况；在师生角色方面，他们都认为，学生是在教师的指导帮助下学习的。在实际教学中，他们能结合学生的特点，运用讲授法、问题引导式、小组讨论式激发学生兴趣，向学生传授知识与能力。研究表明，教师的教学观对教师的课堂教学行为有指导作用，并通过课堂教学行为表现出来，也就是说，教师的宣称理论和使用理论达成一致。

三位老师在教学观和行为表现上亦存在差异。在教学本质上，W 老师的行为更多的是受"教师怎么教，学生怎么学"观念的影响，并非以学生为主。在教学内容上，三位老师都认为要根据学生的实际情况来选取，但可能由于经验的原因，W 老师和 L 老师能够选取学生身边熟悉的事例，让学生理解知识更为容易；而 X 老师以课本为主进行讲授。在师生角色层面，W 老师的课堂能够体现教师是学生学习的促进者，但她的行为也受"教师是课堂的控制者"的影响，而未能真正体现出学生学习的主体性和探究性；L 老师能够尊重学生的想法，让学生从探究问题中获取乐趣，但课堂上更多的是教师讲，学生听。在教学方式上，L 老师和 X 老师更多的是受"上课应该有条线索，用怎样的方式学生能接受"观念的影响，按照预设好的思路，用封闭式提问对知识进行讲授。这表明，教师的教学观未能全部通过教学行为表现出来，而对其课堂教学行为起作用的是教师隐藏的教学观，即处于日用而不知层面的使用理论，教师的宣称理论和使用理论之间存在不一致。

总的来说，教师的教学观与课堂教学行为之间存在着一致性与不一致性共存的复杂关系。教师的部分宣称教学观能够通过课堂教学行为表现出来，即人的思想和行为达到统一；教师宣称部分教学观，依然停留在"宣称理论"层面，没有付诸行动，人的思想和行为不一致；而通过课堂教学行为反映的教学观也可能是教师隐藏的教学观。

教师的教学观与课堂教学行为的关系是教师个体和外界因素合力的结果。从客观层面看，影响教师观与行的外部因素包括教学情境、学生、考试制度、教师评价；从自身来讲，影响教师的观与行的要素有教师未能真正内化的理论、教学经验、教学反思。一方面，以学校场域为主的外部因素为教师个体提供了文化底蕴和精神支撑，在潜移默化中影响着教师的思维与行为。另一方面，教师个体的能动性使教师的教学观与教学行为具有丰富的教师个人特点。教学观念受到教学情境、学生、考试制度、教师评价等外部因素和教师自身理论、教学经验和教学反思等内在因素的制约，而不能完全反映在教学行为上，同样地，教学行为受制于各种因素则折射出教师未察觉或未推崇的教学观。

第四章 新疆地区双语教师培训实效性调查研究

在全球化和信息化的助推下,世界上不同国家和民族的交流交往越来越便捷、频繁和重要。而加强不同国家和民族间交流交往的重要基础是双语双文化,甚至是对多语多文化的掌握。就我国而言,为了实现中华民族的共同繁荣,大力加强民族地区教育、经济和社会的发展,通过双语教育提高青年一代双语双文化素养就成为当务之急。在大力加强民族地区双语教育的大背景下,新疆、西藏等民族地区双语教师培训工作得到空前重视。自 2004 年 3 月新疆印发《关于大力推进"双语"教学工作的决定》以来,新疆的双语教育就进入全面推进阶段,双语教师培训工作大力展开。但是,由于维吾尔族教师汉语基础较弱,汉语学习难度大等原因,双语教师培训质量提高难度大。[①]那么,到底新疆维吾尔族教师对参与的双语培训感受如何?培训的实效性怎么样?对这些问题的回答就成为我们了解与反思改进民族地区双语教师培训的基础,从而为加强双语教师队伍建设,提高双语教育质量提供重要保障。

第一节 文献综述

双语教育指的是以两种语言作为教学媒介的教育系统,其中一种

[①] T. Guskey:《教师专业发展评价》,方乐、张英等译,中国轻工业出版社 2005 年版,第 59—60 页。罗玲、蒋伟:《民族地区教师"双语"培训亟待加强——藏、维民族聚居地区双语教学及教师双圆弧培训调查报告》,《教师教育研究》2009 年第 21 (1) 期。

语言常常是但不一定是学生的第一语言。① 双语教育的目的是通过知识性科目的双语教学来促进学生语言能力的发展。双语教育的基本原则是教师坚持使用学生的目的语，即汉语，这样做是为了向维吾尔族青少年提供比较多的汉语输入信息，让他们有机会多接触汉语。双语教育比单语教学更有意义，维吾尔族青少年是在无意识的情况下接触所要学习的汉语的。由于各科目学习的需要，维吾尔族青少年自然会产生学习汉语的动机和兴趣。这种目的和兴趣比在单纯的汉语课程中容易产生和持久。

在以上对双语教育理解的基础上，我们把双语教师定义为：具有汉语和维吾尔族双语双文化能力的，能够熟练运用汉语和维语两种语言进行数学、物理、化学、生物、音乐、体育等知识性学科教学的教师。较普通教师，双语教师需具备更高的素养。美国是实施双语教育最为典型的国家之一，因为有众多来自不同国家的移民，他们的政治意识、宗教信仰、文化水平、生活习惯，尤其是语言差异很大。在实施双语教育过程中，美国政府非常重视双语教师的双语双文化能力发展。1974年，美国制定了双语教师入职标准和认证指南，提出了双语教师的基本素养及最低专业能力，该指南从语言水平、语言学知识、多元文化知识、教学方法、课程开发和改编能力、评价能力、处理好学校与社区之间关系的能力和教学实践能力等方面对双语教师的素养进行了界定。② 我国学者也从政治素养、专业理念、知识素养和知识能力等方面对双语教师素养进行了全面的论述。③ 在综合国内外研究的基础上，结合我国中小学教师专业标准的基本理念和要求，本章整理了民族地区双语教师核心素养基本框架，从而为后续调研提供基础。

---

① 麦凯、西格恩：《双语教育概论》，严正、柳秀峰译，光明日报出版社1989年版。
② A. Theldore, & M. Boyer, *Bilingual School in the United States*, National Educational Laboratory Publishers, 1978：295 – 302.
③ 王海福、陈红曼、刘健：《民族地区双语教师任职标准建构探究》，《民族教育研究》2015年第26（4）期。

表 4-1　　　　　　　　　　双语教师核心素养框架

维度	领域	基本要求
政治理想与专业理念	（一）政治理想	1. 牢固树立"四个认同""三个离不开"思想，旗帜鲜明地反对国家分裂主义、民族分裂主义，坚持教育与宗教相分离。
	（二）职业理解与态度	2. 具有容纳与认同多元文化的态度。 3. 认同双语教育理念，热爱双语教育事业。 4. 消除大民族主义与地方民族主义，热爱少数民族地区，尊重多元文化。 5. 热爱少数民族学生，对学生的成长发展具有高度责任心；具有理解、宽容、耐心、细心和吃苦耐劳的个性心理品质。
专业能力	（三）双语双文化能力	6. 族别为少数民族的双语教师熟练掌握国家通用语言，汉语普通话发音标准，汉字书写规范；掌握中华民族文化、国家主流文化和现代科技文化。 7. 族别为汉族的双语教师掌握当地少数民族语言，具备一定的听、说、读、写能力，能与少数民族学生用母语进行无障碍交流；了解少数民族文化习俗。
	（四）跨文化交流能力	8. 能够适应少数民族地区的生活和工作环境，具有较强的人际交往能力，能够与师生、家长及当地民众融洽相处，建立团结和睦的民族关系。
	（五）双语教育教学能力	9. 掌握双语教育理论及第二语言习得理论。 10. 具有设计、组织双语课堂教学的能力。 11. 在课堂教学中能够合理地进行双语切换。 12. 具有营造双语教育环境的能力。 13. 具有双语教育教学研究能力。

表 4-1 双语教师核心素养框架中的内容是院校开展双语教师培训的基本依据。在此参照下，双语教师培训就是指具有双语教师培养和培训资质的院校，根据双语习得的规律和少数民族双语教师成长的内在规律，以及民族地区双语教育发展的需求，通过有效的组织和活动方式促进教师双语教学能力提升的过程。对于双语教师培训实效性的评价，Guskey 的教师专业发展评价五层次模型提供了重要的参考。Guskey 评价模型认为，由于教师专业发展是一个动态过程，会随着时间的推移而不断变化，教师培训评价必须考虑五个层层递进的层面：学员的反应、参与者的学习、组织的支持、学员应用新知识和技能的

情况、学生学习的结果。①

表4-2　　　　　Guskey五层次教师专业发展评价模型

层次	要解决的问题	信息收集方法	评价内容
学员的反应	他们喜欢培训安排吗？ 培训材料有意义吗？ 培训者知识渊博吗？ 对学习有帮助吗？	阶段结束时发放调查问卷； 焦点小组；访谈； 个人学习日志	对于经历的初始满意度
参与者的学习	参与者习得了所期望的知识与技能吗？	纸笔测试；模拟和演示；学员档案袋； 案例研究分析	学员的新知识和新技能
组织的支持	它影响了组织的氛围和程序吗？ 实施得到倡导、组织和支持了吗？ 问题得到了快速和有效的解决吗？ 可以得到充足的资源吗？ 成功得到了认可和分享吗？	学区和学校记录； 后继会议记录； 调查问卷；焦点小组； 与学员、学校等的结构式访谈；学员档案袋	组织的倡导、支持、适应、促进和认可
学员应用新知识和技能的情况	学员有效应用新知识和技能了吗？	调查问卷； 与学员及其导师的访谈；学员档案袋；直接观察；录音或录像带	实施的程度与质量
学生学习的结果	对学生有什么影响？ 它影响学生绩效或成就了吗？ 它影响学生身体或情感了吗？ 学生成为更加自信的学习者了吗？ 学生出勤率在逐步提高吗？ 辍学率在逐步降低吗？	学生记录；学校记录； 调查问卷；与学生、家长、教师和管理人员的结构式访谈； 学员档案袋	认知的； 情感的； 身体运动的

　　Guskey评估模型的优点在于深入性和系统性。从五个逐步深入的层面系统地考察了教师培训的实效性。考虑到学生学习结果的变化受到自身、家庭、教师、同伴等多元因素的影响，本章仅从前四个层面对双语教师培训的实效性进行探讨。

---

① T. Guskey:《教师专业发展评价》，方乐、张英等译，中国轻工业出版社2005年版，第59—60页。

第二节 研究方法

一 问卷编制

基于以上 Guskey 教师专业发展评价模型，本章编制了"双语教师培训状况调查问卷"。问卷分为两大部分，共包含 37 道题。问卷第一部分为双语教师的基本信息，包括性别、教龄、民族、学历、职称、职务等。第二部分为双语教师参加培训的情况，即 Guskey 教师专业发展评价模型的前四个层次。

二 样本选择

本章研究对象为新疆南部地区 A 县和 B 县接受过双语培训的维族双语教师。之所以选择这两个县为样本，主要是因为 A 县和 B 县维吾尔族人口占 87% 以上，少数民族语言学校都实行了双语教育。例如 A 县有 120 所民语言学校实施了双语教学，从事双语教学工作的教师达 1080 名。共调查了两个县的 15 所中小学的 157 名教师。

表 4-3　　　　　　　　　　样本基本情况

类别	比例（%）	类别	比例（%）
维吾尔族	100	培训级别：	
性别：男	22.4	市级	33.3
女	77.6	省级	52.1
学校类型：小学	50.3	国家级	14.6
初中	49.7	汉语水平：	
农村	68.2	MHK 三级乙等	47.8
城市	31.8	MHK 三级甲等	31.8
培训时间：12 个月	31.2	MHK 四级乙等	1.3
18 个月	68.8	MHK 四级甲等	0.6

第三节 调研结果

（一）对双语教师培训的整体评价

1. 院校活动的组织有基本保障但需要大力加强

双语教师培训对于学员来说是一个学习活动，对于培训院校来说既是一种教学活动，又是围绕教学活动展开的系列组织保障活动。需要培训院校提供适宜的生活、学习环境，这是开展有效双语教师培训的基本条件。总体而言，双语培训院校在生活环境、学习场所、培训纪律和考核等方面都提供了有效的保障。

在培训院校所提供的生活环境方面，有49.0%和33.5%的学员认为"比较满意"和"非常满意"，有16.1%的学员表示"不太满意"。这说明在生活环境方面，还是有很大的改善空间的。在教室等学习场所的条件方面，有54.1%和27.4%的学员认为"比较满意"和"非常满意"，有3.8%和14.6%的学员表示"非常不满意"和"不太满意"。在学习场所和生活环境方面满意度大致相同，学员不太满意的比例较大，仍需要改进。

培训院校在营造双语学习氛围方面，有62.4%的学员认为培训院校在各种环境中营造双语氛围，有36.3%的学员认为只是在课堂上营造双语氛围。总体来说，培训院校营造了比较好的双语学习氛围。

在对学员的管理方面，有47.7%的学员认为纪律要求非常严格，有43.2%的学员认为比较严格。这说明培训院校的纪律要求是很严格的。在对学习活动的考核方面，有49.0%和36.0%的学员认为"比较严格"和"非常严格"，有0.6%和4.5%的学员认为"非常松散"和"比较松散"，说明对学员的考核还有待加强。

上述数据显示，培训院校在培训活动组织上虽然有基本保障，但是在市级、省级和国家级不同培训级别上有很大差别，总体来说，学员对国家级培训院校的组织评价高于省级，省级高于市级。方差分析显示，除了在培训院校所提供的生活环境方面，在其他几个方面都具有显著性差异。进一步比较分析后发现，这几个方面的差异是由市级

表4-4 不同级别培训院校的培训组织工作方差分析

	总方差	自由度	均方差	F值	显著性水平
培训院校的生活环境	2.777	2	1.389	2.534	.083
培训院校学习场所条件	7.728	2	3.864	7.067	.001**
培训院校双语学习氛围营造	2.204	2	1.102	4.342	.015*
培训院校对学员学习上的考核	4.683	2	2.341	3.514	.032*
培训院校对学员纪律上的管理	2.737	2	1.369	3.539	.032*

和国家级培训方面的差异造成的。市级和省级、省级和国家级之间的差别并没有达到显著性水平。这说明市级双语培训的实效性相对较弱,是需要着重改进的层面。

2. 培训课程内容的针对性比较高,但年龄较大的教师确实难以达到标准

教师培训是一项针对性很强的活动,一般而言是"补其所缺,给其所需",培训内容是与参训教师最为密切的一个因素,也是影响培训实效性最大的因素。在调查结果中,有81.5%的教师认为,大部分培训内容与双语学习贴近,有16.6%的教师认为,只有少部分内容与双语学习贴近,只有1.9%的人认为,培训内容与双语学习无关。这说明培训内容与学员的双语学习相关性是比较高的,具有很强的针对性。

在访谈过程中年龄较大的教师普遍反映,培训内容的设置更关注中间年龄段的教师和汉语水平处于中间层次的教师,对于年龄大和汉语水平较差的教师则关注较少,有针对性的内容不多。

现在我们双语老师,年龄大的,一年、两年培训之后还是上不好双语课,原来的基础太差。我们没有那么多的语文老师、数学老师,年龄大的,参加了好几年培训什么也不会,就这样上课,还不能退休。(2015年11月A县某乡小学校长的访谈)

因此,虽然培训内容与双语教师的学习和生活比较贴近,但是确

实需要加强分层培训,增强培训内容和方式的针对性。

3. 培训教师的责任心和水平都比较好,但有部分不专业的教师

培训教师是影响培训质量的核心因素。图 4-1 显示,有 85% 以上的学员认为,培训教师的责任心和专业水平"比较高"和"非常高",说明学员对培训教师的责任心和专业水平的满意度都比较高。但是还有 15% 左右的教师责任心和水平都一般或比较差。

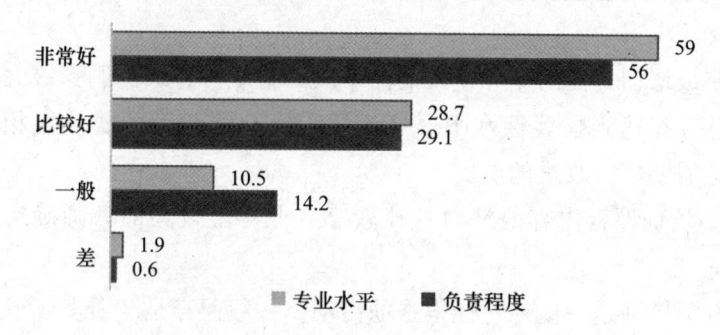

评价	专业水平	负责程度
非常好	59	56
比较好	28.7	29.1
一般	10.5	14.2
差	1.9	0.6

图 4-1 培训教师的负责程度和专业水平情况统计(%)

在访谈中还了解到,师生情感是学员特别在意的,良好的师生情感能够强化对培训效果的积极感受。

> 我走之前(家里)是安排好了,但有两个孩子,小的还太小,想去省外但还是担心孩子们,去了那边,有时候孩子病了,发烧了,要去医院,我真的不太放心,有特别想回家的感觉。我现在想,那一年我这一辈子都忘不了,因为老师、学校还有与我一起的那些同学,对我特别好,我的收获特别大。我们现在还有联系,微信群,老师经常说那边的(情况),"哦,今天天津下雪了,看你们住的地方现在变成什么样子啦?我现在代的班,新的学生比你们听话,长得没那么漂亮,但是也很听话……"我们经常交流,别的老师对我们也很好,走的时候也来了北京,都送我们。我们走的时候都哭了,反正,舍不得。(摘自 2015 年 11 月与 A 县某小学双语教师的访谈)

(二) 双语教师的学习

培训后学员在双语知识、文化、交流能力上的变化是测查双语培训实效性的核心指标。

1. 双语教师对双语教育的态度比较肯定

新疆南部是一个以少数民族为主体的地区,教师对双语教育的认知和认同显得尤为重要,是能否顺利开展教育教学工作的前提。调查显示,有61.9%的受培训者认为"非常有必要"在学校开展双语教育,有36.8%的受培训者认为"有必要"开展双语教育。所以,受培训教师对于开展双语教育必要性的认识非常到位。访谈也印证了培训对于提高双语教师重要性认识的看法。

> 说实话,在参加培训之前,我不赞成双语教学,但是参加培训之后,回来上课的时候,学生学习的热情比较高,后来我就越来越支持,现在是非常支持双语教学了。我觉得新疆还是汉族人比较多,必须学汉语,双语学习比较好,对我们的学校,对我们的县来说也比较好,(是)最好的选择。(2015年11月A县某中学数学教师访谈)

表4-5　　双语教师认为有必要开展双语教育的原因

	非常不必要(%)	不必要(%)	不确定(%)	有必要(%)	非常必要(%)	均值	标准差
国家和学校等各方面支持力度大	0.00	0.00	0.00	37.5	82.5	4.63	.485
能够增强个人发展的能力	0.00	0.00	1.3	42.7	56.0	4.55	.526
能够提高民族地区的教育水平	0.70	1.30	0.70	50.0	47.3	4.42	.648
能够促进民族文化的传播	0.7	2.8	9.7	45.1	41.7	4.24	.795
能够提高学生的学习成绩	0.00	4.9	8.4	51.7	35.0	4.17	.778
家长认为有必要	0.00	4.10	11.5	48.0	36.5	4.17	.786
学生喜欢	0.30	3.4	12.2	49.7	34.7	4.16	.765

对于开展双语教育重要性的看法,排在前面的几个理由是:国家

和学校等各方面支持力度大，能够增强个人发展的能力，能够提高民族地区的教育水平，能够促进民族文化的传播。可见，大力开展双语教育是多种因素综合推动的结果，有来自国家的意志、个人的发展、教育的发展，也有民族文化的传播。当然，国家意志在双语教师看来是最为能动和直接的因素。实际上，在对双语教师的访谈中也有同样的发现：

> 我国是一个多民族的国家，有56个民族，汉语言是我们国家的通用语言文字，一个国家应该有通用的语言文字，没有的话，如果各民族只用自己民族的一种语言，国家的发展也不会那么快的。学习汉语我觉得不太影响我们，学习汉语也有利于提高母语水平。西部大开发战略，两会的时候也提出，维护国家安定、长治久安的前提必须加强双语教学。（2015年11月A县某中学双语教师访谈）

2. 双语双文化能力程度一般，市级培训水平较差

在双语双文化能力中，最为重要的是维吾尔族教师的汉语掌握能力。双语培训后在"听、说、读、写"方面提高程度的均值分别为2.87、2.63、2.93、2.77，介于"有一些提高"和"有很大提高"之间。由此可见，双语教师培训后双语能力提高情况一般，不是很理想。特别是在口头表达方面最为欠缺。这与访谈中的发现类似，很多双语教师反映，学习汉语"最困难的是表达，很多东西心里知道是什么，就是表达不出来"（2015年11月A县某中学双语教师访谈）。

在这种情况下，有19.0%的双语教师表示"会一些简单的日常用语，不能用汉语交流"，有51.0%的双语教师表示"勉强可以用汉语交流"，这样看来，实际上有70.0%的教师是难以胜任双语教学的，只有30.0%的教师能够流利地用汉语交流，可以胜任双语教学。

那么，不同时间和不同级别的培训是否有差别呢？本章研究中的教师参加双语培训的时间有一年和一年半两种。方差分析显示，接受过一年和一年半培训的教师在"听、说、读、写"四个方面能力提

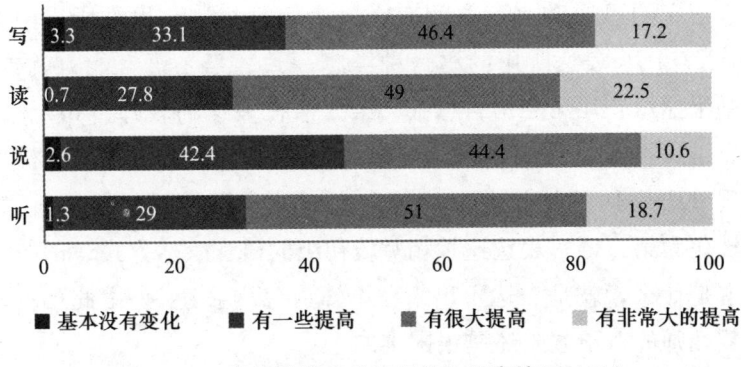

	基本没有变化	有一些提高	有很大提高	有非常大的提高
写	3.3	33.1	46.4	17.2
读	0.7	27.8	49	22.5
说	2.6	42.4	44.4	10.6
听	1.3	29	51	18.7

图4-2 教师培训后的汉语能力提高情况（%）

高上的差异都没有达到显著性水平。这说明延长培训时间对于提高汉语能力来说没有作用。为什么会出现这种情况，一个可能的原因是培训课程科学性问题，即培训内容设计是否遵循了双语习得的规律。

总体而言，在不同级别的培训后双语教师的汉语能力在四个方面都达到了显著性水平。进一步分析发现，这种差异是由市级和国家级的差异造成的。也就是说，省级和国家级培训后双语教师在四个方面的汉语能力提高程度没有达到显著性差异。这说明市级双语教师培训实效性较差。

双语培训在较大程度上增进了维吾尔族教师对中华文化的了解。有50.3%的教师认为，通过参加双语教师培训，对中华文化的了解有"一些提高"，有43.9%的教师认为有"非常大的提高"。

3. 双语运用能力较为生硬和困难

部分双语教师阅读汉语教学资料困难。南疆地区民语言中小学里少数民族语言的教育教学资料非常少，几乎全部是汉语教学资料，调查结果显示，在接受培训后，有43.2%和12.3%的教师认为，阅读汉语教学资料"比较容易"和"非常容易"，有1.9%和23.2%的教师认为"有很大困难"和"有困难"，这说明有1/4的双语教师还不能阅读汉语教育教学资料，这对于教师开展有效的双语教学来说是很大的困难。

大部分教师课堂双语运用能力较为生硬。语言学规律证明，第二语言学习者的思维和表达之间存在一个运行机制,思维所用的语言(第二语言)与表达所用的语言种类越一致,第二语言能力就越强。调查结果显示,用第二语言思维,第二语言表达的教师占6.4%,用母语思维,再转化为第二语言进行表达的占79.5%,用母语思维,同时用母语表达的教师占14.1%。大部分双语教师是用母语思维,然后转化为第二语言表达这种相对较初级的语言表达方式,正如"心里知道是什么,就是表达不出来,不知道怎样表达"。由此可见,绝大多数教师的双语教学还是很困难的。

(三)任教学校的支持

正如前面所述,国家和学校等方面的支持是双语教师认为开展双语教学必要性的最重要原因。在双语教师看来,学校对于教师参加双语教师培训的看法,对于培训后运用培训成果的态度,以及利用制度来支持教师双语教学方面都是特别肯定的,均值都在4.4以上。

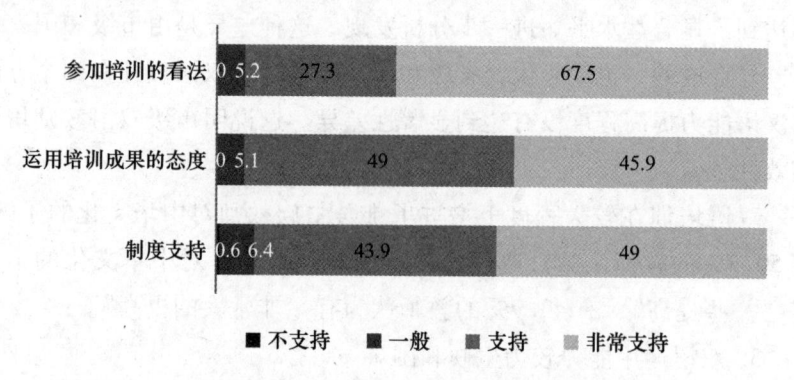

	不支持	一般	支持	非常支持
参加培训的看法	0	5.2	27.3	67.5
运用培训成果的态度	0	5.1	49	45.9
制度支持	0.6	6.4	43.9	49

图4-3 学校对于双语教师培训的态度

调查结果说明学校领导和绝大部分双语教师一样,对双语教育持高度的认同态度,同时也说明国家对开展双语教育的积极倡导是非常有效的,这一点在校领导和双语教师身上同时得到了印证。在访谈过程中,绝大多数双语教师表示,校方非常支持双语教师培训工作。

> 学校每次举行招聘会的时候,书记、校长、副校长尽量用汉

语说话，比如说工作安排，我们的各个教研组，各个科系，民族老师和汉族老师坐在一起，这是学习的一种途径，还有召开会议，大屏幕上的字幕都是汉语的，教育局组织的培训都是汉文的。学习环境是可以的。对实施双语教学也支持，尽量给双语教师安排教学任务，不会双语的给他们安排后勤、宿舍管理、卫生管理等工作，懂双语的就安排教学一线的工作。(2015年11月A县某中学汉语文教师访谈)

（四）运用所学情况

双语教师培训实效性不仅表现在培训过程中教师汉语能力的提高方面，也表现在学校对于教师培训所持的肯定态度上，同时还要看教师是否能够在课堂上运用汉语教学。当问到"培训结束后我学到的新知识和新技能的实际运用情况"时，有16.6%的教师认为"完全得到运用"，有67.5%的教师认为"大部分得到运用"，只有15.9%的教师认为"少部分得到运用"。这说明教师尽管在双语培训中学习情况并不是很理想，但是由于学校的支持等原因，教师还是非常努力地在课堂上用汉语教学，尽可能地把培训所学运用到教学中。

要进一步了解教师培训后双语教学的真实情况，就必须走入课堂，在我们所观察的12节双语课堂上，老师的汉语水平差异很大，相应地，双语课堂教学质量也有很大的差异。举例来说，A县某初中在当地是一所少数民族学校，学生全部是维吾尔族，由于受学生汉语水平的限制，该校的双语授课模式为模式一与模式二并存。汉语文教师H，男性，维吾尔族，37岁，从教15年，教七年级汉语文课。L老师的汉语存在严重问题，由于汉语不流畅而让人不能完全听明白授课内容。I教师来自A县城郊的一所小学，该小学的师资和教学在该乡处于中等水平。I教师46岁，女性，维吾尔族，民考民，从教近30年。该教师的汉语水平与L老师类似，存在语音语调尤其是声调的问题，但是稍好于L老师，在讲生字过程中出现错读误读的现象，虽然全程都坚持使用汉语。

J老师所在的学校是一所刚建成并投入使用的民汉合校小学，该校的硬件设备和师资水平在当地是最好的，教师大部分是从县城、乡镇等各个学校抽调上来的优秀教师。J 老师，女性，维吾尔族，47 岁，民考民，从教近 30 年，教三年级汉语文。她的汉语表达能力较好，除了个别字的发音不准确外，表达几乎无障碍。因为学生大多接受过学前双语教育，因此汉语水平相当不错，可以毫无障碍地、流利且准确地表达，课堂教学效果较好。K 老师与 J 老师在同一所学校任教，男性，维吾尔族，35 岁，民考汉。K 老师是一位精力充沛的年轻教师，因为是民考汉，所以汉语能力没有任何问题，在授课过程中教学方法使用得当，善于调动学生的积极性，讲课富有逻辑性。

  在课后访谈中五位教师均认为参加双语培训对他们是有好处的，但是汉语水平提高不明显，H 老师和 K 老师坦言，双语培训对他们的语言提高"没什么大用"，因为 H 老师的汉语水平很差，而 K 老师的汉语水平很好。前面提及，培训内容不能照顾到汉语水平处于两极的双语教师的需求。对于汉语水平好的双语教师（民考汉或从小接触汉语）和汉语水平差的双语教师（民考民或从小未接触汉语，汉语环境不好的双语教师），双语培训对其没有太大效果。

第四节　建议

  双语教育作为国家重大的教育战略，在过去 10 多年里得到了高度重视，并投入了大量人力与财力。双语教师的短缺一直是制约双语教育发展的瓶颈，作为解决这个瓶颈的重要举措的双语教师培训近年来被不断加强。本章的调查显示，双语培训院校不论在生活条件和学习环境的保障上都做得比较好，为培训工作提供了良好的环境。培训院校也有比较规范的管理纪律和考核规范，为培训工作提供了组织保障。培训内容比较贴近双语教师工作所需，大部分培训师资也具有专业水平。受训教师认为，培训后在听、说、读、写等方面的汉语水平都有一定程度的提高，但是提高程度并不十分明显。不过，就不同级别的培训来说，市级培训在上述各方面表现较差，并不能保障培训质量。受训教师所在学校不论在经费、态度和制度上都十分支持双语教师培训工作，说明学校层面和教师一样，对于国家推行双语教育的政策认同度非常高。

基于以上调研发现，这里就提高民族地区双语教师培训实效性提出如下建议。

第一，加强民汉双语教师培训理论研究。在过去10多年里，我国在教师培训方面积累了较为丰富的研究成果，人们基于优秀/专家教师成长的理论，教师专业发展理论，成人学习理论等，对于普通教师在职学习与培训过程形成了较为深入的认识，在此基础上形成了较为有效的不同类型的教师培训模式。但是，相对来说，就教师培训领域的知识积累而言，我们对于双语教师学习的规律，双语教师培训的有效模式的认识还远远不够。在很大程度上我们是基于普通教师培训的经验来组织双语教师培训的。在培训目标的设定，培训模式的选择，培训内容的开发，培训方法的设计，培训效果的评估上都没有很好地体现双语学习的内在规律和特征。这个原因造成了双语教师汉语能力提高方面在不同时长（一年和一年半）上没有显著性差异。因此，需要在汉语言文学、双语习得理论、成人学习理论的基础上，深入系统地研究民汉双语教师学习的特征、规律、机制，以及培训的模式与方法。如此，才能为民族地区双语教师培训奠定坚实的认识基础。

第二，增强双语教师培训工作专业意识。当前，社会和教育界在认知上，在一定程度上把教师培训作为一般性的教育活动，甚至是经营性的活动。缺乏对教师培训作为专业性活动的认识，从而影响了培训的实效性。实际上，在职培训活动比职前培养活动更为复杂。这就需要在民汉双语教师培训理论研究的基础上，以专业的精神设计专业的双语教师培训方案，围绕方案的实施组织专业的培训活动。

第三，加大新疆地区外双语教师培训力度。本章调查中国家级培训在各方面的收获均较高，从教师访谈中也发现教师对新疆地区外培训的满意度反映更好。虽然新疆地区外培训对于受培者来说要克服来自家庭等方面的困难，但是对于提高培训的实效性来说是非常重要的。访谈中教师反复提到在浙江、天津等省市的培训环境是如何的好，管理是如何的严格，学习的氛围是如何的浓厚等，相反，他们也反映市级的培训在这个方面是有极大反差的。回归分析的结果也印证了这种看法。当通过因子分析把影响培训的因素聚类为院校、培训内容和师资、任教学校支持三个因子后，经逐步回归分析，培训院校、培训内容和师资两个因子进入方程，从而说明培训院校的生活与学习环境是非常重要的。客观上，新疆地区外培训能够给受训者提供浸入式的汉语学习环境。浸入式的环境对于第二语言的学习来说是强有力的。

第四，切实解决好工学矛盾问题。工作与培训的矛盾突出是教师培训中长期存在的问题。南疆地区教师总体较为不足，双语教师更显短缺。对于学校来说往往面临着两难选择。从落实国家政策和长远看，需要派出符合条件的教师参加双语培训，但是有的时候学校面临因师资困难而不能派出教师的困境。我们时常会遇到有的学校把做饭的师傅和看大门的师傅派出去的情况，这既是对培训资源的极大浪费，同时又不能及时培训合格的双语师资。所以，双语教师培训是一项系统工程，需要在统筹各方面因素的基础上做出系统的规划和实施。

第五章 藏族教师身份认同个案研究

大力发展民族教育，提高民族地区人力资本，促进民族地区社会安定团结与繁荣发展是我国的重要战略决策。在民族地区办学条件得到较为充分保障，着力提高教育质量的背景下，教师的重要性进一步凸显。作为民族地区教师队伍中重要组成部分的民族教师，他们对自身工作的理解与主动性就显得格外重要。

长期以来，教师总是一个被期待、被界定、被要求的集体，学界和社会更多地从外面来规范和审视教师，缺乏足够的来自教师角度对他们工作世界的观察和意义的理解。对于民族教师而言，他们有着独特的民族文化基因，更需要从"文化主位"的角度理解他们的意义世界。本章将借助于身份认同的概念，刻画民族教师有着怎样的身份认同，找寻哪些因素影响了民族教师的身份认同，民族文化在其中扮演了怎样的角色。回答以上问题，以期更好地理解民族教师，从而为促进民族教师发展政策建议提供知识基础。

第一节 文献综述

一般而言，社会身份的概念是指合法化理由规定下的个体对自身与社会之间关系的自我认知。具体到教师，教师身份是指教师发自内心地对自身工作使命和内在价值的判断和认可，以及在工作情感体验和效能感基础上形成的对"我是什么样的教师"的界定和期待。① 因教师所处工作环境不同，教师个性和对工作理解的不同，以及它们之间的重叠效应，便会呈现出不同类型的身份认同景观。

那么，这些不同类型的身份认同是如何形成的呢？吉（J. P. Gee）提出了身份形成的四种路径（见表5-1）：一是"自然身份"说（Natural Identity）。强调人的生物特征，带有先赋性色彩，人的身份可以通过感官辨识，所以被称为"看得出"的身份。自然身份是由个人无法控制的因素所致，无须通过个人的主观努力，即可"进入"某一身份，身份的门槛不受个人主观因素的控制。二是"制度身份"说（Institution Identity），强调制度对身份的权利和义务的规定，身份可以是一个职称或是一个强制性符号。三是"话语身份"说（Discourse Identity），指个体通过与他人的语言交流来获得心理支持，从而完成个体的身份认同。该类认同模式突出了语言交流在此过程中的重要作用。四是"归属身份"说（Affinity Identity），即在同质集体参与实践中获得的身份认同，强调在相同目的的关系集体中，通过经历的分享、共同活动的参与以及社会实践创造来维系集体内的身份认同。②

表5-1 四种身份形成路径

身份类型	过程	影响因素	影响因素来源
1. 自然身份	自然演变	先天因素	自然环境
2. 制度身份	授权、委任	权力机构、权威	结构、制度
3. 话语身份	识别、辨认	交流、对话	理性个人
4. 归属身份	经历分享	行为、实践	同质集体、"共同体"

身份的维系是指个体在其先天物质条件的基础上，通过个体的实

---

① 赵明仁：《先赋认同、结构性认同与建构性认同——"师范生"身份认同探析》，《教育研究》2013年第6期。

② J. P. Gee, "Identity as an Analytic Lens for Research in Education," *Review of Research in Education*, 2000, 25 (1): 99-125.

践和外部环境的共同作用所达成的身份特质的稳定性和内在一致性。身份的维系主要受两方面力量的影响：一是结构性力量的固化作用；二是行动主体的身份实践，个体作为社会行动者，其能动性主要体现在个体的身份实践方面。行动主体对身份的维系，意指个体身份在形成和发展的过程中所呈现出的稳定性。关系型身份以及实践型身份揭示的便是作为行动主体，实现从"做了什么事"到"成为什么人"的转变，积极用行动寻求"我是谁"。通过主体的积极认知、行动的意义赋予和参与，寻求认同和自我实现的过程。作为教师，通过自身的教育反思和反思性教育实践获得作为教师的身份体验，以此不断增强"我是教师"的身份感。

第二节 研究方法

研究身份是一个探寻主体丰富复杂的意义世界的过程，故比较适合采用质化研究方法。为期3个月的田野调查是在我国西北地区一个藏族自治州的藏族中学（简称"藏中"）进行的。藏中是于20世纪90年代建立的以藏族学生为主的寄宿制完全中学。学校有专任教师173名，其中中学特级教师2名，省级名师1名，省骨干教师4名，省青年教学能手1名，市学科带头人4名，市骨干教师5名，市青年教学能手11名；中学高级教师35名，研究生学历15人，大学学历143人，大专学历15人。在校学生近2500名，有38个教学班（初中18个，高中20个），学生全部住宿。藏族教师和学生分别占67%和100%。近年来，一、二本录取率得到稳步提升，占比高达90%。

运用参与式观察和深度访谈法收集资料。笔者在田野调查期间和保安同住在门卫室，这样对学生和老师们的作息及平时活动就可以有近距离的观察，一日三餐和学生们一起在学校食堂就餐。笔者还分别带过高一年级两个以汉语为主的班级的汉语文和地理课，为学生们的周末晚会编排过街舞，听过8位作为关键信息提供者——老师的3—4次课，和师生们一起参与学校组织的校文化艺术节和运动会。还对学校所处社区进行了观察。

深度访谈法。笔者采取目的性抽样的原则，共邀请了 8 名在性别、教龄、职称、教学科目、班级角色方面具有代表性的藏族教师作为访谈对象。还与 3 名学生家长和 1 名僧人进行访谈，学校有一位老师曾经在寺院里当"阿克"（和尚），和他就寺院教育进行过 3 次访谈。与部分学生进行焦点小组访谈，与当地民族师范学院理科系主任 J 老师以及教育系 W 教授进行过多次访谈。每次访谈的时间大约在 40 分钟。访谈老师具体情况如下。

G 老师，男，52 岁，教龄 32 年，中学特级教师，甘肃省"陇原名师"，副校长，党员，所教科目为藏语文，并且带过汉语文、体育、高中历史、地理。在本校工作时间为 22 年，本地人。第一学历中师，最后学历大专。先后在卓尼县完全中心小学、尼巴九年制学校、卓尼县藏族中学工作。

Z 老师，男，36 岁，教龄 13 年，党员，高三年级组组长，所教科目为藏数学，在本校工作时间 13 年，本地人。青海师范大学数学系毕业，初中在本校就读。

D 老师，男，34 岁，教龄 5 年，党员，高二年级组组长，团委老师，所教科目为藏数学，在本校工作时间 5 年，本地人。青海师范大学数学系毕业，首都师范大学研究生肄业。本校学生。

Y 老师，男，31 岁，教龄 8 年，党员，高三年级组副组长，英语教研组组长，所教科目为藏英语、汉英语。在本校工作时间 7 年，西北民族大学英语教育专业毕业。本校学生。

C 老师，男，28 岁，教龄 5 年，党员，未婚，所教科目为藏化学，在本校工作时间 5 年，本地人。中央民族大学藏学专业毕业。本校学生。

R 老师，女，46 岁，教龄 23 年，党员，现任校妇委会主任，所教科目为藏历史。1989 年毕业于甘南藏族中等专业学校，1992 年毕业于甘肃师范专科学院。1993 年至今在合作藏族中学工作，2000—2003 年在西北民族大学进修，取得函授本科学历。

N 老师，女，38 岁，教龄 13 年，地理教研组组长，所教科目为藏地理，在本校工作时间 10 年，西北师范大学地理系毕业，中央民族大学藏学专业研究生。

M老师，女，31岁，教龄9年，所教科目为汉语文，在本校工作时间9年，青海省西宁人，西北师范大学汉语言文学专业毕业。

第三节 研究结果

一 藏族教师的身份类型

通过对8位藏族教师的个案分析，在整合相关资料的基础上将藏族教师划分为四种类型：担当者、继承者、适应者和流浪者。

（一）担当者

得知我论文研究的主题和方向，几乎所有的老师都向我推荐G老师，"你去找他，他能说到位"，带着好奇，我来到G老师办公的地方，门上写着"陇原名师工作室"。

进门之后，看见G老师在低头写文案，表明我的身份和来由之后，G老师给我倒了杯水，然后介绍了他的个人经历。G老师有几个头衔不得不提，H市藏族中学主管德育工作的副校长，中学藏语文特级教师，陇原名师。但是照G老师的说法，他从来都是把其身份定位为"普通老师"，把讲台作为他在学生和老师心目当中立足的根本。原以为G老师会把今天的荣誉归功于当初年少时那个坚定的"教师梦"，然而他却直言不讳地表露："我当时根本不愿当老师，那个时候是国家统一分配，后来一直想改行。但是干这一行就得干好，去年我们30个陇原名师聚到一起聊，都是同样的感觉，因为你在这个岗位上，为了做好这个工作，才干的，不是说如何喜欢。"

从G老师的工作经历和择业选择动机看，最初的入职并不是自主选择的结果，最起码不是首选，教师身份并不是他努力"寻求"而来的。而且，即便入职之后，"贫寒"的工作环境促使G老师萌生了脱离教师岗位的念头。

> 当时的情况你们难以想象。学校当时只有两排教室，它是个六年制学校，老师有七个人，一个校长，一个教导主任，会计一

个，他们兼的课少一些，剩下四个老师。另外那里没有电，点的是煤油灯，房子是土坯的瓦房，房子顶是用白纸糊的，地下没有砖，是用白土打的，所以学生只要晃桌子，用竹竿一戳，一刮风或者关门，屋顶就哗啦啦掉土。有些教室本来是一间，后来隔开成为两间，这面上课那面能听见，老师的办公室就在教室旁边，上的课完全能听见。我最想不通当时到底是怎么一回事，我们学校没有买粉笔的钱，我们没办法，就直接拿一个土疙瘩在黑板上写，这不是旧社会，这是80年代的事情。

民族教育开创伊始，百废待兴，面对教育经验不足和教育资源匮乏的双重困境，想要在薄弱的民族教育基础上构筑宏大的民族教育大厦，需要投身民族教育事业的每一位教育工作者倾其心力，甚至做出一定程度的牺牲。当时G老师20出头，正值青年，他清楚地意识到选择教师岗位意味着选择一条前景并不明朗的道路，G老师当时也很犹豫。没有可供学习仿照的经验，作为民族教育发展的奠基者，他们在不断地摸索与尝试中缓慢前行。

从G老师步入教师岗位的过程来看，当时遴选教师的机制也相当不规范。这和民族教育起步时期的大背景有关，藏文好就可以当老师，完全忽略教师的专业特性。

当时老师极其短缺，双语教学的人几乎没有。要么拔苗助长，再就是初中毕业的，中专毕业的去当中学的老师，就是这种情况，然后慢慢拿个函授学位，当时的水平是比较低的，是低层次的那种。整体水平是相当低的，不是一般的低，内地人（指东部地区）是无法想象这一种局面存在的，以前我们这百分之七八十的都是专科毕业。

藏中有大概30位老师是本校毕业的学生，我从他们口中了解到作为学校领导的G老师的工作情况。"他是我的藏文老师，我是这个学校第一届学生，他为我们付出得特别多。当时教材也没有，G老师就把课文翻译成藏文然后在蜡纸上刻出来，印完之后发给我们。他每天都刻，每天都刻。"校团委的 D 老师这样描述 G 老师当时的工作状态。从这番描述中可以看出，在当时的时代背景下，改变民族教育发展的整体落后局面在很大程度上依靠的是民族教师不计辛劳的付出与奉献。而其他的老师每当谈论起 G 老师时，没有不竖起大拇指的，很多本校毕业的老师都是在学生时代受 G 老师形象的鼓舞和感染，才坚定了做老师的信念，而后步入教师岗位的。"我们的老教师，特别像 G 老师，他们基本上一天的三分之二时间在学校，他们都那样，我们也不得不那样做。""G 书记是我们学校的宝贝，学校有他出不了乱子。"这是学校教研室严主任对 G 老师的评价，"他主持学校的会议，一定是亲自点名，学校 100 多位老师，他花了 10 分钟一个一个点名。他做事就一个字'细'"。无论在学校哪里，只要年轻教师看见他，一定是恭恭敬敬地打招呼。一次在高三年级组，G 老师突然推门进来，所有年轻教师都停止了手头工作，站起身来迎接 G 老师。作为藏中的一面精神旗帜，对于全校的教师，尤其是青年教师具有带动作用。

作为学校的领导，G 老师把"以身作则"放在心上，落实到行动上。虽然分管学校的德育工作，但是学校里面不管什么大大小小的活动，G 老师都会亲临现场，即便只是在旁边站上一会，看看孩子们。这么做的原因，依照 G 老师的说法是

> 你嘴里面说得再好，自己不动弹，那是瞎扯。你就是说让全校老师必须上早操，你都不上早操，那是不可能有人上早操的。谁上了谁没上，你都不清楚吗，所以听别人的话，刚开始可能对你说老实话，慢慢地就把你给糊弄过去了，所以，我的一贯作风，第一是以身作则，第二是我必须掌握第一手资料，比如说今天老师人到齐了吗？我一周至少点一次名，我亲自点一次名，不然的话就把你放过了，呵呵。不然的话，你会上所做的决策所做的判断都是错误的。

在和 G 老师接触的过程中，我发现他有着浓厚的民族教育情怀，这和他作为民族教育的亲历者和实践者的身份是密不可分的。

民族教育在刚开始起步阶段，遇到很多困难，牧区的大部分家长不愿意送孩子进学校，原因在于农村藏族学生家长对学校教育的信心不足。中小学毕业生不能为改变家乡的落后面貌做出贡献，只能同长辈一样按部就班地从事以手工劳动为主的生产劳动；中小学在校学生不能学到改变家乡落后面貌的适用知识，不能为家庭脱贫致富充当参谋。所以，学生对上学读书兴趣不大，学习劲头不足，成绩低下。群众对孩子上学读书失去信心，一些家长甚至认为，孩子在学校所学用处不大，回到家不但不会劳动，反而学会了讲吃讲穿。① 在参与和解决这些问题的过程中，G 老师加深了对教育的理解和情感。关于民族教育落后的原因，作为亲历者和见证人的 G 老师最有发言权：

> 民族教育落后不是说某一个方面，而是综合性的东西，首先是因为本身底子薄，文盲太多，整个社会上文盲太多，近两年还稍微好一些，我们那个年代可以说 95% 以上都是文盲，一字不识。就像我母亲，在她手里面放上钱，是几块钱都不知道。民族教育就是在这样一种基础上一点一点发展的，底子太薄，这是事实。

在民族教育发展的过程中，产生过很多具有时代特色的民族教育现象，然而，伴随着历史的发展，时代的进步，这些都慢慢退出了人们的视野，作为历史痕迹永远留在了当事人 G 老师的记忆深处。

> 1988 年，在我们甘南玛曲召开过一次全国民族教育工作会议，当时的全国教育委员会主任李铁映提出了五条路。里面就有一条关于名誉校长，名誉校长是怎么产生的呢？咱们牧区的家长

---

① 巴登尼玛：《藏族教育之路探索》，《教育研究》1998 年第 10 期。

不送孩子上学，这些活佛就劝说家长送孩子上学的好处和必要性，这样以后上学的学生就慢慢地多起来了。

到1989年，全州39位文化造诣高、热心教育事业，在群众中享有较高威望的民族宗教界上层人士被聘请为农牧区学校名誉校长，被韩克茵等称为"披着袈裟的文化使者"①。1990年，甘南藏族自治州教育局制定了《甘南名誉校长工作条例》。② 社会环境变了，人们的生活水平提高了，人们的认识发生了很大变化，所以名誉校长的历史使命就基本上完成了。

G老师的经历告诉我们，不愿当老师，并不意味着当不好老师，原因在于老教师的责任意识。因为对教师职业性质和民族教育的发展状况有着清醒的认识，所以在选择当老师之后就意味着承担，承担民族教师职业的压力，承担民族教育发展的重任。

R老师的家就在藏传佛教圣地郎木寺的旁边，从小受到寺院的影响，"寺院里面的和尚普通话说得好得很，非常有知识，人非常善良，我小时候经常去那玩"。藏传佛教教义以法无常、缘起论、因果论为主要哲学观，这些基本观念成为藏族人关照世界的意义来源，同时渗透到藏族人民的生活方式当中，指导人们的行为实践。R老师对教育教学的理解和信念从侧面反映出宗教思想对其产生的影响。

> 我以前带过的高中学生都已经出去了，带的初中学生我现在上高二，他们动不动就过来帮老师拖个地，提个水的，真的有点亲。学生们给我的可以说是良性循环，这是一种精神上的鼓励。我现在就想，他们对我这么好，我就应该对他们付出，他们上高中的时候不敢在老师的课上睡觉，不敢调皮，因为学生特别认真，那我们也应该认真。老师、大夫这些，据我看来，你要么就

---

① 韩克茵、张延安、巴建坤：《希望之光——关于甘南藏族教育的探索与思考》，甘肃民族出版社1991年版，第118页。

② 王洪玉：《甘南藏汉双语教育历史与发展研究》，民族出版社2015年版，第93页。

别当，当了就真的不敢怠慢，可以说真的会误了一代人，这说得大一些。说小一些，学生那么爱戴你，那么尊重你，就好像你可能讲不了什么好课，你敷衍了事的话，你对得起那样的眼光吗？面对教室里面的那样一种眼神，我真的是不敢怠慢。

佛教强调因果律，种什么籽，结什么果，R老师认为，当老师和做医生本质上是一样的，干的都是"良心活"，时刻要对自己的行为所产生的后果有个预判，并对后果负责。

  刚开始的时候是一种兴趣，在后面的话这是一种责任，莫大的责任。那天我也对你说了，当老师和大夫，要不就别当，要不就尽自己的能力当，要认真，负责任，有一天敷衍了事的话，说得大一些，可以说是误了一代人，有的人说为了自己的民族什么的，太多的我们也不敢吹，不敢说为自己的民族做了多大的贡献，但是把娃娃们教好，尽自己的能力教好，说得大点，我认为就是为民族，说得小点，就是为了娃娃们，他们初中就是短短的三年，你一天敷衍了事的话，你怎么面对他们，面对自己的良心。

老师教学行为的好坏会在学生成长和学业成绩上反映出来，老师种下的因会在学生那里结出果。同时，老师假如不认真对待教学工作，敷衍了事，那么他们种下的因，也会在他们身上结出恶果。

  如果一天敷衍了事，再就混日子的话，最后惩罚的是自己，自己不开心，你混过去了，但是你自己扪心自问一下，到底给学生传授了什么，讲得怎么样，这样下去的话，我认为会恶性循环。结果活得不是太充实，活得不是太开心。

寻求教育实践过程中的内在利益，获得心理上的自我奖励，是R老师强调的所谓教师工作的良性循环，这也是R老师区别于其他老师的显著特点。

R老师工作的动力来自于学生的"爱戴",事实上,靠的是与学生的关系性实践维系其职业认同,学生在R老师教师身份的维系中扮演着关键角色。

作为"担当者"的藏族教师,他们是藏族文化的活的载体。这部分藏族教师经常以民族文化作为养料滋养其对职业的理解以及指导其行为实践。"人生的最高目标是为众生服务的,我们藏语里面有这么一个说法,为所有生命着想的人是最高境界的人,这个里面就渗透一点藏族文化。"这部分教师把教育比作"良心活""人心换人心"的工作,对教育充满着敬重之心。"我们藏族人平时经常说'造孽'。你耽误了一个人就相当于造了很大的孽,所以你不能荒废别人的青春,作为一个老师你荒废了别人的青春就相当于给自己种下了很多恶因,恶因将来会产生很多恶果。藏族人本身就特别重视因果关系。""老师、大夫这些我自己看来,你要不就别当,要不就真的不敢怠慢,要不真的误了一代人,这是莫大的责任。你一天敷衍了事的话,你怎么面对他们,面对自己的良心。"

在这些藏族教师身上集中表现出一种"天职观念"。所谓"天职观",或者所谓"职业伦理观",以教育为业可以分为两种形式:一是"为"教育而生存,二是"靠"教育而生存。"为"教育而生存的人,从内心里将教育作为他的生命。他或者是因拥有他所从事的工作而得到享受,或者是因为他意识到服务于一项"事业"而使生命具有意义,从而滋生出一种内心的平衡和自我感觉。靠教育生存的人所涉及的是事物基本的层面,即经济层面。他们力求将教育作为固定收入来源,将教师作为职业,"靠"它吃饭。① 具有"天职观"的藏族教师始终忠诚于他自己选择的职业,虽然也会有各种各样的抱怨,但是这些绝不意味着放弃职业追求和降低标准,在这种"天职"精神中,藏族老师始终将"责任感"放在首位,民族认同助推职业认同,并将民族认同和职业认同有机结合起来,并达成内

---

① 马克斯·韦伯:《学术与政治》,生活·读书·新知三联书店1998年版,第63页。

在统一。

（二）"继承者"

在跟很多藏族老师访谈的过程中发现，藏族老师把本校的藏族学生常常称为"我们的孩子"，以此区别普通类学校的汉族学生。进而把培养藏族学生当成"自己家里的事"，藏族老师与藏族学生的民族意识，拉近了彼此的心理关系，导致藏族老师在实施教学的过程中相比于汉族老师更愿意付出。

> 像我们的学生不像人家普通类的，挺可怜的，大老远的，七县一市的学生都有，长期远离父母，一个月只能回一次家，而且像我们高三的几乎回不去，一直到放假。这样的话，你作为老师充当着父母角色的话，又不像人家普通类的，白天，早上上完课中午回去，晚上也回去，毕竟人家旁边有父母，我们这些学生没父母，挺可怜的。想象一下自己的孩子，送到那个地方，老师不关心，再没有人关心了，而且我们的教学都是封闭式的，所以一天什么事情都要老师操心，可以说我们既当老师又当父母，平时对学生的心理方面、学习方面，总是要提醒。既然照顾方面做不到，就要多说多提醒，好多学生自理能力挺差的，他学习成绩提不上去，就跟这个有关系，所以要跟他谈话，让他从心理上平静下来。
>
> 一旦你步入教师行业，已没办法改变了，我就一直坚持下去，不管怎么样，这跟我的性格也有关系，我就是这样的一个人，反正是既来之则安之，既然我没办法了，我已经走出老师的这一步，走的话我就要走好，滥竽充数或者得过且过的想法我倒没有，这可能跟我的性格有关。不一定所有的人都是这么想的，反正我决定了，我就要努力下去。但最主要的是我考虑到我的学生，有时候我请假的时候我就想着，哎呀，我今天请假了，这个课怎么办，思维里面第一时间想到的就是这个，你也知道请假是要扣钱的，我对这个倒没考虑进去，扣就扣，然后就想着这是我的学生，是我带上来的，我请假几天，他们可

能啥都没学到,心里总是有这种想法,这可能也是一种动力,要不然我考虑到钱的话,我就不考虑学生了。请假一天的话扣多少多少钱,然后扣奖金,请假多了,举个例子来讲,一个月或者15天以上学校就要扣我们的奖金,现在也没有奖金了,反正我从来没有这么想过,不是说自己有多清高,而是总想着我们的孩子,我们不管,谁管?

支持N老师工作的最关键因素来自于她的学生,她的教师身份当中所蕴含的忠诚对象同样是其学生。藏族老师和学生是荣辱与共的"命运共同体",他们之间相互协作才能完成藏族文化的传承以及藏区社会的延续和发展。

N老师曾经不止一次跟我说:"并不是狭隘地维护民族文化,假如藏族语言文字从地球上消失了,就我个人觉得,对全人类来说,是个巨大的损失,因为这里面包含了很多宝贵的东西。"

作为文化继承者的藏族教师,以传承民族文化作为他们的使命。

> 国家要发展,各个民族都要发展,尤其是各个民族都要扮演好自己的角色,有本民族的特色,不同民族有不同民族的责任,我作为一名藏族老师,我的责任是把我们的民族语言传承下去。我最喜欢费孝通说过的那句话"各美其美,美人之美,美美与共,天下大同。

这部分藏族教师对教师职业的理解也来自于藏族传统文化,在藏族的寺庙教育中,经师的地位无比权威。受其影响,藏族教师同样扮演着"权威"的角色。藏族自古就有着尊师重教的传统,凡是有知识有文化、受人尊敬爱戴的人被尊称为"改拉"[①]。教师是个权威、主导的角色,而学生是个跟随者。但教师也是"负责任的第二个父母",对学生有管教的责任。教师是学生知识的来源,是学生困难重

---

① 马慧芳:《西藏藏族中小学职业认同研究》,学位论文,西藏大学,2013年。

重的学习中的"明灯"①。这反映出藏族师生的角色地位。"藏族人信仰佛教,寺院里面要供饭、供奉,我们当老师的不用那样,好好教学生们就是在积德。"

任何一个民族,在认知和评价他们的民族认同时,理性的因素和情感的因素是紧紧地交织在一起的,有时情感因素所起的作用大于理性。这一点在作为"继承者"的藏族教师身上体现得尤为明显。在跟很多藏族老师访谈的过程中发现,藏族老师把本校的藏族学生常常称为"我们的孩子",进而把培养藏族学生当成"自己家里的事",藏族老师与藏族学生的民族意识,拉近了彼此的心理关系,老师对学生的感情既有师生之情,又有同胞之情,即民族内部情感,这使得藏族老师在面对藏族学生时更愿意付出。"像我们的学生不像人家普通类的,挺可怜的,从牧区大老远的过来,长期远离父母,一个月只能回一次家,这样的话,老师就要充当父母的角色,如果老师不关心他们,就再没有人关心他们了。"

(三)"适应者"

作为"适应者"的藏族教师大多个性鲜明,是校园里的"活跃分子"。具体表现便是专业自主性强,很多成了学习的中层领导,善于交际,对于研究者的到来,他们会热情主动地接待。和他们的交流也进行得非常顺畅愉快。善于学习、自主性强是这类老师的共同特征,他们善于积极主动地了解新的教育动态和理念。

在这些藏族教师身上表现出一种现代职业观特征:注重专业技能的获得,专业自主性强。这部分老师在学校不在少数,而且个性鲜明,给研究者留下了深刻的印象。

Z老师是学校教科室副主任,兼高三数学老师。他喜欢说笑。风趣幽默、豪爽直率的作风,给我留下了深刻印象。在他的课堂上,学生们可以坐得很随意,就像听讲座一样,有站着听的,有坐在讲台上的。一节课,全班集体性的笑声大概有八九次。学生们听他的课,眼

---

① 李睿:《民族中学教师信念研究——以两所藏族中学为个案》,学位论文,中央民族大学,2012年。

睛始终是明亮的，而且面带笑容。"我喜欢学生在课堂上动起来，课堂上随意一些，包括学生在课堂上提出一些刁钻古怪的问题，我是不会生气的。"Z老师社会活动能力强，很能吃得开，这为他争取了很多评奖评优的名额。"你问我最关心最在意的是什么，肯定是职称、待遇。"在年度考核中Z老师的总分是最高的，他的职称在学校里是上升最快的。Z老师小学和初中接受的是以汉语为主的民族教育模式，高中接受的是普通类教育，从一所师范大学毕业，也是普通类高校培养模式。这样的教育经历所导致的结果就像Z老师说的："让我在普通类高中上课的话完全没问题，但是我的藏文吃力得很，有些概念不会用藏语表达，就用普通话代替。"

Y老师是藏中唯一的一位藏族英语老师，也是唯一的一位男英语老师，目前担任高三年级组副组长，在以藏语为主的班级里，Y老师用藏英双语授课，在以汉语为主的班级里，则用汉英双语授课，这种身份的特殊性让我对他产生了很大的兴趣。我对Y老师的语言天赋大为佩服，同时也产生了疑问："Y老师到底更加倾向于哪种类型的课堂？是藏英双语授课更加熟练，还是汉英双语授课更加清晰？"结果老师的回答超出我之前的设想：

> 英语课我觉得要用全英语授课最好，我自己也是尽量往这方面努力，但是这要求老师有比较强的专业能力，同时更重要的一点就是有足够的耐心，因为一个英文单词，你用藏语可以直接给学生解释清楚，用英语解释你要反复重复，反复解释，学生才能明白，所以对老师各方面要求比较高。

我听了Y老师6节课，发现他会动用学生们掌握的词汇来解释新学的单词，一遍又一遍，不厌其烦，Y老师上课从来不戴扩音器，但是即便关着教室门声音也会传得很远。一次，Y老师在上公开课之前主动找到我，让我这个英语的"门外汉"给他提一些好的意见和建议，基本上每次见到他，他都会问我一个关于教育教学方面的问题。"老师，这个问题你怎么看？"他每次见到我都叫我老师，并且觉得

我是研究人员,把我当专家看待,所以,我们俩经常讨论一些问题。当被问到对教师职业的看法时,Y老师说:

> 我个人评价的话,还不是一个合格的老师,但是我的性格,自己学的专业,我是适合当老师的,因为我的专业是英语教育,如果不去教学的话,在咱们这个地方用到英语的机会很少,除非你到旅游局,但是旅游局用到的机会也不多,你就背几段解说词就完了,天天重复着,你来了我给你介绍就完了,对我的生活没有一定的挑战,每天都在演绎中重复,没有上进心,虽然从精神的角度可能享受一些,毕竟接触到的人可能不一样,接触到的集体不一样,但是跟我现在的教学生活相比的话,如果你对学生付出了,做一个老师挺值得的。

Y老师站在三种语言文化的角度,所面临的意义世界更加丰富多元。三种语言背后所附带的文化因素形塑了Y老师多元化的认同模式。藏族文化、汉文化、英语国家文化,Y老师在这三种文化之间进行选择,指导其行为实践。Y老师在寻求行为背后的意义来源的时候往往表现出情景化的取舍,三种不同文化让Y老师拥有三种思考问题的角度,从而摆脱一种价值导向所带来的局限。

D老师作为高二年级组组长,同时兼任学校团委老师,所教科目为藏数学,虽然职务多,事务繁杂,但是D老师依然主动申请做班主任,而且不止一次。"我从小就想当老师,可能是受到G校长他们这些老师的影响吧,当时他们对我们付出得特别多。而且我觉得当老师的话,不当班主任没啥意思。"另外,D老师还有一段特别的经历,就是做过舞蹈演员。

> 2006—2007年,我在兰州跳舞,后来西宁开了一家西部最大的歌舞厅,那个老板把我从兰州拉到西宁去了,在兰州待了两个月,在西宁待了七八个月,在那跳了七八个月的舞蹈,还唱歌。我从小特别羡慕唱歌跳舞的,骨子里面有那种因子,大学四年我

是艺术团团长,现在胖了,以前瘦。那段经历,即在外面跳舞,使我看懂了很多艺术圈的事情,不然,我在这边当老师心里可能还有点不安分,会羡慕那些舞蹈演员,现在没有那种感觉了,我以前的那种想法纯粹改变了。我在那个圈子待过之后,终于知道那个圈子里的生活是很乱的,挺复杂的,特别乱,不是表面上看到的那种。表面上看着特别风光,服装,气质,音响,但是他们的内心世界实际上……所以我现在可以死心塌地地在这干事情,呵呵。

这段从舞蹈演员回归教育工作的经历,让 D 老师对教师职业有了更加深刻的认识。"我希望做一个真实的老师。让学生了解我是怎样的人以及做事的风格。我觉得如果你一直掩饰着,不可能不露出马脚的,自己也会很累,我认为那样没意思。人不可能没有缺点。"

内心开放,对新事物接受度高,适应能力强是作为"适应者"的藏族教师的共同特点。除此之外,善于在工作和生活中"审时度势",具有较强的反思精神和专业自主性。同时,现代社会的特征,例如功利取向、实用主义、个人主义在这部分藏族教师身上也有不同程度的体现。

(四)"流浪者"

C 老师出生于 1988 年,也是本校的毕业生,当年高考的时候考了全校第一,被中央民族大学录取,学的是藏学专业,但是 C 老师对理科比较感兴趣,理科成绩非常好,目前带的是高一年级的化学课。有意思的是,当时藏中和 C 老师同时考取中央民族大学的三名学生目前都在藏中任教,笔者对其他两位老师也进行了访谈,发现在职业选择上,三者所存在的共性便是盲目,或者说缺乏自我定位和未来规划。

我们啥都没接触过,也没实习,从大学毕业直接就当老师,我感觉如果实习过的话就不会当老师了。我感觉实习非常有必要。可以清楚自己的底线,到底能不能坚守这个职业,自己就会清楚。我们中央民族大学来了三个，我们后来都说，如果实习的话就会认清楚自己了，因为没实习，就直接蒙了。

当年从民族大学毕业之后，C老师是有留在北京工作的机会的，但是，C老师觉得："那么大的城市自己也不适应，也掌握不了前途。"C老师说北京城市是好，但是不适合自己，生活方式不适应，心里没有归属感。"每次在北京的大街上都感觉自己不属于这个城市。"C老师偶尔也会反思藏族传统文化习俗，发表一些个人看法。"大人这么做，我们也跟着这么做呗，至于这么做的具体原因我们也说不清楚，老年人真的很虔诚，很佩服他们。腿脚不好，有时候要绕着佛塔走几个小时。"C教师说：

> 我现在都想不通，什么样的工作适合我，我不知道啊。什么东西是我想要的我也不知道。现在我觉得我不是特别不适合当老师，还可以，能过去。但是有一天不让我当老师，我也不反对，这个工作就是这样子，除了当老师，我也不知道我能干什么。或者说，自己想要什么，自己能干什么，我自己不太明确，可能很多人会这样。参加工作的时候，我也在想自己真正想干什么，什么工作是自己不为了钱，是自己喜欢才干的职业，自己也想不到这样的工作，换个工作的话还是会为了待遇，所以对做老师也不是特别反感。反正能过得去，也不能说特别喜欢。
>
> 我劝你别当老师，不当老师的话你什么样的可能性都有，可能会很精彩，但是当了老师你就到此为止了。特级教师有啥当的，60岁当个特级教师有啥意思呢。
>
> 现在我发现我对教书不感兴趣了，这是最大的问题，实际上我对钱也没有太大的奢望，但是我觉得老师的工作没多大激情，太平淡了。都是重复性的工作，就像工地上的活一样，慢慢地发现变成一个体力活了，然后这个体力活也起不到锻炼身体的作用，最要命的就是这样。哪怕像爬山，这个活动你不感兴趣，锻炼身体的目的达到了也可以，但是这个起不到锻炼身体的作用。

C 老师的情况绝非个例，在和其他几位新入职的青年教师访谈之后发现，他们对教师职业的理解存在一些共同点：（1）以技术熟练为基本模式。将教学视为简单的技术操作，这让他们产生一种观念，认为任教时间越长就会越轻松，因为都是熟悉的教材内容。（2）以被动适应为行为特点。在他们看来，教学工作就是完成任务，履行规范。"只要领导看着过得去就行"，缺少反思精神。（3）以追求功利为目标取向。这种目标取向表现在一部分藏族老师身上，即把教师职业当作谋生手段，和其他职业性质没有本质区别，缺少对教育终极目标的理解和认同。①

"我太大的理想抱负没有，毕竟刚开始当老师，稍微累一点就有不想干的感觉，稍微轻松一点，放个寒假一高兴，感觉当老师也挺好的。"和 C 老师有同样想法的还有 M 老师，"当老师平时很自由，工作挺轻松，每天工作挺简单的，而且寒暑假有自己支配的时间，所以我觉得当老师还是挺好的。"社会上往往以"休假时间长"作为教师职业的核心吸引力，但是这样的理由对于教师自身来说，缺乏深层性和稳定性，很难长时间维系其身份认同。

追求简单享乐而缺乏自我超越的价值取向，让一部分藏族教师内心常常充满困惑，缺乏自我内在的价值准绳，受外在评价标准左右。现实社会提供的价值参照多元而混乱，使得一部分藏族教师虽整日奔波忙碌，但始终找不到自己的位置。所以，C 老师的言语当中总是流露出矛盾与迷茫交织的复杂情绪。C 老师说他虽然身为藏族人，但对藏族文化也是一知半解，很多藏族传统在他们这一代人身上慢慢淡化了。在面对选择的问题上，以 C 老师为代表的这一类老师，有很多自己的想法，但是在选择之后又表现出很多无奈与心神不定，使得 C 老师成为徘徊在主流文化和民族文化之间的"边缘人"。

在对上述四类藏族教师身份认同的跨个案分析中，发现民族身份和职业身份作为两个内核或强或弱地存在于他们的身份之中（表 5-2）。

---

① 刘曙峰：《教师专业发展：从"技术兴趣"到"解放兴趣"》，《教师教育研究》2005 年第 6 期。

表 5-2　　　　　　　　　藏族教师的四种身份类型

身份类型	民族认同	职业认同	道德感	自主性
担当者	强	强	强	强
继承者	强	弱	强	弱
适应者	弱	强	弱	强
流浪者	弱	弱	弱	弱

优秀的藏族教师会主动地融合民族认同和职业认同，会在其精神层面形成一种"天职意识"。这部分藏族老师对民族传统文化有着更加深入的思考，有着更加广泛的社会关怀。藏族教师在言说他们的职业经历时，所触及的内容不单单涉及个人的幸福问题，而是把自己放在更大的民族共同体之中进行自我叙事，将个人命运和民族命运紧密联系在一起。藏族老师和藏族学生共同建构的"命运共同体"促使怀有民族责任感的藏族老师产生天职观，甘愿承担民族地区人才培养和社会发展的重担，并以"担当者"的形象呈现，具体表现为对教育教学的默默付出与无私奉献。

作为"继承者"的藏族教师，有着非常强的民族认同，民族传统文化的教育经历让他们保持着深厚的民族情感，具体表现为对民族文化传承的担忧。但是，这种担忧并没有成为他们职业发展的推动力，而是将民族认同与职业认同割裂开来，依旧固守其教育的"堡垒"，不屑于涉足新的教育理念和方法。在教学实践中，他们依然保持着教师的"权威姿态"，在教学态度上一丝不苟，兢兢业业，将师德视为教师职业特点，放在职业发展的首位，但是教学理念和方法停留在原初的认知上，或者说当初他们做学生时，老师身上的教育教学特点被他们不自觉地延续下来。

作为"适应者"的藏族教师有很多相似的受教育经历，他们从基础教育阶段便接受普通类教育，或者在汉语言文化氛围浓的家庭环境下成长。这部分老师后来都有"走出去"的经历，大城市的求学和生活经历让他们思想更加开放，主流意识更强。频繁地接触主流文化信息，将汉语作为他们的交际用语，使得很多老师反映他们的藏语水平有限，对藏族文化的熟悉程度不够。他们在课堂上会时不时地冒出一两句汉语，把他们安排在普通类学生的班级上课完全没问题，他们喜欢用最新的教育理念和方法来丰富课堂，平时非常关注教育的最新动态，善于捕捉教育信息，专业自主性和效能感较其他类型的老师强。

作为"流浪者"的藏族教师在学校里不在少数，这部分教师普遍比较年轻。他们成长在信息化社会，手机、电脑成为他们日常生活的必需品，他们大都在非民族院校完成高等教育，对本民族的文化了解不多，但同时对于主流文化有一种变异的陌生感，民族身份让部分年轻教师在试图脱离故土的努力中受挫，最终选择回归。在两种文化当中举棋不定，左右徘徊，年轻的藏族教师成为文化中的"边缘人"，产生一种失范感和文化分离感，由于缺乏明确的社会规范，这部分老师处于一种心理空悬状态，在顾及个人得失的功利取向上，他们在两种文化中根据具体需要而进行取舍。

二 藏族教师的身份起点

当探询藏族教师的动因时，超过一半的老师表示"当初没打算当老师"。原因有很多，比如"当教师太累了""责任太重大""工资低，社会地位也不高"，等等。那么，在缺乏择业动机的情况下，为什么很多老师步入了教师行业？这些教师的入职过程是怎样的？有着怎样的身份转变经历？

访谈发现，不同教龄的教师在入职经历上存在着集体差异。像教龄在 20 年以上的老教师，当时国家统一分配，个人命运被紧紧束缚在政策的指挥下，跳不出体制的框架，像 G 老师仅仅因为藏文水平高便被乡上安排到小学工作。相比于民族教育的先行者，"80 后"的青年教师虽然获得了选择的自由，但是问题也随之而来，在缺乏职业规划的情况下，"稀里糊涂当老师"的情况绝非个案，盲目选择所带来的后果是对教师身份的疏离感。研究发现，少数民族地区教育落后，环境闭塞，缺乏对主流社会现实环境的把握，往往显得特别被动。"我们班汉族学生消息灵通得很，不像我们农村的。汉族学生初中高中都在省会上的，选专业明确得很。"同时，像 C 老师这一批年轻教师，一方面享受着信息化时代的便捷，另一方面由于缺乏筛选信息的能力，这批年轻教师虽然手握命运之弦，但理想之箭究竟该射往何处却始终没有答案。

相比于普通类的学生，少数民族学生在民族地区可供选择的社会接口要少得多，考公务员依然是少数民族学生的工作首选。由于民族院校的学科体系不完善，专业设置不能满足民族类学生的就业需求，迫于严峻的就业形势，很多藏族毕业生不得不拿起教具，选择教师这个"食之无味，弃之可惜"的岗位来暂时安顿自己。笔者在当地了解到，教师岗应聘的竞争压力并不大，这就决定了个体在实现教师这一"身份转变"的过程中不需要付出过多的努力，教师身份没有被年轻人赋予太多的生命意义。

不过，D老师和Y老师在学生时代对教师职业就表现出高度的认同感。分析他们入职的动机和原因发现，蕴藏在教师身份背后巨大的精神性生产活动是核心吸引力。

三 藏族教师身份的维系

一旦步入教师岗位，就意味着该身份随即展开，个体就此开始生命历程。在这个过程中，所有行为都以此身份作为合法化理由的来源，个人叙事也在这一身份的框架限制之内加以理解，这才变得有意义。个人的情感波澜也会随之起伏。身份是一个社会人幸福和惆怅的全部秘密所在。对于藏族教师身份维系问题的探究，首先考察外在结构性因素，其次分析作为社会行动者的教师主体因素。

（一）社会变迁——从"上师"到教师的转变

社会环境变了，人们的生活水平提高了，人们的认识发生了很大变化。1988年，国家教委在甘肃省H市组织召开了藏区教育工作会议，李铁映亲自主持，当时提出五条路子，里面有一条关于建立寄宿制学校，H市藏族中学就是在这么一个背景下产生的，以前州上全都是普通类。学校刚开始成立的时候，它最根本的一条发展路线就是两类模式（以藏为主和以汉为主）长期存在，这个办学思路和模式一直没有动摇。

笔者经过查找，终于找到当时所谓甘南州民族教育"五条路子"的相关记录。经过多年探索，当地教育部门总结出了符合甘南实际的五条办学路子：一是探索牧区小学与寄宿制小学相结合的办学形式。二是采取牧区职业技术教育与基础教育早期衔接的措施，加快寄宿制小学教育改革的步伐。三是逐步把学校办成当地文化、教育、科技推广中心。四是搞好藏汉"双语"教学，逐步形成民族教育体系。五是调动民族宗教界人士协办教育的积极性，依靠广大群众和社会各界办学，努力做到教育为当地经济、社会发展服务，为广大藏族群众脱贫致富服务。这五条办学路子使甘南民族教育取得了突破性进展，加快了甘南民族教育的发展步伐。

虽然有国家政策的大力扶持，但是民族教育发展初期，依然阻力重重。

> 特别是牧区的地方，孩子不送学校，乡上罚款，因为学校孩子们太少，没有了，上面肯定要追究责任。入学率全部是数字化的，上报的时候造假，乡上不做动员，我们老师们去做动员，家长还是不肯送孩子上学。这就是当时的社会。

在现代学校教育没有进入藏区之前，本土化的教育形式主要是寺院教育。寺院里授业解惑的僧人被称为上师，这也是藏族传统意义上的老师。在藏传佛教中，上师有着特别的意义，上师的身体代表僧，言教代表法。"功德佛的大，恩情上师的大。""没有上师，读再多的经纶也成不了佛。"正是从这层意义上，尊师和师承成为藏传佛教特别的传统。一旦拜为老师，便被纳入其师的传承体系中，不应再有丝毫怀疑，而要对老师树起绝对的信心。[①] 当现代学校教育进入藏区以

---

① 华热·才华加：《藏传佛教寺院教育的特点及现代性启示》，《青海师范大学学报》（哲学社会科学版）2005 年第 3 期。

后，当地民众，特别是一些上了年纪的藏族人，对于老师的印象依然停留在对寺院里授业解惑的上师的认知上，两者似乎可以画等号，所以他们对老师依然十分推崇。

但是，随着藏区经济的发展和民族教育的推进，生活在城市里的藏族青年一代，在使用着苹果手机的同时，对于职业价值的评判标准有了很大变化。"年轻人认为哪一个职业待遇高，社会地位高，就倾向于这个职业。如果从这个角度来问的话，那就是没办法才当医生，没办法才当老师，当医生、老师苦呀，这是肯定的。"

伴随着市场经济、商品化等现代社会的附带品慢慢进入藏区，当地人的价值取向也渐渐发生了变化。功利取向的现实环境打破了人们对于老师的美好印象，原本功德无量的"天职"逐渐世俗化了，人们对教师职业的神圣感逐渐消减，藏族人民对老师美好的身份想象越来越受到世俗观念的冲击。

（二）家长信任——老师成为学生的"第二父母"

由于藏中的学生绝大多数来自藏区，很多家长不明白学校教育是做什么的，他们疼爱子女的方式就是给学生提供充足的生活费，或者在家里做好吃的，从几十公里外的牧场骑着摩托车给孩子送过来。研究者经常看见一到中午放学，好多家长在校门外隔着栅栏给学生送吃的和生活费。老师在访谈中说道，一方面家长不会教育孩子，另一方面，由于是寄宿制学校，家长跟孩子接触的机会不多。基于以上两种情况，家长把教育子女的全部任务委托给学校，对学校、对老师百分之百的信任。而藏中的老师于是承担起教育以外的更多责任，这迫使他们扮演更多的角色。

G校长曾经挨家挨户地动员家长把在家放羊放牛的孩子送进学校，却遭受冷遇的经历成了历史，但却永远留在民族教育先行者的记忆里。现在的家长以家里孩子能考上藏中为荣，在他们看来，考上藏中就意味着今后能上大学，上了大学就可能会当官，即我们所说的公务员。当官对整个家族来说是无比荣耀的事。所以，家长对关系孩子前途的藏中老师非常尊敬。

研究者在办公室有时会看到，因为学生违反校纪被请到学校的家长，刚进办公室便会主动伸出手跟班主任老师握手，在班主任说明学生问题的过程中，家长像学生一样，听得特别认真，目光炯炯地看着老师，他们不善表达，只是不停地点头。当谈话结束的时候，家长一定会握着老师的手，千恩万谢之后才离开。

"反正我们一般去乡下的话，学生家长看到是我们学校的老师，一般挺有礼貌的，喊进来吃饭，即便他们家没有学生，他也会邀请，挺好的。如果是乡镇干部去就不可能有这种待遇。"家长对这所学校老师的尊敬让一直不想当老师的 C 老师觉得，"我们学校的老师跟其他学校的老师不一样，挺幸福的"。在开家长会的时候，家长表现得也非常积极，即便远在百里之外的牧区，也会早早地赶到学校，先到班主任跟前了解学生在校的情况。

(三) 学校传统——吃苦耐劳的"藏中人"

藏中的老师能吃苦，肯付出。一位校领导这样评价藏中的老师："起得最早，睡得最晚，忙得最多，想得最全，吃得最简，穿得最素，曾以铁人自称。"这几句话充分概括出藏中老师甘为人梯，无私奉献的教育情怀。G 老师回忆建校之初工作的情景时，感慨万千："晚上我每一次回家，最早的时候是 11 点到 12 点，有时候甚至晚上 2 点才回去。当时宿舍不像现在条件这么好，我看着学生一个一个睡着了才回家。并不是我一个人这样，很多藏中老师都是这样。"藏中有一部分老师之间是师生关系，使得学校很多优良传统在教师队伍当中延续。

藏中老师奉献教育的精神与实践来源于从建校起一直延续至今的"藏中精神"。

那个时候，我们和学生们一起，学生们活动的场地是当时我们一锄头一锄头铲出来的。我们当时和学生一个灶上吃饭，学生们经常会到我们住的宿舍，发现没柴草了会主动从家里给我们拿来柴草。我们每天晚上会到学生宿舍，查看宿舍的通风情况，因为没有暖气，宿舍烧的是炉子，甚至帮学生把被子盖好。虽然刚建校的时候，条件艰苦，但是老师之间，学生之间，老师和学生之间特别团结，就像一家人一样。我们对藏中确确实实有感情，这一点现在的年轻教师体会不到。

藏中的老师受学生尊敬。寺院教育当中特别注重师道尊严，学校利用藏族文化当中这样一种传统，通过学校管理，在校内营造了一种尊敬老师的风气。在藏中，学生见到老师都要鞠躬 90 度，即便学生在老师身后，在老师没看见他的情况下，学生也依旧"行此大礼"，很有古风的感觉。"从学校管理的角度始终给学生讲要尊敬师长，这是第一件需要做的事情，所以学生见老师是要鞠躬的。"在食堂就餐的时候，学生发现老师进来，会起身向老师行礼。

刚开始学生对老师行礼可能是迫于学校纪律的约束，但是越往后，学生对老师的尊敬在老师身上发生了作用，老师愿意在学生身上花费时间和精力。"看见学生那么尊敬自己，感觉真的身不由己，想偷懒都不好意思，感觉在藏中当老师特别幸福。"采访时 D 老师说。反过来，当学生在内心深处的的确确感受到老师为他们付出努力时，尊敬老师就会发自内心，成为一种真实的心理感受，这样就形成一种"尊师爱生"的良性循环。

（四）自我造就——藏族教师的身份实践

教师身份是非常具有实践性和情境化的。从访谈中发现，很多老师是被学生"带入"教育的境界里的。在和学生互动过程中，很多老师才逐渐确认起自己作为教师的身份。"学生对老师那么尊敬，我们不可能不管他们，不可能不给他们好好上课，学生太天真了，太纯净了，我们学校在学生的礼仪方面做得比较好。"

在调研期间，发现这里的藏族学生有几个特点：一是重感情。每年的教师节，学生们都会把老师们"狠狠地"感动一回。"学生们那天给我写的祝福卡片，我到现在都还留着，只要一有空，我就拿出来看一看，看完之后觉得，当老师真的挺值得的。""很多学生不善于表达，但只要你确确实实对他们好，他们心里是记得的。有些曾经调皮的学生，考上大学之后回来看望班主任，会给老师献哈达，并且感谢老师曾经严格的管教。"藏中师生关系的建立，有如春风化雨般无声而又充满力量。

除此之外，藏中的学生特别懂得感恩老师，一方面跟学校平时注重思想教育有关系，另一方面跟藏族传统文化当中"报恩"的观念有关。Y 老师说：

> 推动老师的动力，就我个人而言，主要来自于学生毕业之后，偶尔打个电话慰问一下，那个时候觉得学生真的可以的，自己的付出没有白费。虽然只是他们的几句问候，但是推动着我要好好地把自己下一届学生、下下一届学生带下去的。

Z 老师说："寒暑假的时候，学生们都会把班主任叫上，大家坐在一起吃个饭，聊聊天，假如同学聚会班主任不来的话，大家会觉得组织者安排得不到位，'家长'不来，没有意义。"

李希贵认为，教育学首先是关系学，而且这个关系学应该是一个操作性很强的行为关系学。从教育的角度看，似乎是教师造就了学生；而从教师角色的形成和自身成长来看，是学生成就了教师。学生在教师的生命中扮演了非常重要的角色，教师因与学生相遇而深深感恩。而教育作为一种社会实践，最需要的是实践智慧，需要根据具体情境找到适度平衡。一位充满智慧的老师能够在现实困境中保持反思的精神，审慎地做出选择，践行他的信念，过一种以身体道、知行合一的生活。①

第四节　讨论与结论

一　师德与权威——理解藏族教师身份认同的核心要素

大部分藏族教师始终觉得他们比普通类学校的汉族老师"付出"得多。原因在于学生的基础差，这迫使教师投入更多的时间和精力，学校的教育资源短缺，需要藏族教师通过自身的奉献和付出加以弥

---

① 陈向明：《从师生关系看教育的本质》，《教育学术月刊》2014 年第 11 期。

补。不计回报的付出,让藏族教师以"道德化身"自居,站在师德的角度来评价教师的职业特点,再加上受藏族传统寺院教育的影响,高僧对学僧的教育完全是免费的,就像 G 校长所说的"人心换人心"的教育形态,所以,过去在藏中,关于免费补课和义务加班,老师们也都完全接受。

在访谈中发现,藏族老师们很喜欢用"学生也不会""基础差"来作为"肯定还是以我讲为主"的开头。在藏族老师看来,学生们到学校就是来听老师"讲"的,对于零基础的学生来说,一切都要从头学起。G 校长则再次使用比喻来说明教师在学业上的角色和教学中的地位。"藏语有句谚语:藏民的牦牛只认一个帐篷,藏族老师就是这顶帐篷。"在学生的心目中,这一点同样得到了印证。在学生们的比喻中,教师是个权威、主导的角色,而学生是个跟随者。同时,教师也是"负责任的第二个父母",对学生有管教的责任。教师是学生知识的来源,是学生困难重重的学习中的"明灯"[①]。在藏族学校,老师代表着权威,是道德的化身。

藏族教师身份的起点包括先赋的民族身份和后致的职业身份,藏族教师身份认同的过程是一种在民族身份基础上后天的身份寻求。很多老师在入职时要么是盲目选择,要么迫于无奈,即教师身份缺乏认同努力。社会、家长、学校以及教师个人共同影响着教师的身份建构。有些藏族教师虽然口头上说当初不喜欢这个职业,但是其行为却反映出很高的职业认同度,以师德为代表的责任意识推动着教师的教学实践。因为在藏族文化传统当中"崇高""神圣""师道尊严""尊师重教"有着自身的文化基因,这使得藏族老师相比于普通类学校的老师对于教师职业有着不一样的理解,对"师德"有着更加深刻的生命体验。优秀的藏族教师善于提取藏族文化里面的精华,并迁移至职业认同当中,在专业发展过程中得到延伸。这对于藏族教师的专业发展有着非常重要的个人意义,使得职业认同的获得成为一个积

---

① 李睿:《民族中学教师信念研究——以两所藏族中学为个案》,学位论文,中央民族大学,2012 年。

极主动的过程。因而师德成为解读藏族教师自我身份建构的关键要素。

在以往研究当中,和师德相关的实证研究较少。本章通过收集得到的大量实证材料发现,它是理解藏族教师的责任意识、使命感和"天职观念"的背景性要素。

二 民族认同与职业认同:藏族教师身份认同的一体两面

理解藏族教师的身份认同关键要把握住民族认同和职业认同以及两者之间的相互关系。在藏族教师的内在自我当中都隐藏着一个由"民族认同"和"职业认同"构成的双螺旋结构。这个双螺旋结构决定了藏族教师到底要吐露怎样的身份信息。只要我们体会到藏族教师的责任意识,体会到藏族教师的奉献精神,我们就有可能摸索到理解"民族认同"和"职业认同"互相支撑的线索。[1] 这个线索就是"师德"。

藏族教师的身份认同和"民族认同"以及"职业认同"不是简单的分解组合关系。藏族教师的身份认同作为认同整体,大于民族认同和职业认同作为部分机械叠加在一起的总和,而是包括两种认同之间的镶嵌关系以及动态作用的内在机制。策略化地融合民族认同与职业认同,发挥出"1+1"大于"2"的效果,是摆在每一位藏族老师面前的人生课题,考验着每一位藏族教师的生存智慧。"民族认同"与"职业认同"在表征藏族教师身份认同的过程中呈现出"一体两面"的形态结构:对于生活在藏区的藏族教师来说,其民族身份作为先赋身份是个体生命历程中最先学会和领悟的范畴,它塑造着藏族教师特有的文化心理结构,决定着藏族老师如何看待世界和在此基础上的行为实践,民族身份是所处的藏族文化生态环境当中分布最广泛的因子,其被识别的线索更为显著[2];藏族教师的职业身份作为后致身

---

[1] 陈春文:《哲学的希腊性:"是"与"存在"的合式发生》,《云南大学学报》(社会科学版)2011年第5期。

[2] 方文:《群体符号边界如何形成?——以北京基督新教群体为例》,《社会学研究》2005年第1期。

份，是藏族教师个人选择之后通过认同努力而获得的，他既是个体藏族教师在现代社会生存和发展的手段，更是藏族教师寻求自我实现的途径。在藏区特有的文化生态背景当中，如果脱离民族认同去谈藏族教师的职业认同，对于准确理解和把握藏族教师的身份认同会产生一定的误区。而作为藏族教师，当得不到民族认同所提供的文化滋养时，其职业认同也难以长久维系，甚至很多时候会伤害藏族教师的职业认同感。

在分析学生的访谈资料时发现，藏族教师身份可以划分为两大类：一类是学生尊敬的老师，这部分老师看重师德，注重"权威"，工作兢兢业业，肯于奉献；另一类是学生喜欢的老师，这部分老师注重教学，善于打造课堂来赢得学生，他们觉得"上好一堂课是一种享受"。藏族教师理想的身份认同状态是"好心人"加"聪明人"，即既注重师德，又注重其教育理念的更新，善于运用好的教学方法，促进学生有效学习。

由于地缘关系和血缘关系的存在，藏族教师和本民族学生有着先天的关系优势，从而使得他们和藏族学生互动和交流更加频繁和有效，进而影响他们对自我身份的认知——"我是本地的老师，我属于这里"，即 Gee 所说的"话语身份"的形成路径。

藏族教师在乡土藏族社区建设过程中扮演着重要角色，他们既要关注现代社会对教育提出的新要求，获取新知识，又要熟悉地区社会的风土人情、文化状况，将现代科学知识有效嫁接到乡土社会，通过教育实践参与乡村建设，将他们积极纳入共同体当中，成为藏区社会的一分子，在从事正常的教书育人工作之外，他们也会广泛参与本地的日常社会事务活动，并将其视为他们应尽的职责，即 Gee 所说的"附属身份"的形成路径。

藏族教师身份认同的理想状态表现为积极的民族认同促进职业认同，高水平的职业认同加深民族认同。积极的民族认同加之高水平的职业认同促使藏族教师产生一种"天职意识"，即职业使命感，它使得藏族教师力图通过教育来促进民族地区的发展，这种"天职意识"的形成，来自于藏族教师和藏族学生共同构筑的命运共同体。相同的文化、共同的信仰拉近了藏族教师和藏族学生的心理距离,使得藏族教师将传承民族文化、促进民族发展作为他们的使命,藏族教师在从事教育工作的同时,无形中感受到一种担负藏区发展的使命感和责任感。这种心系民族教育发展的"天职意识"让藏族教师更加亲近藏族学生,从而把教育工作当作一种事业来对待。

第六章 农村教师学校认同的现状及影响研究

农村教育是我国教育事业的重要组成部分，它影响着我国教育事业发展的整体水平。当前，我国城乡教育发展水平依然存在着很大差距，农村教育始终是我国教育发展的"短板"。加强农村学校的办学条件建设是解决问题的重要方面，但更关键的是解决农村地区的教师如何"进得来，留得住"的问题，实现学校和教师的共同发展。

认同是行动意义的来源，意义是社会行动者对自身行动目的的象征性认可。[①] 除非人们相信，他们的行为能够取得期望之效果，否则，他们将难以产生行为动机。[②] 认同可以激发人的内在动机，教师的学校认同是教师与学校共同发展的动力之源。目前对教师学校认同的研究相对较少，本章旨在了解与探讨农村教师对学校认同的现状及影响因素，并试图探索增强教师学校认同的有效途径。

第一节 文献综述

一 概念界定

（一）认同

"认同"的英文单词是"Identity"，它同时还有"身份"的含义，

[①] 卡斯特：《认同的力量》，夏铸九等译，社会科学文献出版社2003年版，第3页。
[②] 韦恩·K. 霍伊、塞西尔·G. 米斯克尔：《教育管理学：理论、研究、实践》，范国睿译，教育科学出版社2007年版，第122页。

但在汉语中，认同与身份有明显的区别。在《辞海》中，对"身份"的解释为"人的出身、地位和资格"①。对"认同"的解释为"在社会学中泛指个人与他人有共同的想法。人们在交往过程中，为他人的感情或经验所同化，或者自己的感情或经验足以同化他人，彼此间产生内心的默契，分有意和无意的两种"②。《辞海》中的"认同"既是名词——共同的想法，又是动词——同化或被同化。在英文中，"Identity"与"Identification"都有认同的含义。从词源学的角度追溯"Identity"与"Identification"两个词的关系：Identity 的概念来自于个体对自我身份的探索过程，是对"我是谁？"这一问题的看法，是个体对于自身的一种定义，一旦形成，就具有一种连续感和稳定性；而 Identification 是个体将对外界的某种认识和理解与自我的内心感受进行连接，并以此影响自我感受的一种心理过程。③"Identity"可理解为自我认同或身份认同，即对"我是谁？"这一问题的回答；"Identification"是个体对其他除自身外的认同对象认同，即对认同对象的认知、情感与态度。经综合分析发现，认同可分为两种类型：内在的认同——自我认同和外在的认同——社会认同，可以用"Identity"和"Identification"进行区分。教师学校认同中的"认同"与上述"Identification"的含义相一致，教师作为主体，学校作为认同客体，是一种外在的社会认同。本章将认同定义为：通过个体的主观能动性，个体对与个体有关的客体所形成的认识、情感、态度以及由此产生的外显行为。

（二）组织认同

组织认同是在社会认同的基础上发展起来的。March 和 Simon 在 1958 年提出了个体的组织认同模型。其后，也有少数学者对组织认同进行了研究。从 1989 年 Ashfort 和 Mael④ 将社会认同理论应用于组

---

① 《辞海》（5），上海辞书出版社 1999 年版彩图珍藏本，第 1152 页。
② 《辞海》（1），上海辞书出版社 1999 年版彩图珍藏本，第 947 页。
③ 马彬：《员工感知的组织身份对组织认同的影响研究》，学位论文，华南理工大学，2012 年。
④ B. E. Ashforth, F. Mael, "Social Identity Theory and Organization," *Academy of Management Review*, 1989, 14 (1): 20–39.

织行为学研究后，关于组织认同的文献迅速增加，组织认同成为组织研究的一个独立区域，成为组织研究的热点。从组织认同的不同特性来理解组织认同就有不同的定义。从认知特性的角度看，组织认同是个人对于自己属于一个组织或者与一个组织命运共享关系的知觉和感受，是一个人用组织成员的身份来定义自己的过程。[1] 从认知和情感特性角度看，组织认同是个体的一种自我概念，是个体认知并内化组织价值观的结果，也是个体在归属感等方面流露出的情感归依。[2] 从组织特性与组织成员关系上看，组织认同是一种员工定义自我的过程与结果，他们通过归属组织的过程，促使自我定义与组织特性发生连接，从而产生分类的效果。[3] 它是个体与组织之间所表现出的心理及行为上的一致，个体对组织不仅有契约感和责任感（理性成分），同样也有归属感和依附感（情感成分）。[4] 综合上述界定，本章将组织认同定义为个体基于对组织的认知、情感而产生的与组织之间的一种关系。

（三）教师学校认同

目前，研究组织认同的文献有很多，也有将学校视为一个正式组织来研究教师学校认同的，发现教师组织认同与其他行业的组织认同具有相似性。李永鑫等人认为，教师的组织认同就是指教师与其所属学校心理联结的水平，亦即教师依据所属学校独特的、核心的、持久的特征来进行定义的程度。[5] 石中英从文化的角度将学校认同定义为：学校师生员工在心理上对学校文化的接纳、肯定和欣赏，从反映学校

---

[1] F. Mael, & B. E. Ashforth, "Alumni and Their Almamater: A Partial Test of the Reformulated Model of Organizational Identification," *Journal of Organizational Behavior*, 1992, 13（2）: 103 – 123.

[2] 魏钧、陈中原、张勉：《组织认同的基础理论、测量及相关变量》，《心理科学进展》2007年第6期。

[3] 徐玮伶、郑伯壎：《组织认同：理论与本质之初步探索分析》，《中山管理评论》2002年第1期。

[4] 董彦、王益宝：《企业员工组织认同与忠诚度关系的实证分析》，《经济论坛》2008年第1期。

[5] 李永鑫、张娜、申继亮：《教师的沟通满意感、组织认同与心理健康的关系》，《心理学探新》2008年第2期。

办学理念和价值取向的校训到规范学校各种行为的规章制度，一直到学校的环境建设与利用等。① 本章将教师学校认同定义为：基于教师对学校的认知、情感和行为而体现出的教师与学校之间的一种关系状态。

二 教师的学校认同研究回顾

（一）教师的学校认同功能

石中英在深入探讨文化与认同的关系时认为："文化为人们提供了彼此认同的符号系统。文化认同毫无疑问地提供了团结的纽带，加强了集体的向心力、凝聚力，培植了成员个体对于集体的内心忠诚，降低了集体内部成员之间交流、沟通并达成共同愿景的成本。"② 激发教师对学校发展愿景和变革目标的认同，将有助于学校建立起改革取向的强势文化，动员教师投身改革的信心和动机，进而促进学校组织变革的顺利进行。如果双方存在高度的认同性，具体目标就会内化为教师自身的行为，学校则有机会获得快速的发展；同样，教师也能从学校组织中获取自身的需求和体会到工作中的满足感。③

（二）教师的学校认同与其他变量的关系

在研究高校教师职业认同与组织认同关系时发现：工作自主性对高校教师的组织认同存在正向影响；组织环境以及组织内、外部环境两个维度均正向影响高校教师的组织认同；高校教师的职业认同正向影响其组织认同。④ 校长激励行为与教师的学校组织认同之间存在显著的正相关。⑤ 教师人格特征中的精神质和神经质能够负向地预测个

---

① 石中英：《学校文化、学校认同与学校发展》，《中国教师》2006 年第 12 期。
② 同上。
③ 操太圣、卢乃桂：《论学校组织变革中的教师认同》，《华东师范大学学报》2005 年第 3 期。
④ 朱伏平：《中国高校教师职业认同与组织认同研究》，学位论文，西南财经大学，2012 年。
⑤ 杜宏静：《中学校长激励行为与教师对学校组织认同的相关研究》，学位论文，华东师范大学，2009 年。

体的组织认同水平;组织认同与情感承诺中等程度水平相关;个体的组织认同水平能够负向地预测其工作倦怠中的人格解体和成就感维度;个体的组织认同水平能够正向地预测其工作满意感水平;组织公正能够正向地预测个体的组织认同水平;学校之间的竞争与教师的组织认同水平呈显著的正相关。[1] 教师的学校认同与教师个体特质相关,更与学校组织要素联系密切。

(三) 研究教师的学校认同框架

卡斯特和罗森茨维格提出组织是由环境、目标与价值、技术、社会心理、组织结构和管理六个子系统有机联系构成的。[2] 霍伊指出,学校社会系统就是一个为达成教育目标而精心设计的正式组织,基本要素包括学校环境、核心技术——学与教、结构系统、个体系统、文化系统和政治系统。[3] 根据上述分类,将学校组织要素分为学校环境、学校技术、学校结构、学校文化和学校管理五个部分。

1. 学校环境

"作为开放系统,所有组织都不完整,都要依靠与环境中的其他组织进行交流才能存在下去。"[4] 对环境的划分最主要的有以下三种:从环境所处位置看,可分为内部环境和外部环境;从环境的大小范围看,可分为宏观环境、中观环境和微观环境;从环境的形态看,可分为物质环境、制度环境和精神环境。本章将学校组织环境分为学校内部环境和学校外部环境。学校内部环境主要指学校的场地、物资及相关设备等学校的物质环境,而将学校制度归类于学校管理,学校精神归类于学校文化。学校外部环境指当地社会风俗文化,对教育的重视程度,教育发展水平,教育部门对学校发展和教师发展所提供的机会以及相关方面的支持。

---

[1] 李永鑫、张娜、申继亮:《教师人格特征和组织认同与工作倦怠的关系》,《心理科学》2009年第1期。
[2] 弗莱蒙特·卡斯特、詹姆斯·罗森茨维格:《组织与管理——系统方法与权变方法》,中国社会科学出版社2000年版,第698页。
[3] 韦恩·K.霍伊、塞西尔·G.米斯克尔:《教育管理学:理论、研究、实践》,范国睿译,教育科学出版社2007年版,第22—30页。
[4] 同上书,第22页。

2. 学校技术

"从广义上理解，人类目的性活动的一切形态都可以理解为技术活动，从狭义上理解，技术是指为了某些目的而使用的手段和方法。"① 组织因目的而存在，根据技术的定义，组织技术即为了实现组织目的的活动。对于学校组织而言，学校的各种活动都是为了实现学校组织目标，但最核心的活动既是学与教。霍伊等认为："就学校而言，技术的功能体现在教与学的过程之中，这是所有教育组织的核心与灵魂。如果我们不考察学校的技术核心——教与学过程，我们对作为一个社会系统的学校分析就会误入歧途，因为它促成很多必须做出的管理决策。"② 学校的教育教学活动构成了学校组织的基本要素。我们认为，学校专业比技术更能体现教与学的内涵，故采用学校技术概念。本章中的学校技术即指学校的学与教活动。学校的教学水平、教学方式、教学评价方式以及学校对教学活动的重视程度等都会影响教师对学校的感知评价。

3. 学校结构

组织结构的意义是把组织成员更合理和更有效地组织起来，使每一个成员都能在组织中为实现组织的目标而努力。罗宾斯认为，组织结构即组织的框架体系。③ 组织结构主要涉及两个方面：一方面是组织的劳动分工，劳动分工的表现形式即组织的机构设置，将不同人员安排在不同的组织机构里，组织的所有机构组成了组织的框架体系。另一方面是组织机构之间和人员之间的权力关系。学校结构同样包括这两个方面：组织结构——学校的框架体系，以及权力结构——学校权力的分布、构成及制约关系。当前，教师授权、校本管理和分权化等思潮兴起，教师渴望更多的权力与自由，学校结构需要从科层化的结构向专业化的结构转变。学校结构能否满足教师发展的需要，影响

---

① 王伯鲁：《技术划界问题的一个广义优化解》，《科学技术与辩证法》2005年第2期。
② 韦恩·K. 霍伊、塞西尔·G. 米斯克尔：《教育管理学：理论、研究、实践》，范国睿译，教育科学出版社2007年版，第38页。
③ 斯蒂芬·P. 罗宾斯：《管理学》，黄卫伟等译，中国人民大学出版社1997年版。

着教师留在学校工作的意愿和在学校中工作的积极性，对学校结构的认同影响教师的学校认同。

4. 学校文化

学校文化是指学校中的主体在整个学校生活中所形成的具有独特凝聚力的学校面貌、制度规范和学校精神气氛等。[①] 如葛建纲所言，广义的学校文化，是学校成员共同创造和汲取的学校文化形态的总和，包括物质、制度、行为和精神等；狭义的学校文化是指长期的实践所创造和形成的，反映学校成员共同信念和追求的学校精神的总和。[②] 不同学者对学校文化都有各自的理解和定义，但学校文化的内涵不变，它是无形的，是人们思想价值观念；它是可观察的，体现在语言文字和行为中。本章中学校文化指学校成员在学校环境中所形成的信念、价值观和规范，以及能够体现学校成员的信念、价值观和规范的物质、规章制度和行为方式等。

5. 学校管理

学校管理包括学校管理者、学校管理对象、学校管理方法和手段三个核心要素。校长是最重要的管理者，校长的领导力影响学校的发展程度。学校管理对象是学校理念、目标、组织、人员、士气、资金、物资、技术、时间、信息、环境等因素组成的相互联系、相互制约的动态系统。[③] 管理的手段和方法将管理者与被管理者联系起来，制度是被日常化了的管理手段。教师直接感知学校领导者的管理，管理者的特质、风格、能力、管理方式等直接影响教师的感知。本章主要了解当前教师对学校的管理方式、管理者的类型以及学校管理效能的感知，探讨学校管理对教师学校认同的影响。

[①] 俞国良、王卫东、刘黎明：《学校文化新论》，湖南教育出版社1999年版，第25页。

[②] 葛建纲：《校园文化与大学生非智力因素培养探索》，《浙江工程学院学报》1999年第16期。

[③] 黄兆龙：《现代学校管理概念研究》，《教育评论》2001年第2期。

第二节 研究方法

一 问卷法

（一）问卷编制

结合本章研究的需要，问卷编制参照了李永鑫等人修订过的 Mael & Tetrick（1992）的组织认同问卷和 Bergami & Bargozzi（2000）的组织认同图解量表，以测量教师对学校整体的认同情况。结合学校基本要素以及调研中的访谈资料，分别从教师对学校环境认同、学校技术认同、学校结构认同、学校文化认同和学校管理认同五个维度测量教师学校认同。教师学校整体认同度也有相应题目，学校承诺能反映出教师对学校的责任感和归属感，可以从侧面反映教师对学校的认同情况，所以问卷中也有对教师学校承诺的测量，共七个具体维度。问卷中组织认同量表则采用7点计分，从1到7分别表示"完全不相容""刚相容""小部分相容""少部分相容""大部分相容""几乎全容""完全相容"。经过预调研以及问卷预测，对问卷进行修改，问卷最终确定为56题，其中基本信息为前12题，包括性别、教龄、学历、职称等，后44题调查教师对学校的认同情况。

（二）样本情况

本章研究选择了甘肃省X县的D乡与J乡的农村学校教师作为研究对象。X县位于黄土高原与云贵高原交界处，该县被认定为"国家级贫困县"，该县教育水平相对落后，存在众多教学点，多数村小的学生数不满百人。县城学校与乡镇中心学校存在差异，中心小学与村小差异明显，但各个乡镇之间的教育水平差别不大。

D乡与J乡均位于县城南部，接近云贵高原，多山地，海拔相对较高。D乡有国道穿过，交通相对便利，属于两县交界处。J乡海拔相对较高，气候比较寒冷。两乡人口多外出务工，留守老人与留守儿童较多。两个乡镇的教育水平相对较低。

所选取的农村地区没有高中，所以研究对象主要包括农村地区的小学教师和初中教师。从每个乡镇调查1所初中、1所乡镇中心小学和2所乡村小学共4所学校，本章研究问卷发放涉及8所学校。共发放调查问卷140份，回收134份，回收率95.7%，无效问卷2份，最终有效问卷132份，有效率94.3%。

表6-1　　　　　　　教师样本基本情况（N=132）

	分　类	百分比（%）
性　别	男	72.7
	女	27.3
教　龄	5年以下	25.6
	6—10年	38.4
	11—15年	6.0
	16—20年	7.0
	20年以上	23.0
职　称	未评	16.6
	试用期	2.3
	小二	7.6
	小一	28.7
	小高	14.4
	中三	2.3
	中二	22.0
	中一	3.8
	中高	2.3
是否担任班主任	是	58.3
	否	41.7
最高学历	初中及以下	1.5
	中专（高中）	15.2
	大专	34.8
	本科	48.5
	研究生	无
学校位置	乡镇	23.5
	农村	76.5

续表

	分　类	百分比（%）
家庭位置	乡镇	19.7
	村	50.8
	县城	28.7
	市	0.8

二　访谈法

运用访谈法深入了解农村地区教师学校认同的现状及背后所隐藏的教师真实情感及价值观念。本章研究重点选取了 D 中心小学，对 Z 中学也进行了调查。在小学吃住两个多月，访谈重点对象是 D 小学的 10 位教师，并通过各种机会与中学和村小的教师进行交谈。重点选取校长和教师共 4 位进行半结构性深入访谈。在此期间还访谈了村小的两位教师、教学点的一位教师以及中学的一位校长和两位教师。访谈对象共 15 名。访谈中考虑到教师的性别、教龄、职位、职称、学校类型等因素，主要访谈对象基本信息如表 6-2 所示。

表 6-2　　　　　　　　主要访谈对象基本信息

姓名	性别	年龄	教龄	职称	所教学科	学校类型
M 校长	男	28	9	小一	数学	乡镇中心小学
L 主任	男	34	9	小一	语文	乡镇中心小学
L 老师	女	32	9	小一	英语	乡镇中心小学
J 老师	女	26	5	小一	语文	乡镇中心小学
H 老师	男	52	32	小一	语文	乡镇中心小学
T 老师	男	40	18	小高	数学	乡镇中心小学
Y 老师	男	30	8	小一	数学	乡镇中心小学
Z 主任	男	26	5	小一	语文	乡镇中心小学
P 老师	男	53	30	小一	数学	乡镇中心小学
C 老师	男	30	7	小一	语文 英语	乡镇中心小学
F 老师	女	30	9	小一	英语	村小

续表

姓名	性别	年龄	教龄	职称	所教学科	学校类型
D 老师	女	30	4	小一	语文	村小
P 校长	男	48	26	中一	无	乡镇中心
Z 老师	女	32	8	中一	数学	乡镇中心
W 老师	女	33	8	中一	英语 历史	乡镇中心

第三节 调查结果

一 农村教师学校认同现状

（一）教师对学校的整体认同

从表 6-3 中可以看出，教师对学校的整体认同得分为 4.1 分，其他 6 个项目的得分也在 4 分左右，说明教师对学校的认同度高于平均水平。

表 6-3　　　　　　教师学校整体认同情况

项目	均值
当听到别人批评我所在的学校时，我感觉就像是在批评我一样	4.1
我很想了解别人是如何评价我所在学校的	3.9
当谈起我所在的学校时，我经常说"我们"而不是"他们"	4.2
我所在学校的成功就是我的成功	4.1
当听到别人称赞我所在的学校时，我感觉就像是在称赞我一样	4.1
如果发现新闻媒体批评我所在的学校，我会感到不安	4.1
教师学校认同整体得分	4.1

数据显示，有 29% 的教师认为他们与学校的关系是完全相融的，有 32% 的教师认为他们与学校几乎融为一体，这两部分教师对学校的认同相对较高。在访谈中 F 教师谈道："平时在（班）车上，听到学生家长谈论某某学校或某某老师怎么样，一般说的都是不好听的，如果说的不是我们学校，我还好受些。如果说的是我们学校，我还真

想和他们争论一番。"此外,小部分和少部分相容共占 23%,他们认为他们与学校关系不紧密,和学校之间还存在一定的距离,对学校的认同度相对不高;另有 2% 的教师认为他们与学校没有关系。

在调研中发现,如果学校在考试中取得很好的成绩,拥有好的声誉,老师们也都非常高兴;对有影响的教师和有关学校形象的行为也会在意。平时在校外,老师也会注意他们的言行,多数教师能积极维护学校的声誉,关注他人对他们所在学校的评价,并能注意自身的行为以维护学校的形象,教师对学校认同度相对较高。

(二)教师的学校环境认同

调查了教师如何看待学校外部教育环境和学校内部物质环境,结果如图 6-1 所示。

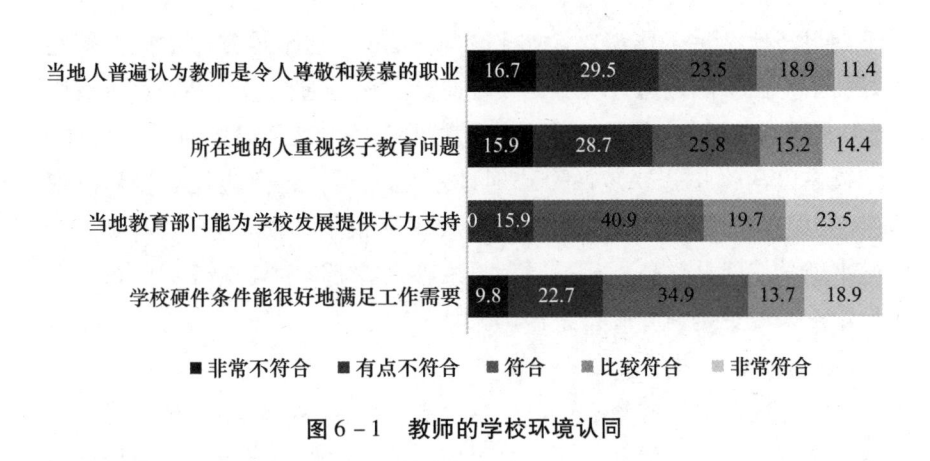

项目	非常不符合	有点不符合	符合	比较符合	非常符合
当地人普遍认为教师是令人尊敬和羡慕的职业	16.7	29.5	23.5	18.9	11.4
所在地的人重视孩子教育问题	15.9	28.7	25.8	15.2	14.4
当地教育部门能为学校发展提供大力支持	0	15.9	40.9	19.7	23.5
学校硬件条件能很好地满足工作需要	9.8	22.7	34.9	13.7	18.9

图 6-1 教师的学校环境认同

从图 6-1 中可以看出,有 46.2% 的教师认为在当地教师并不是令人尊敬和羡慕的职业,说明教师在当地的社会和经济地位较低。这非常不利于教师的职业认同,并进而影响对学校的认同。有 44.6% 的教师认为当地人并不太重视孩子的教育问题,说明在接近一半的教师看来,当地居民对教育的认识不深,重视程度较低,教师的地位不高,缺少尊师重教的氛围。正如 D 老师所言:

我们这地方的家长都外出打工了,孩子在家没人问没人管。

这些家长平时不在家,过年回来了,也不会去学校找老师问问孩子的学习情况,有的(家长)见了老师也不打招呼。有的家长就说孩子能识字会写自己的名字就好了,以前女孩都不让上中学,甚至只上到小学三四年级,现在好多了。

有84.1%的教师认为其所在地区的教育部门能为学校发展提供大力支持,表明当地的教育行政部门对教育比较重视。从对M校长的访谈中也可以得到印证。"现在上面(教育部门)非常重视教育,平时对学校的检查非常多,我们学校位于公路边,平均每星期至少有两次检查,有时一个星期有五六次检查,有关于安全的、救灾的、教学的、营养餐的,等等。"有67.5%的教师认为学校的办学条件能够很好地满足工作需要。不过,还有32.5%的教师认为学校的硬件条件不能很好地满足工作需要。如J老师所言:"这个地方(学校)算是好的了,位于国道边,坐车比较方便。学校也通网络,办公室也有电脑,平时上网比较方便。某学校(村小)现在还没连上网;另一个学校在山沟沟里,要走两个小时才能坐上车。这旁边还有饭店、商店,出门就能买到东西,山里的学校生活很不方便。"可以看到,普遍来说学校的办学条件还需要大力改善,特别是对更为偏远的村小和教学点来说更是需要改善条件。

(三)教师的学校技术认同

学与教是学校的核心,学校教学活动的水平决定了学校的发展水平。学校重视教学活动,教师感到他们的工作受到了重视;学校合理安排教学活动,教师的工作完成顺利;学校的教学水平高,教师有更大的发展空间,对学校更加自信满意。教师在学校工作中完成他们的使命,实现他们的价值,才会对学校更加认同。教师对学校技术认同调查结果如图6-2所示。

图6-2显示,89.4%的教师认为,学校的所有活动都是围绕教学活动展开的,说明学校对教育教学活动非常重视,能够聚焦教学这个中心工作。访谈中P老师就说:"在学校每天就是上课,也没有其他活动和事情。每次开会领导反复强调的就是成绩。"且有78.8%的

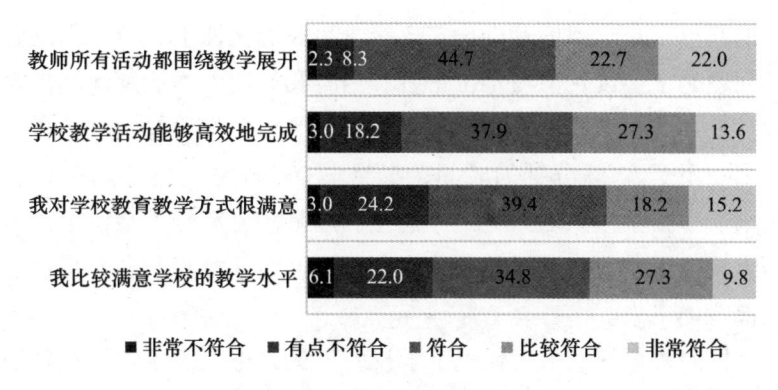

	非常不符合	有点不符合	符合	比较符合	非常符合
教师所有活动都围绕教学展开	2.3	8.3	44.7	22.7	22.0
学校教学活动能够高效地完成	3.0	18.2	37.9	27.3	13.6
我对学校教育教学方式很满意	3.0	24.2	39.4	18.2	15.2
我比较满意学校的教学水平	6.1	22.0	34.8	27.3	9.8

图 6-2 教师的学校专业认同

教师认为学校的教学活动能够高效地完成，说明在教师看来，学校的管理效率和教师工作效率是比较好的。

不过，有相当比例的教师对于教学方式与水平并不满意。有 27.2% 的教师对学校的教育教学方式不满意，也有基本相同比例的教师对学校的教学水平不太满意。D 老师的说法具有一定的代表性：

> 那些学生什么都不会，差得很。沟比较大，离乡镇又较远，学生数量少，而教师素质不行，尤其是一些代课教师，没有受过专业教育，只能教低年级的学生。那些学生升到初中，什么都不会，有的老师还反映有的学生连基本的加减法都不会。在这样的学校中也只能过一天算一天，自己尽力就行了。

问卷调查和访谈结果均反映出部分教师对当地的教育教学现状存在不满，造成教师教学工作上的压力，影响教师对学校的认知。教育教学水平低，不只是村小面临的问题，乡镇中心小学的教育教学整体水平只是略高于村小。Z 小学是乡镇中心小学，全乡共 7 个小学，综合来说是全乡最好的小学。但通过每次期中考试和期末考试，从全乡横向比较来看，并不是每个科目每个年级都是全乡第一，个别科目属全乡倒数。学校教学水平差强人意。每到三年级，就会有部分学生从其他村小或教学点转到中心小学，这部分学生基础较弱。拼音是小学教育的起点,是学习的基础。三年级学生在语文课上,学生们反映最多的问题是字会读,但写不出拼音。当时我们还弄不清楚问题出现的原因。在一次写字课上,我们请学生们按照顺序将所有学过的拼音默写出来。用了近 20 分钟的时间,竟然没有一位学生能将所有拼音默写出来。多数学生只能默写出单韵母和声母,复韵母不会,个别学生书写出现错误。我们请了几位学生背诵,他们都没有顺利地将拼音字母全部背诵出来。

学校的教育教学水平代表了学校的形象,也代表了学校教师的形象。学校的教学水平高,学生的成绩好,老师将会因学校教学水平高而受到家长的尊敬和重视,也会因为教学上所取得的成就而受到鼓励,因而会更加热爱他们的工作和工作的地方。从图 6-2 的数据、访谈和调研结果可以看出,被调查地区农村中小学教师对学校的教育教学水平提出了更高的要求,教师对学校的课程与教学认同有待提高。

(四) 教师的学校结构认同

教师对学校结构的认同情况如下:有 54.5% 的教师认为,学校目前的人员规模存在问题;有 50% 的教师认为,学校教职工数量和质量存在问题,难以满足学校发展的需要;有 46.2% 的教师认为,其学校各个部门的安排设置不是很合理;认为学校的各种活动不都能合理安排的教师占 33.4%。一位村小 F 教师谈道:

> 学校特别缺教师,平均一个班一个教师,其中有两个还是聘请的代课教师。如果有老师请假,只能两个班合并到一个班中。我们平时也是从早到晚地上课。但教师数量是按照师生比配备的,现在学生少了,我们这么多老师都算超编了。

(五) 教师的学校文化认同

图 6-3 显示,有 88.7% 的教师认为,他们的目标与学校的目标是一致的,有 84.8% 的教师将学校教育教学理念作为他们的教育教学理念,有 92.4% 的教师努力实践着学校的理念和目标。可以看出,

	非常不符合	有点不符合	符合	比较符合	非常符合
学校的目标即是我的目标	1.5	9.8	32.6	28.1	28.0
学校教育教学理念即是我的理念	0.8	14.4	34.8	21.2	28.8
我深信学校理念和目标并积极实践	0.8	6.8	34.1	23.5	34.8

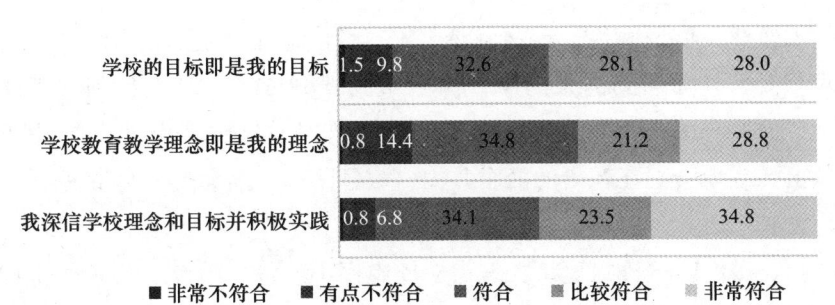

图 6-3 教师的学校目标认同

农村地区中小学教师对学校目标的认同度很高。

就学校同事间关系而言，有 90.9% 的教师认为"学校同事之间相处得非常友好、融洽"；有 95.4% 的教师认为"我与同事之间能够很好地合作沟通，相互帮助"；有 84.8% 的教师认为学校目前的人际关系有利于学校的发展；有 84% 的教师认为其所在学校的"氛围亲切、包容和宽松，人际关系和谐"。这表明农村地区学校的人际关系较为融洽，同事之间的关系和谐，教师对其学校的人际关系比较认同。就如 F 老师所谈的那样：

> 同事之间的关系不错，相处得不错。学校就几个人，在学校的时候大家都在上课，平时也没有什么事，整天就是上课，大家课时数都差不多。放学了，人就都回家了，就我和校长两个人住校。有时有什么培训学习活动都让我去，他们说我年轻。要搞个什么活动，也是找我，学校就我最年轻了。

教师能在自觉、积极、合作、愉悦的氛围中工作，比较认同学校工作氛围。有 87.9% 的教师认为"学校员工都能很自觉地完成自己的工作，尽自己的责任和义务"；认为"教师能够积极合作，共同努力解决学校遇到的问题"的教师占 91%；有 81.1% 的教师认为在学校工作愉快并充满活力。

在课下，教师之间经常讨论上课进程，相互跟进，每天写教案，批改作业，值班都很自觉，上课比较有激情，课堂氛围活跃，工作比较积极。教师遇到高兴的事，比如拿到驾驶证了，爱人找到好工作了，他们会请全校教师一起庆祝。平时教师们也会利用节假日自由组织出游或聚会。在调研的两个月内，教师之间一直都是和睦相处，几乎没有矛盾。

农村地区学校的现状之一是学校规模小，每个学校一般不超过10位教师，事情公开透明，相互之间的利益冲突少，领导一般能做到公开、公正、公平地对待每一位教师。教师受到平等的待遇，也安心做自己的工作。学校日常事务有相应的规章制度，教师每天忙于教学，人际关系相对简单、和谐，教师之间能够互帮互助。学校的目标即是教师的目标，教师对学校的文化氛围认同度高。

（六）教师对学校管理的认同

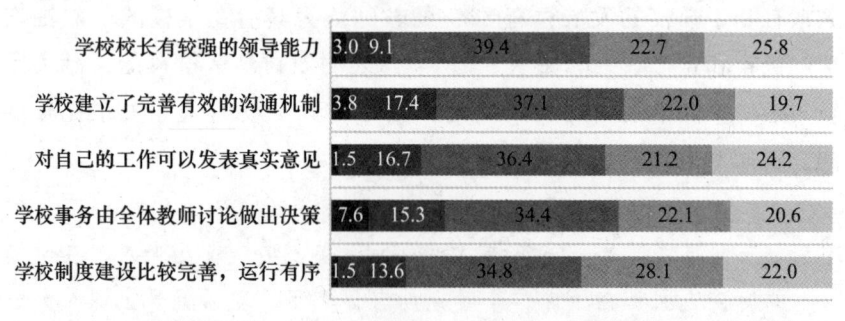

项目	非常不符合	有点不符合	符合	比较符合	非常符合
学校校长有较强的领导能力	3.0	9.1	39.4	22.7	25.8
学校建立了完善有效的沟通机制	3.8	17.4	37.1	22.0	19.7
对自己的工作可以发表真实意见	1.5	16.7	36.4	21.2	24.2
学校事务由全体教师讨论做出决策	7.6	15.3	34.4	22.1	20.6
学校制度建设比较完善，运行有序	1.5	13.6	34.8	28.1	22.0

图6-4 教师对学校管理的认同

图6-4显示：有87.9%的教师认为"学校校长有较强的领导能力"，有78.8%的教师认为"学校建立了完善有效的沟通机制"；有84.9%的教师认为"学校制度建设比较完善，运行有序"；有81.8%的教师"对自己的工作可以发表真实意见"；但根据非常不符合和有点不符合的数据，分别有21.2%和22.9%的教师认为学校的沟通机制和决策过程还存在问题。教师对于学校领导者、学校的管理制度和工作话语权等的认可度相对要高一些；而对于沟通制度的完善和沟通

的有效性以及学校事务的决策有超过 20% 的教师不满意。如 L 主任所说的：

> （有问题或需要）一般不会找校长，有时候有意见（不满）也只是私下跟其他老师发发牢骚，不敢直接去找校长，当着校长的面，也不敢说什么。我与校长关系近些，但也不会直接跟校长说，有时候只能委婉地提醒一下，人家愿意听就听，不听，你也不好意思再说。

（七）教师对学校的承诺

教师的学校认同不仅影响教师在学校里的工作状态，而且会影响教师对学校的承诺，预测教师未来的动态。农村地区的环境条件有限，城市对教师的诱惑更大，为了寻求更好的发展，教师更希望他们工作的地点是县城，所以农村地区教师的流动性相对较大。

问卷调查表明：大部分教师对学校的发展有信心，但做出承诺愿意留在现在的学校工作的教师比例不高，教师对学校的承诺相对较低。访谈中一所学校的 Z 主任谈道："我们学校今年有两位老师调到离县城较近的学校去了。某某老师一直想往城里调呢，几位年轻教师，再过几年估计都调走了。大家都想往城里调动。"有一位刚上任的校长说："再过几年我就调到城里了。"一所中学的 Z 老师甚至有直接离职的打算："我都想辞职不干了，回到市里，干其他工作也行。"通过调查发现，因为各种原因教师不愿意在农村地区工作，积极向城市及其周边流动。农村地区教师流动性强，学校师资日益缺乏，但城市及郊区学校的教师数量却不断增加。

二 农村教师学校认同的影响因素

教师的学校认同是教师和学校在互动过程中所形成的一种关系状态，学校是教师学校认同的客体，教师是主体，教师的学校认同不仅因认同客体的差异而不同，也会受教师主体性因素的影响。农村地区普遍存在学校与家庭分离的情况，即教师工作的学校与教师的家庭距离较远,严重影响了教师的家庭生活,进而影响教师对学校的态度。这种情况在城市基本上是不存在的,教师家庭因素是农村教师学校认同的一个特殊因素。下面就影响教师学校认同形成的学校因素、教师个体因素和教师家庭因素进行分析。

(一)学校因素:既是对学校的选择,又是对学校环境的选择

环境既为学校发展提供了可能,也有可能成为学校发展的障碍。综合而言,影响农村教师学校认同的来自学校层面的因素有以下几个方面。

第一,无法改变的自然环境。

X县北部属于黄土高原,气候干燥少雨,农业发展水平低,南部属于云贵高原,山川绵延的自然环境造成地势封闭和交通不便,经济发展受限制。自然环境限制了地区的社会发展,该县属于国家级"贫困县"。D乡与J乡均位于县城南部,接近云贵高原,多山地,海拔相对较高,自然环境更是恶劣。

L老师的老家在邻县,毕业后在农村学校工作8年,每次说到她的老家,总要和这边比较一番。

> 毕业后我和男朋友一起来到这边工作,刚来到这边我就崩溃了,到处是山,不管向哪个方向望去都是山。我当时就有不干要回家的冲动。我老公和我还不在同一个乡镇,真是一点儿也不喜欢这里。过了两年,他转到这边,就好些了,但现在他又调到县城去了,孩子也在县城,心都在县城呢,没心思在这儿工作。

J老师从小在城里长大,工作分配到偏远山区的一个小学,对山区农村的环境特别不适应。"那里是一个山沟沟,刚刚到那儿感觉天都要塌下来了,很小的空间,四处都是山,不管向哪个角度望去都是山,那个鬼地方就像一个牢笼,感觉自己被关在那里,有种走不出去的感觉,很令人压抑。""环境不好,什么都不好,经济落后,人的意识落后,(当地人)根本就不重视教育。"当谈到喜不喜欢当老师时,L老师说:"我喜欢当老师,当时大学报师范学校也是我自己的

选择，但是来到这里我就不喜欢了。要是当时我在我们家那边工作，现在一定不是这个样子。在这里，我是一天也待不住。"P老师说："有个教师被分到我们学校，来报到看到这种情况后就走了。再偏远一点的村小，条件更差，留不住新老师，更没有人愿意去只有走路才能到的村里学校工作。"

我们从小接受的城市教育是一种"离乡"的教育，在城市接受高等教育后对农村环境是排斥的，即使是生长在农村的教师，也想到城市去工作生活。城市一般建立在自然条件良好的地方，人们更愿意选择去自然环境好的城市而不是农村。即使去农村工作，教师更愿意在交通便利、离城市更近、自然环境较好的农村学校工作。学校所在地区的自然环境会影响教师对农村学校的选择和认同。

第二，沉默的乡土文化环境。

农村教师的社会声望和社会地位在农村并不被认可。在农村，教师感觉不到地位的存在，感觉不到农村的教育氛围，对于教育，农村是沉默的。在D小学调研的两个月期间，没有任何一位家长主动到学校与教师或学校领导沟通孩子的教育问题，也没有教师针对学生的学习情况主动地与家长进行沟通。每次放学的时候，有许多孩子的家长来接孩子，但教师与家长之间仅限于礼貌性问候，更多的时候是相互"忽视"。家长对教师的"冷漠"源于家长对教育的沉默。在谈到学生家长时，D教师说道：

> 家长根本就不管孩子的学习。一方面是外出务工的家长，平时与自己的孩子都很少沟通，更不用说和老师沟通了。孩子的爷爷奶奶对孩子的教育也不懂，只要看好孩子就行了。另一方面，家长在家务农，我们这边由于条件限制，农活全部靠人力，家长多数时候忙于农活。有时候，特别忙，而孩子又没有人照顾，家长就选择让孩子向学校请假，带到地里去干活。

Z老师说：家长一般见到老师不知道说什么，显得特别拘束，紧张，讲得最多的一句话就是"孩子交给您了，不听话就打"；但又认为孩子学得不好是因为老师不行。再加之教师的经济地位低，有些农村人看不起农村的教师，城里人对农村教师更是有偏见。

沉默的乡土文化使得农村学校教育与家庭教育脱节，缺少了家庭教育的支持，农村教师的工作显得孤立无援。L老师谈道：

> 这里的家长不怎么管孩子，孩子所有的教育问题都交给了老师，孩子学不好都是老师教得不好，但孩子学好了，就说是孩子聪明。这里的家庭教育严重缺乏，和城里的家长没法比。城里的家长重视教育，关心学生的学习，给孩子补课、请家教等，家庭作业也能给予辅导，学生学习好，就说是老师教得好，老师地位也就高了。

农村教师感受不到教师应有的社会声望和社会地位，而城市学校教师的社会地位和声望都要高于农村，这影响了教师对农村学校的心理情感，影响教师对农村学校的认同。

第三，地区教育环境的影响。

被调查地区所在的县与周围县相比，教育水平相对落后。其邻县的教育水平较高，在省内小有名气，通过对比，更突显Z县的教育落后。L老师的老家在邻县，谈论到这里的教育时，L老师说道："我们县是整个市教育最好的，比市上都强。这个县的许多孩子都在我们县上学。这边孩子基础太差，尤其是村小转过来的学生，上课不发言，有的还不写作业，怎么教都教不好。这边教育整体比较差。"教师普遍认为当地的教育水平不高，对教育发展没有信心，他们的工作没有目标，缺乏更高的追求。

教育部门的管理也会影响教师的学校认同。为了提高教育质量，农村地区的小学生需要上早自习，到校时间一般在6：30—7：00，而县城小学不需要上早自习。中学每天早上从6：00开始，分为早读和早自习，晚上从6：00开始是晚读、晚自习，一般持续到9：30或10：30（毕业班），学生和老师每天休息的时间很短。当地的教育改革也是以各种模式为导向推进的，农村教师对这些模式很难深刻掌握，但要求必须按照模式规定的形式进行。教育模式改革在农村形式化现象严重，教师们对此感到苦不堪言。国家规定教师每年都需要参加培训，以促进教师的专业发展。被调查的农村地区学校的培训情况是，每学期开始前一周和结束后一周进行乡镇全员培训，中学是在县城培训；培训主要以报告和研讨的形式展开。"培训者"为各个学校的教师，所有开销自费。L老师说："大家都不愿意参加本地的培训，时间长，还占用我们的假期，也没有什么收获。走走形式，没有意思。培训就是听听报告，全是讲授，没意思。"占用假期，费用自理，消耗人力、物力和精力，培训却没有新意，效果不好，教师对这些活动非常反感。城市学校、中心小学、村小之间存在很大差异，但政策往往不能因地制宜，有些活动不适合农村学校，教师也要参加，农村教师成为被忽视的对象，缺少存在感。在这种环境中工作缺少话语权和自由，对教育环境的不认可导致教师对学校的不认同。

第四，残缺的学校物理环境。

农村教师的工作和生活都需要一定的物质条件来支撑，农村教师不仅要在学校中工作，很多教师还要生活在学校中。问卷调查发现，接近30%的教师家在城市，需在学校住宿，学校需要为教师准备相应的住宿生活条件。如果这些保障性需要得不到满足，就会影响教师的工作和生活状态，对教师的学校认同产生消极的影响。

在调研地区，学校设施简陋不完备，教师住宿条件不足，教师在学校的正常生活和工作都受到影响。在被调查的学校，教师挤在一个空间有限的集体办公室里，教室里的桌椅破旧，每个班级的桌椅都不相同，因为这些基本设施都是由捐资助学分配来的。教师教学办公的用具不足，尤其是现代网络设备和多媒体设备缺乏，有的学校没有通网络，或只有一台电脑，教学点则什么都没有。没有操场和相应的运动器材，学生和教师都缺少活动场地。在谈到学校条件时，L老师说："学校什么都没有，这英语教材年年改，但连个配套的教参书都没有，更别说英语磁带录音光盘了。""我以前经常锻炼，在大学参加过长跑，篮球，但现在不喜欢动了，学校连个操场都没有。"F老师说:"学校没有多媒体,以前有个录音机,上英语课还可以给学生放磁带,但后来录音机坏了,就再也没有了。"

农村学校的办学条件有限,教师在学校的生活条件也比较艰苦。D 小学是中心小学,房屋相对较多,一个或两个老师住一个房间,但在另外一个乡的中心小学,因为条件有限,8 位女教师住在一间大房子里,床用帘子遮挡,旁边有一排桌子,这不是做饭的地方,而是教师集体办公的地方。有的教师则在校外租房子,但费用由教师自己承担。J 老师房间有一个新炉子,J 老师说:"这炉子是我从家里带过来的,当时学校给了一个炉子,但非常破,都不能用,我就从县城家里带了一个过来。"L 老师谈到学校安排的情况:"学校就给安排个房间,给你弄张床和一张桌子,其他的什么都没有。像 C 老师那屋里就只有床板,下面是用砖头支撑起来的。其他东西都是我自己带来的。每到周末放假,我是一分钟都不想在这待。"

近些年来,学校的办学条件逐步改善,但依然不能满足教师的生活和工作需求。教师无法面对简陋的条件而积极工作,更不愿意长期在这种环境中工作和生活,教师对学校难有深度认同。

(二)教师个体因素:了解自我,却难以改变自我

J 老师家在县城,教龄 5 年,至今未婚。J 教师曾在一所偏远的村小工作 3 年,调入乡镇中心小学才 1 年多。我们与 J 老师交谈了解到:

> 那个时候(上学时)年纪小,也不懂这些(专业与就业),就随便报了,结果就报了个师专。毕业后县城招考教师,没想到会分到那么远的地方。我从来没在农村生活过。刚开始工作时不习惯,不会做饭,农村没有卖饭的,就吃了很多泡面。我们家里用的是暖气,从来没用过炉子,到学校后炉子总是灭,也不会生火。那个时候我总哭,一直想回家。

J 老师的房间里放着几本考公务员的书,她说:"刚工作时不习惯,也不想当老师,所以就准备考公务员,为了能走出学校,我当时

每天都看书。"J老师平时对待工作的态度一般，学生的作业经常不按时批阅，只要有机会就请假，其最经典的一句话就是"我从不占用自己的时间"，所以学生作业批阅一般在课堂上完成。不懂填报志愿而选择了师范院校，最终成为一名教师，但从内心里排斥教师的工作，工作积极性不足，这是部分教师的真实情况。教师会因为不喜欢教师工作而不认同学校，对其而言，在哪个学校工作都是一样的，对学校缺少依附感和情感归属，更不会有较深的命运共同感，自然不会对学校产生较深度的认同。J老师虽然清楚地知道她不喜欢教师职业，也做出相应的努力试图脱离教师职业，但经过几年的教师生活，最终慢慢适应了学校环境而降低了改变意愿。从事教师职业，却不喜欢教师职业，但没有足够的动力脱离教师职业，或许是许多教师的状态。教师对其职业的认同影响了教师的学校认同。

P老师53岁，已经有30多年的教龄，一直在笔者所调查的学校工作。P老师教学成绩优秀，也获得过一些奖项，但因为超生问题而错失所有的机会。P老师讲述了其工作历程："我以前是民办教师，当了十几年的民办教师，等转成正式（有编制）教师时已经几十岁了，当时一家人都在农村，负担也很重，那时候没想过要去城里工作生活，即便想去，也会因为超生问题而被一票否决的。现在，还有几年就退休了，年纪大了，更没有什么要求了，就觉得现在的学校挺好。"在谈到年轻教师调动问题时P老师说道："他们和我不一样，首先人家学历高，都是正规学校毕业的，受过系统的师范教育；人家年轻，有活力，又肯干，教学水平又高，都在县城买房，有的还买了车，等过几年估计都能调走。我就在这学校安安稳稳工作到退休就行了。"因为自身情况而认为现在学校挺好，对学校比较认同。与P老师不同的是，L主任对他的工作调动很有信心。"我带了六年的六年级，年年都是第一，也有很多证书，近两年就能调走（到县城）。"L主任与家人在乡镇租房子住，妻子开了个小餐馆，孩子上学前班。他们在县城有一套房子，每到周末就回县城居住。

认同教师职业会更加认同所在学校。年轻教师视野开阔，有学历，有能力，对学校也有更高的要求，流动的可能性高，会寻求去更好的学校发展，这部分教师对学校的认同相对不稳定。但对于年长的教师来说，因为他们的自身条件已定，似乎一切已成定局，学校认同相对稳定。教师的个体因素影响教师的观念和价值取向，是教师学校认同的重要因素。

（三）家庭因素："家在那儿，我在这儿"

家是人的根，走得再远，心还是与家紧密相连的。部分教师将家安置在县城，周末回家住两天，工作时间在乡下，特殊的现象由此产生。

教师专车——周五和周日的末班车。城乡班车是教师与家庭连接的桥梁。每到星期五放学后，老师们都在焦急地等待最后一辆开往县城的班车。有的老师需要转车才能坐上班车，但也丝毫不影响他们回县城的决心。中学有位老师是邻县人，家在邻县县城，周末要乘过路车回另一个县的县城。还有两位老师的家在市里，W老师说："乘车至少需要3个小时，每次回到家都已经很晚了，来回车费将近100元，但周末只要有车，我们都会回家。在车里，你能体会到每个人回家的喜悦与迫不及待。"到了周末下午，老师们要准备回农村学校了，会从家里带些吃的和用的，不到最后一刻谁都不想离开家，所以他们都乘坐最后一辆去乡下的班车，表现出对城市和家的依依不舍。日复一日，年复一年，他们每周都奔波于城市和农村之间，家与学校之间。L老师说："这已经是好的了，位于国道边，交通方便很多，像有的学校离坐车的地方还有一段路呢。"

特殊的集体——"城市留守儿童"。学校老师普遍年轻，孩子一般较小。M校长的孩子不到2岁，妻子也是教师，平时孩子由母亲照看。Y老师的孩子不足1岁，由妻子照看，妻子没有工作，有时与Y老师在学校住，冬天学校太冷，妻子就带着孩子回娘家住。L老师的孩子4岁，妻子刚调到县城，孩子由婆婆照顾。F老师的丈夫在外地工作，孩子由其婆婆照看，在县城上幼儿园。W老师的孩子在县城读小学。老师们称他们的孩子为"城市留守儿童"。F老师说："我们教育这么多的孩子，但教育不了自己的孩子；我们每天面对众多的农村留守儿童，但我们自己的孩子成了真正的留守儿童。"L老师每天都会给孩子打电话，每天至少一次，但还是觉得亏欠孩子太多。L老师说："虽然距离不远，但一个星期只能周末见着孩子一次，每周和孩子在一起的时间不到两天，这两天对孩子的管教起不了多大作用。孩子还这么小，总觉得不能在孩子身边亏欠孩子很多。"我们在中学发现几位女老师带着孩子在学校住宿，上课时孩子则无人看管，任由孩子在校园里玩耍，有的则将孩子送到旁边的私立幼儿园。孩子再大一些就会留在城里读小学，那时他们可能会成为新的城市留守儿童。

两校一城的生活——教师和其配偶分别在不同的两个学校，而家则安置在县城，周末在县城相聚。M校长的爱人在另一所村小当教师，孩子由老人看管。"我们两个人都要工作，而且不在同一个地方，孩子只能由老人照顾。希望下学期能将我们调到同一个学校。"D老师的爱人也是教师，同样，两人不在同一所学校，家里的老人不能帮助照顾孩子，孩子由D老师自己带，上课时只能让孩子自由玩耍，课后太累，也无心陪伴孩子。"我最希望的就是我们一家人能天天在一起，早日结束这种两校一城的生活。"农村教师是城市人还是农村人？根据调查所感受到的老师们的心态，或许可以称他们为生活在农村的城里人，这就决定了他们不可能将其一生都奉献给农村地区的学校。

上述研究结果表明，教师学校认同是由环境因素、个体因素、家庭因素共同作用而形成的。环境对人的影响毋庸置疑，城市与农村的区别在于城市有更好的环境。农村地区的学校在内外部环境上都少有优势，使得教师难以认同农村地区的学校而比较认同城市里的学校。个体对教师职业不认同，不喜欢当教师，自然也不会喜欢教师工作的环境，对学校也会抱有厌烦情绪。个体因素中还有一种为"逼迫性认同"，教师理性地认识到自身的条件，认为没有脱离所在学校的可能，教师生活在学校环境中，已经适应或习惯了他们所在的学校，从而对学校产生一定程度的认同。家庭因素对农村地区教师学校认同的作用非常明显，尤其是家庭成员之间的距离，与父母、与爱人、与孩子的距离。对家人的牵挂时刻影响着教师的工作情绪和状态，没有家人在身边支持与陪伴，教师难以全身心地投入学校工作，难以对学校产生高度认同。

三 增强农村教师学校认同的途径

学校是教师生存、生活以及实现生命意义的环境，为教师的发展提供了可能，教师通过他们的能动性将各种可能变为现实。教师的学校认同由教师自身的内力与来自学校的外力共同作用而成，教师与学校荣辱与共，命运共存。我们对加强农村教师学校认同有以下三点建议。

（一）采取多种措施，改善农村地区教师的生存与发展环境

加大对农村地区的教育投入，促进农村地区教育的发展。经过改革，我国的教育发展水平不断提高，社会对教育更加重视，但教育还没有实现均衡发展，尤其是我国城乡教育发展水平存在明显差异，农村地区的教育状况迫切需要引起关注。要为教师营造良好的生活和工作环境，增强教师对农村地区学校的认同，以使在农村地区工作的教师能够全身心地投入学校工作中，更愿意奉献于农村地区的学校。教师发展和学校发展形成良性循环，从而不断提高农村地区的教育质量，缩小城乡教育差距，促进教育公平。

以人为本，为农村地区的教师提供更好的生存环境。农村地区尤其是偏远山区教师的生活条件比较艰苦。教师的家如果离学校较远，教师就需要住校，但一般学校无法解决教师的住宿问题，即使有房子，有的还是以前废弃的房屋，几平方米大小，一般两人住一间，吃住都在一间屋子里，教师的家属没有条件随从。住宿所有设施费用均由教师个人承担。教师们普遍反映工资低，要照顾家人和孩子，教师也是"月光族"。而代课教师的工资更是连基本的生活保障水平都达不到。到农忙时，有的教师不得不耽误正常的教学工作。调研发现，有的教师还要吃低保，教师成了"村里最穷的人"。对于农村地区学校的情况，教育机构应该给予更多的关注和投入，解决农村地区教师的住宿等生存问题，满足教师基本的生存需求。

营造农村地区尊师重教的文化氛围，提高农村教师的社会地位，满足农村教师的心理情感需求。"农村"与"城市"是表达地域范围的词，这个词本身不含有感情，但在现代社会里"城市"代表先进，

"农村"代表落后。农村教育与城市教育之间的差距使农村地区的教师拥有更多的负面形象。许多农村的家长认为,农村教师水平低,能力低,责任心不强,孩子成绩好是孩子聪明;孩子学习不好,就是教师没有教好,有条件的家庭都把孩子送到县城上学。家长对教师的工作不配合,甚至排斥教师,教师缺乏威望,没有荣誉感,还要负担繁重的工作。一方面,社会对教师有更高的要求和期望,为教师树立了很高的社会形象;但另一方面,由于多种原因,农村地区的教育水平相对较低,农村地区教师的社会地位也相对较低,工作不被认可,更增加了农村教师的心理压力。为农村的教育创造尊师重教的环境,提高教师的社会地位,增强社会对教师职业的认同,建立教师的归属感,从情感上建立教师对农村教育的认同,提升农村教师学校认同感。

与城市教师相比,教师需要更多的机会实现自我发展。农村尤其是偏远山区,因为交通相对不便,经济也相对落后,高层次、高水平的教师发展活动多在城市举办,而送教进乡活动一般只能到达乡镇,村小教师因为师资短缺和交通不便,较少参加校外的活动。许多教师参加过短期的教育技术培训,但学校缺少相应的设备,缺少练习,学习的内容很快就遗忘了。新课改实施后,教师面对着新的压力,而对新课改的认识仅仅通过短期的理论性培训来获得,教师在教学工作中感到彷徨和迷茫,感到无力和无助。农村地区的教师需要走出去,学习先进的教育理念和方法,激发教师自我超越的动力,实现教师的自身价值。国家和地方需要在教育上对农村教育有更大的投入,提供充足的农村教育发展项目,农村教师发展项目,结合"请进去,走出来"的原则,为农村地区的教师创造更多的学习机会和自我发展需要。

(二)加强农村学校建设,提升农村地区学校的内在吸引力

没有内在的凝聚力,必将失去外在的吸引力。与城市学校相比,农村地区学校没有充足的物质、便利的条件和丰富的资源,它们已经失去了外在的吸引力。农村地区学校需要不断变革和发展,整合外部环境,充分发挥内在的凝聚力,从落后走向先进,以增强教师的学校

认同。学习型组织对教育的最重要启示是建设学习型学校，农村地区的学校更需要发展成学习型学校，以凝聚力量，向前发展。

从学校目标上看，应将教师个人的意愿转换成组织的共同愿景。彼得·圣吉指出："共同愿景是整合，设计发掘共有'未来景象'的技术，它帮助组织培养成员主动而真诚地奉献和投入，而非被动地遵从。许多共同的愿景是由外在的环境刺激而造成的，但内生的愿景才能长期维持组织的力量。"① 学校也是如此，教师工作的目标是学校目标的一部分，学校目标由教师个人目标整合而成，构建共同目标。国家教育的目标就是地方教育的目标，地方教育的目标就是学校要实现的目标，目标是自上而下制定的。每个学校的目标都一样，教师个人目标并没有被学校目标所包含。教育部门用成绩来评价学校，评价教师，学校用成绩来评价教师，成绩成为教师与学校共同的追求。但这是由外在的环境刺激而形成的共同愿景，并不是教师真实的个人意愿，教师被动地遵从，不会主动地投入。学校目标应基于具体情况而设置，尽可能简单、诚实而中肯，并且能具体地表述。个体的愿景是组织共同愿景的基础，建立共同的愿景需要教师们真实地表达。学校通过各种途径聆听教师内心真实的想法，综合和超越个人愿景，并融入学校目标中。学校目标包含了个人目标，实现学校目标即是实现个人目标。教师认同学校目标，才会主动地为实现学校目标而努力。

从学校文化上看，打破心智模式，不断自我超越，实现团体学习，建立合作、共享的团体学习氛围。"自我修炼是个人成长的学习修炼。具有高度自我超越的人，能不断扩展他们创造生命中真正心之所向的能力，以个人追求不断学习为起点，形成学习型组织的精神。"② 自我超越即不断确立生活的目标，建立个人愿景，直至生命的终极目标。教师自我超越的目标是学校不断超越的目标的一部分，需要通过教师不断学习来实现目标。"学习是以团队为基本单位的组

---

① 彼得·圣吉：《第五项修炼——学习型组织的艺术与务实》，郭进隆译，上海三联书店1998年版，第10页。
② 同上书，第169页。

织学习，而不仅仅局限于个体学习。"① "团体学习是发展团体成员整体搭配与实现共同目标能力的过程。"② 团体学习需要团体之间的合作与资源共享，"积极、开放、建设性的思维必将导致学习成功"③。彼得·圣吉指出："心智模式是深植于我们心灵之中，关于我们自己、别人、组织以及世界每个层面的形象、假设和故事，是一种根深蒂固于个体心中的思维方式，它决定我们如何观看世界、认识世界和了解世界，并且影响我们采取何种行动来面对世界。"④ 心智模式是我们的认知方式，影响着我们对事物的认知。在学校中，教师需要不断为自己确立新的目标以实现自我超越。学校需要建立合作共享的学校文化氛围，帮助教师打破原有的心智模式，以积极、开放的思维不断学习，不断自我超越，促进个体的发展从而实现学校发展。

（三）关注农村教师专业发展，增强农村教师职业认同

随着教育改革的推进，教师队伍的重要性日益突出。新课程改革对教师提出了更高的要求。为了加强教师队伍建设，从教师的职前教育到职后教育，国家制定了一系列政策，以提升教师的素质，促进教师专业发展。但教师的专业形象与医生、律师相比是较低的，教师的社会地位与公务员相比也是比较低的。一方面是由教师的经济基础决定的，另一方面是因为我国的教师制度还不够完善，取得教师资格证相对简单，很多没有经过师范教育的人员进入教师队伍，入职后的教师发展停滞。农村地区的教师缺乏教育教学能力和学习能力，缺乏自我发展的动力，教师的专业性受到质疑。构建教师身份认同，教师将他们的工作视为一种专业而非职业，工作不仅是为了学校发展，也是为了实现自我价值和人生意义。提高农村教师学校认同需要增强教师专业认同。

---

① 武汇、勇兵：《改善心智模式——构建学习型学校》，《南通大学学报》2006年第2期。

② 彼得·圣吉：《第五项修炼——学习型组织的艺术与务实》，郭进隆译，上海三联书店1998年版，第10页。

③ 徐剑波：《从"学习型组织"中学会学习》，《长沙铁道学院学报》2006年第3期。

④ 彼得·圣吉：《第五项修炼——学习型组织的艺术与务实》，郭进隆译，上海三联书店1998年版，第10页。

树立农村地区教师的专业意识，激发农村地区教师的专业情感。教师首先要认同他们从事的工作，把教育工作看得足够重要并当作他们的生命一样去守候，去认同，社会才可能认可教师。农村地区教师多数不被社会所认可，教师对自身工作也不认同，经常自我否定。调研发现，当与城里教师接触时，许多农村地区的教师会表现出一种自卑与退缩，称城里教师为专家，认为自己只是个教书匠，水平低。当教师积累了几年的工作经验，形成自己的教学风格后，教师自我发展的意识渐渐失去，教师工作的快乐也慢慢变少，职业倦怠感产生，教师失去了发展的内在动力。萨乔万尼指出：动机的源泉植根于工作本身，从工作本身可以体验到内在满足，工作的内在满足感导致高水平工作投入和工作表现。[1] 任何工作，只有被其从业者所肯定，才能引起他人的认可。教师树立专业意识，将他们的工作当成一种专业而非职业，寻找工作内在的意义和价值，体验工作内在的满足，从而增强对教师身份的认同，提高他们的学校认同。

提升教师的专业知识与技能，塑造教师专业能力。那种带有成就动机和成就感的工作、能带来兴趣和挑战的工作以及能带来提高和发展机会的工作，最具激励力量。[2] 课程改革对教师提出了更高的要求，为教师专业发展带来了挑战和机遇。教师需要更专业的知识和技能，更强的学习吸收能力，对问题有更敏锐的洞察力，更加积极主动的工作态度。新课程改革给教师带来危机感，让教师意识到要改变和发展。但这种危机感很容易被习惯所代替，会渐渐失去发展的意识和动力，对充满常规化、重复性的日常教学生活缺乏批判与反思的意识，对能带给自己发展的机会采取一种漠视、逃避或抗拒的态度。调研发现，农村地区的教师相对缺乏主动学习的意识。教师们每天抱着课本和教参上课，课下备教案、改作业，上网一般是浏览新闻，几乎没有学习活动。只有学习才能与时俱进，教师只有不断学习才能了解日新

---

[1] 托马斯·J. 萨乔万尼：《道德领导：抵及学校改善的核心》，冯大鸣译，上海教育出版社2002年版，第69—77页。

[2] 同上书，第33页。

月异的信息,掌握教育教学、学习发展、学科内容等各方面的知识,掌握专业的技能,提升专业能力。教师只有从工作中获得幸福感和成就感,才会更加认同他们的工作,对学校的认同也会增强。

第七章　乡村教师视野中"乡村教师支持计划"实施研究

2015年6月1日，国务院办公厅印发了关于《乡村教师支持计划（2015—2020年）》（简称"支持计划"）的通知，提出"到2017年逐步形成'下得去、留得住、教得好'的局面，到2020年，努力造就一支素质优良、甘于奉献、扎根乡村的教师队伍"。政策的制定和出台不等于问题的解决，政策措施能否提高乡村教师的待遇，能否满足乡村教师的诉求，需要我们以当事人的心态倾听乡村教师的声音。为贯彻落实中央政策，甘肃省人民政府办公厅于2015年11月印发了《甘肃省〈乡村教师支持计划（2015—2020年）〉实施办法》（简称"实施办法"）的通知。甘肃省乡村教师数量庞大，乡镇及以下专任教师有18.7万人，占全部义务教育阶段专任教师的82.9%。[①]其中58个集中连片特困县和17个插花型贫困县有乡村教师17.1万人，占全部乡村教师的91.4%。[②] 因此甘肃省大部分乡村教师处于相对贫困地区，乡村教师支持计划对甘肃省的乡村教师和乡村教育具有重大意义。本章主要以甘肃省出台的政策为对象，研究问题主要有以下三个方面："乡村教师支持计划"的宣传如何？乡村教师待遇、工作生活条件、教师培训、职称改革四项措施的具体落实情况如何？实施效果如何？

---

① 赵万山：《〈甘肃省《乡村教师支持计划（2015—2020年）》实施办法〉出台》，《兰州日报》2015年11月11日。
② 银燕：《甘肃表彰长期从教优秀乡村教师》，人民网，2016年9月10日。

第一节 文献综述

一 概念界定与分析

（一）乡村教师

乡村教师就是在乡村学校从事教育工作的教师，其性质是由工作地域决定的。从乡村的本义上讲，"乡"主要有两个含义：一是指我国农村的基层行政区域，二是泛指城市以外的地区；"村"是指村庄。① 当前我国最低的行政区划单位是乡（镇），乡（镇）统辖最多的便是村庄。但是这种解释比较笼统。对政策而言，只有精确定位政策作用的区域和对象，才能发挥其最大作用。关于城乡划分的最新官方文件是国家统计局于 2008 年颁布的《关于统计上划分城乡的暂行规定》和《〈关于统计上划分城乡的暂行规定〉的说明》。城镇是指城区和镇区，其中镇区是指县、自治县、旗、自治旗政府驻地的镇，乡村是指城镇以外的其他区域，包括乡中心区和村庄。② A 县 G 镇则属于 A 县政府驻地的镇，即"城关镇"，属于镇区。而国家"支持计划"中的乡村教师包括全国乡中心区和村庄学校教师。③ 可见国家"支持计划"是按国家统计局的标准来确定"乡村"教师的。具体而言，乡中心区是指乡、民族乡人民政府驻地的村民委员会地域和乡所辖居民委员会地域。④ 村庄是指农村村民居住和从事各种生产活动的区域，以及未划入城镇的农场、林场等区域。⑤ 所以乡村教师的可操作性定义为乡（镇）一级和村一级学校的在编教师，而不包括县城所在镇的教师。

---

① 夏征农、陈至立：《辞海》，上海辞书出版社 2009 年版。
② 中华人民共和国国家统计局：《关于统计上划分城乡的暂行规定》，2016 年 9 月 1 日，http://nhs.saic.gov.cn/wcms2/actsociety/normal/html/1219.htm。
③ 《国务院办公厅关于印发乡村教师支持计划（2015—2020 年）的通知》，2016 年 8 月 11 日，http://www.gov.cn/zhengce/content/2015-06/08/content_9833.htm。
④ 中华人民共和国国家统计局：《关于统计上划分城乡的暂行规定》，2016 年 9 月 1 日，http://nhs.saic.gov.cn/wcms2/actsociety/normal/html/1219.htm。
⑤ 同上。

（二）教育政策实施

政策实施属于西方舶来品，英文单词为"policy implementation"，有学者将其译为政策执行。实施与执行的叫法不同，但含义相同。教育政策实施是政策实施的下位概念。因此，对教育政策实施的界定需要借鉴政策科学中政策或公共政策实施的研究成果。普雷斯曼和韦达夫斯基认为，政策实施是目标的确立与取得这些目标的行动之间的一种相互作用过程。[①] 陈跃认为，政策实施是指实施主体为了实现政策目标，运用政策资源和工具作用于政策目标集体，将政策的观念形态转化为实际效果，实现既定政策目标的过程。[②] 袁振国认为，政策实施是指政策实施者依据政策的指示和要求，为实现政策目标、取得预期效果，不断采取积极措施的动态行动过程。[③] 范国睿等认为，政策实施是实施主体在教育政策颁布和付诸实施以后，借助积极的、具体的、灵活的策略来实现教育政策内容，达成教育政策目标的动态复杂过程。[④] 吴志宏等认为，政策实施就是实现教育政策目标，将教育政策内容转变为教育现实的过程。[⑤] 由前述可见，教育研究者对教育政策实施概念的阐述大多是从政策实施或公共政策实施概念演绎推论出来的，并且具有一致性，都将教育政策实施理解为一种过程。政策实施包括政策宣传、全面推广、政策效果评估等阶段。

二 乡村教师问题研究

乡村教师队伍到底出了什么问题？乡村教师到底面临什么困难？从政策科学的角度看，问题本身是政策制定的基础和前提，是政策的逻辑起点，而问题的确定与表征是明确问题、解决问题的首要条件。

[①] 转引自 S. Barret & C. Fuge, *Policy and Action*, Methuen: London, 1981, p. 25。
[②] 陈跃：《公共政策学》，西南师范大学出版社 2015 年版，第 133 页。
[③] 袁振国：《教育政策学》，江苏教育出版社 1996 年版，第 178—179 页。
[④] 范国睿等：《教育政策的理论与实践》，上海教育出版社 2011 年版，第 118 页。
[⑤] 吴志宏、陈韶峰、汤林春：《教育政策与教育法规》，华东师范大学出版社 2003 年版，第 59 页。

(一) 乡村教师生存问题

有研究指出,自然、经济、社会与文化环境是乡村教师生存困境的主要原因。① 刘文华等按照工资福利、工作量、社会认同、职业流动四个维度对甘肃230名乡村教师的生存境况进行了调查。在工资福利方面,70.4%的教师表示没有任何福利,78.2%的教师认为工资收入与工作付出不匹配,仅有21.8%的教师对他们的收入表示满意。② 同时,陈富在对甘肃省2382名乡村中小学教师的调查中也发现,只有29%的教师对他们的工资待遇感到满意。③ 在工作量方面,刘文华得出,乡村教师每天平均在校工作时间为10.5小时,64.8%的教师认为工作量重,77.9%的教师认为工作压力大;陈富的调查同样显示,乡村教师的工作时间平均每天10小时左右,69.1%的教师觉得工作压力很大。乡村教师工作时间长,工作压力大,并且福利待遇低,这严重影响了乡村教师的生存质量。在社会认同方面,刘文华的调查显示,70.9%的教师认为教师职业社会地位低,仅一成左右的教师认为教师职业受人尊重。在职业流动方面,刘文华得出,64.8%的教师希望到城里工作,54.3%的教师有转行打算;陈富的调查也表明有将近52%的教师明确表示想更换职业。工资福利较低,工作任务繁重,社会认同不高的现状严重影响了乡村教师的生存和发展,恶劣的生存状态一方面导致了较大的乡村教师职业流动的潜在可能性,另一方面容易使乡村教师产生职业倦怠,看不到发展前途,没有了奋斗的动力和激情,人浮于事。

(二) 乡村教师专业发展问题

乡村教师的专业发展问题关乎乡村教师的能力素质问题。在专业发展方面,因为全国乡村教师面临的专业发展问题具有共性,所在在

---

① 刘文华、原霁虹:《甘肃农村教师的生存困境及破解路径——基于〈乡村教师支持计划〉的政策视角》,《甘肃高师学报》2016年第2期。

② 刘文华:《西北农村教师生存境况的调查及思考》,《北京科技大学学报》(社会科学版)2016年第5期。

③ 陈富:《甘肃省农村中小学教师工作压力现状之调查分析》,《教育测量与评价》2012年第8期。

综述文献时，没有单独区分甘肃乡村教师。首先人们对乡村教师专业发展存在很多认识上的矛盾，主要表现为专业境遇的不利地位与专业公平的矛盾、专业价值的被动赋予与崇高奉献的矛盾、专业权利和专业责任失衡的矛盾、专业自我的低认同度与专业水平提高的矛盾。① 这些矛盾往往导致乡村教师专业发展没有实质性突破。影响乡村教师专业发展的因素可分为外因和内因，生活待遇差、工作量大、闲暇时间少等生存问题是影响教师专业发展的外因。同时，乡村教师专业的社会认同度较低，专业晋升通道较窄，专业培训机会少也会阻碍乡村教师的专业发展。② 影响教师专业发展的自身内部因素有教师的老龄化，水平偏低，术业"无"专攻，工作态度消极。③ 另外，乡村教师的自主专业发展面临"内卷化"困境。"内卷化"是指在错综复杂的社会变迁和教育改革面前，教师自主专业发展面临众多困境，很难获得突破性发展，陷入低水平重复的循环之中。④ 导致乡村教师"内卷化"发展困境的原因是多方面的，主要表现为以下三个方面，即教师专业发展模式单一化，工作目标、内容一致化，评价指标刚性化，这使乡村教师遭受了专业身份认同危机；教师专业发展的城市取向剥夺了乡村教师的话语权；教师专业发展的外生性模式使乡村教师失去了主动权。⑤

（三）乡村教师流失问题

乡村教师的流失问题关乎乡村教师的社会地位、工资待遇、职业吸引力等诸多方面。乡村教师，尤其是青年教师、优秀教师单向流失严重，导致乡村教师队伍"青黄不接"，极大地制约了乡村教育的发展和教育质量的提升。周钧指出，流失的乡村教师多为优秀、骨干教师，这些教师的流失会给乡村教育带来沉重的甚至是毁灭性

---

① 吴亮奎：《乡村教师专业发展的矛盾、特质及其社会支持体系构建》，《教育发展研究》2015年第12期。
② 同上。
③ 郝俊英：《农村教师专业化发展研究》，《教育探索》2016年第2期。
④ 石耀华、余宏亮：《农村教师专业发展的"内卷化"困境与消解》，《教育科学研究》2015年第10期。
⑤ 李介：《农村教师自主发展的困境与策略研究》，《中国教育学刊》2016年第4期。

的打击。① 在甘肃省 G 县，一次警察招考引发了教师离职潮（其中大部分为乡村青年教师），在招录的 189 人中，有 171 名教师入选。有研究者对这一现象进行了调查，发现"教师工作繁重，社会地位持续走低；学校规训管理严格，职业晋升空间小；教师准入门槛低与知识结构更新慢削弱了教师的职业优越感"。这一系列现象都是教师报考警察的原因。②

导致乡村教师流失的原因是多方面的，李涛认为，城镇化的加速推进和广大农民经济地位的上升，在一定程度上冲击了乡村教师的经济和文化地位，乡村教师很难获得乡村社会的地位认同；外界对乡村教师弱势地位的刻板印象，极大地损害了坚守在乡村的教师的尊严；底层学校优秀生源的流失，使教师很难获得成就感，容易导致职业倦怠，强化了社会对乡村教师的"不良"印象。③ 以上研究基本上符合现实情况，笔者在调查甘肃省 G 县教师集体报考警察现象时发现，报考警察的教师基本上都是学校里能力较强，年龄较轻，担任一定职务的骨干教师，某些学校的教导主任甚至校长也参与了招考。因此有相当部分乡村青年教师心不思定，存在"身在曹营心在汉""骑驴找马"的倾向。④ 而笔者通过与当地乡村教师访谈了解到，乡村教师"逃离"教师行业的原因在于：乡村教师的社会地位比较低；乡村教师的工资比较低；乡村教师的责任比较重大；学生教起来要求比较多，比以前难教；学校对教师的要求比较严，家长也有要求，教师压力非常大；乡村学生逐渐流失、减少，抑制了乡村教师的积极性。

三 "乡村教师支持计划"概述

按照政策的级别和权威性，"乡村教师支持计划"可分为"国家

---

① 周钧：《农村学校教师流动及流失问题研究现状与发展趋势》，《教师教育研究》2015 年第 1 期。
② 谢丽丽：《教师"逃离"：农村教育的困境——从 G 县乡村教师考警察说起》，《教师教育研究》2016 年第 4 期。
③ 李涛：《重新理解乡村教师的社会地位》，《中国教育报》2015 年 12 月 11 日。
④ 王平仲、余绍龙：《农村学校青年教师队伍建设迫在眉睫》，《中国教育学刊》2015 年第 5 期。

级"和"省级"两类。2015年6月1日,由国务院办公厅出台的"乡村教师支持计划"是"国家级"支持计划,它对全国各地区"乡村教师支持计划"的制定和出台起着重要的引导和示范作用。截至2016年1月25日,全国31个省、自治区、直辖市和新疆建设兵团相继出台了本地区的"乡村教师支持计划",即为"省级"乡村教师政策。

表7-1 "国家级"与甘肃省"乡村教师支持计划"的措施对照

序号	"国家版"支持计划的八项措施	甘肃省支持计划的十项措施
1	提高乡村教师的政治素质和师德水平	严格践行教师职业道德规范
2	提高乡村教师生活待遇	大力提高乡村教师各项待遇
3	全面提升乡村教师能力素质	全面提升乡村教师能力素质
4	职称(职务)评聘向乡村学校倾斜	稳步推进乡村教师职称制度改革
5	统一城乡教职工编制标准	重新核定乡村教师岗位编制
6	拓展乡村教师补充渠道	有效拓展乡村教师补充渠道
7	推动城镇优秀教师向乡村学校流动	有序推动城乡教师合理流动
8	建立乡村教师荣誉制度	逐级建立乡村教师荣誉制度
9	—	切实改善乡村教师工作生活条件
10	—	加强乡村学前教师队伍建设

"国家"支持计划可简要概括为师德水平、生活待遇、能力素质、职称评聘、编制标准、补充渠道、交流制度和荣誉制度八个方面。与"国家"政策相比,甘肃省出台的乡村教师政策更强调教师工作生活条件的改善和学前教师队伍的建设。甘肃省"乡村教师支持计划"的政策措施文本可以分解为工资待遇、工作生活、能力素质等十个方面。

表7-2 甘肃省"乡村教师支持计划"主要措施分解

待遇方面	(1)对58个集中连片特困区、17个插花型贫困县的乡村中小学教师每月发放不低于300元的生活补助 (2)提高班主任待遇,每人每月不低于300元 (3)视教师与学校距离发放交通补贴 (4)每年组织乡村教师体检1次

续表

工作生活方面	（1）每个乡建一所乡村教师活动中心，设心理健康室 （2）为教师提供信息化设备 （3）每所学校建一所食堂 （4）修建集办公、住宿于一体的周转宿舍
能力素质方面	（1）2020年之前对全体乡村教师、校长进行360学时的培训
职称方面	（1）职称评聘向乡村教师倾斜 （2）中小学教师职称统一为初级、中级和高级 （3）晋升高级职称时，对外语、论文不做刚性要求
职业道德方面	（1）建立健全乡村教师政治理论学习制度 （2）加强乡村教师队伍党建工作 （3）强化师德教育
补充渠道方面	（1）建立乡村教师补充机制 （2）扩大特岗计划范围 （3）培养小学全科和中学一专多能教师 （4）返聘退休特级、高级教师 （5）定向培养
编制方面	（1）统一城乡编制标准 （2）政府通过购买服务解决工勤人员配备问题 （3）逐步解决代课教师问题
教师流动方面	（1）推行学区走教制度 （2）加强轮岗交流
荣誉制度方面	（1）在乡村学校从教20年以上的教师获得省级表彰，10年以上的获得县级表彰
学前教师方面	（1）构建高质量的幼儿园教师队伍

实现乡村教师"下得去"目标的直接措施是拓展乡村教师补充渠道和推动城乡教师合理流动。使乡村教师"留得住"目标的直接措施是提高乡村教师的待遇，改善乡村教师的工作生活条件，核定乡村教师岗位编制，推进乡村教师职称制度改革，逐级建立乡村教师荣誉制度。使乡村教师"教得好"的直接措施是严格践行教师职业道德规范，着力加强乡村学前教师队伍建设，全面提升乡村教师能力素质。其中让乡村教师"留得住"的措施也是使乡村教师"下得去"和"留得住"的基础保障措施。基础保障措施能够为乡村教师"下

得去"和"教得好"提供重要的物质支持和生活保障。

乡村教师的工资待遇、工作生活条件、职称评聘更多地与经济要素相关，经济基础决定上层建筑，作为物质基础的政策措施有利于乡村教师安居乐业，对乡村教师师德水平的提高、专业能力的发展具有重要的支持作用，也有利于提高乡村教师社会经济地位。能力素质是制约乡村教师各方面发展的关键要素，能力素质的高低在很大程度上影响乡村教师的社会声誉和社会文化地位。

本章从乡村教师的视角出发，调查了乡村教师较为关心并能够切身感受到的政策支持。工资待遇、工作生活条件、职称评聘和能力素质四个方面与乡村教师自身的工作生活密切相关。而乡村教师的补充渠道、交流制度、学前教师队伍的建设等更多的是从国家的角度，从乡村教师的集体来解决乡村教育所面临的问题，这些措施与乡村教师个人的切身利益非直接相关。本章主要从工资待遇、工作生活条件、职称评聘和能力素质四个方面，从乡村教师的角度调查这些政策措施的实施情况、实施效果及乡村教师的切身感受。

第二节　研究方法

一　问卷调查法

本章从乡村教师这一集体的视角来考察"乡村教师支持计划"的实施过程和效果，采用了问卷调查法，以及当面集中填答的方式。

（一）问卷的编制

"乡村教师调查问卷"在编制过程中，笔者与乡村教师进行了较为深入的访谈，了解了乡村教师的基本情况及甘肃省"乡村教师支持计划"的实施情况，在此基础上编制和调整了调查问卷。在编制问卷之后，将初稿送给有关领域专家、研究人员，并与他们进行沟通交流，请他们提出相关建议，并根据建议和意见对问卷题目进行了筛选和修订，提高了问卷的信度和效度。

本章问卷包括五个部分。第一部分是乡村教师的基本情况。第二部分是乡村教师对"乡村教师支持计划"的了解情况，包括对政策的了解程度、理解程度、认同程度等。第三部分是政策的具体实施情况，包括待遇、工作条件、生活条件、编制、职称、培训等。另外还调查了乡村教师对这些政策实施的感受。第四部分是乡村教师支持计划实施的效果及对乡村教师的支持作用。第五部分是开放题，主要调查乡村教师对政策的其他期望。

（二）调查对象

乡村教师对政策的感受最为直接和真切，我国大部分小学位于乡村地区，62%的小学和所有教学点分布在乡村。[①] 一般而言，与乡村中学相比，乡村小学的地理位置更为偏僻，教师的处境更为艰难。另外甘肃省尤其是贫困县的城市化处于全国较低水平，因此在乡村教师队伍中，小学阶段教师所占的比例较大，具有研究的代表性。

本章研究以 A 县乡村小学教师为调查对象。A 县位于甘肃中部，属于国家级贫困县。由于"乡村教师支持计划"遵照"越往基层，越是艰苦，地位待遇越高"的原则，因此地理位置越偏僻，待遇越高，政策实施的力度和范围具有重大差异。故本章采用分层随机抽样的方法，以到 A 县城的距离为标准选择所要调查的乡镇，在确定好所调查乡镇的基础上再选择村中心小学和村小的教师进行问卷调查。笔者调查了甘肃省 A 县 G 镇、S 镇、H 乡、X 镇四个乡镇，其中 G 镇距县城约 5 千米，S 镇距县城约 25 千米，H 乡距县城约 50 千米，X 乡距县城约 75 千米。笔者调查了由近及远的四个乡镇的 18 所乡村小学的教师。

在 18 所乡村学校中有乡中心小学 3 所，村小学 15 所，笔者共发放问卷 200 份，收回有效问卷 184 份，有效回收率 92%，问卷的回收率较高。其中乡中心小学教师 36 名，村小教师 148 名。

二 访谈法

笔者在文献分析和政策分析的基础上，编制了访谈提纲。主要从"乡村教师支持计划"的宣传状况、实施现状、实施效果、实施问题

[①] 董洪亮：《刘延东出席乡村教师队伍建设工作推进会 强调切实落实乡村教师支持计划》，《人民日报》2016 年 9 月 8 日第 4 版。

等方面对学区主任、校长、乡村教师等进行访谈。访谈对象主要是甘肃省 A 县两个乡镇的学区主任，18 所学校的校长、教务主任，各学校的乡村教师，获得了"乡村教师支持计划"的实施过程、实施效果等方面的信息，这为笔者分析某县政策的实施现状，论证乡村教师支持计划可能出现的问题及其原因提供了有力依据。

第三节　调查结果

一　"乡村教师支持计划"的宣传现状

政策宣传是政策执行的重要坏节，是确保政策目标实现的重要手段。[①] 因为它具有信息传播功能、行动引导功能、行为劝诫功能，会直接影响政策的有效执行。[②] 对于分配型政策，有利的宣传还可以极大地提高政策对象的激励水平。

（一）政策宣传方式

公共教育政策的宣传一般有两种渠道：一是正式渠道，包括媒体的宣传，政策报告，政策在组织内的层级传达等；二是非正式渠道，属于人际传播。[③] 甘肃省"乡村教师支持计划"的宣传渠道，既包括正式渠道，也包括非正式渠道。正式渠道既包括电视、广播、报纸等传统宣传方式，也包括网络新闻等新型方式。其中网络方式既有官方网站的宣传，包括教育部网站、甘肃省人民政府网站、甘肃省教育厅网站、新华网、人民网等的宣传，也有非官方网站的宣传，包括每日甘肃网、腾讯网、网易新闻网、甘肃省教育网、中新网、新浪网等。电视则有甘肃卫视的报道，报纸则有《兰州日报》《甘肃日报》《甘肃农民报》等。非正式传播渠道是教师之间、朋友亲戚之间的私下交

---

① 樊钉：《完善政策宣传机制的思考》，《华南理工大学学报》（社会科学版）2014 年第 2 期。
② 钱再见：《论政策执行中的政策宣传及其创新——基于政策工具视角的学理分析》，《甘肃行政学院学报》2010 年第 2 期。
③ 周向红、徐翔：《意见领袖：现阶段农村公共政策宣传的重要变量》，《同济大学学报》（社会科学版）2005 年第 1 期。

流。总而言之,"乡村教师支持计划"的宣传途径主要包括政府对公众的宣传和大众传媒对公众的宣传,而缺乏对政策对象的宣传。从表面分析来看,甘肃省"乡村教师支持计划"的宣传途径多样,宣传力度较大,但都属于公共性的大众宣传,其宣传对象是所有的社会集体,缺乏针对性。

政策的宣传方式也是乡村教师对政策的认知途径。乡村教师主要通过四种方式来了解"乡村教师支持计划"。需要说明的是,有的教师可能不只通过一种宣传方式来了解"支持计划",但笔者只探讨所了解的其中的一种主要方式。其中电视、报纸等宣传方式较为广泛,34.2%的乡村教师是通过这种方式来了解"乡村教师支持计划"的,传统的宣传方式仍具有重要地位。网络宣传具有极大的便利性和可接触性,占比也较大,但是效果不大。通过学校内部的通知、宣讲方式获得信息的教师比例较少。有研究表明,67.9%的乡村教师所在学校"未公示也未通知"[①]。表7-3中的"没有"是指对"支持计划"完全不了解或不太了解的教师,没有涉及哪一种宣传方式。一般而言,有针对性的学校通知、宣讲方式,其效果是最好的,但政策执行中往往忽视了基层有针对性的宣传,形成了政策宣传上的"真空地带",不利于政策效果的充分有效发挥。

表7-3　　　　乡村教师对"支持计划"的了解途径

了解途径	人数	百分比（%）
电视、广播、报纸宣传	63	34.2
网络新闻、教育网站	59	32.1
上级部门、学校的通知	33	17.9
同事亲戚朋友告知	20	10.9
没有	9	4.9
总计	184	100.0

① 桂勇、冯帮、万梦莹:《〈乡村教师支持计划（2015—2020年）〉政策认同度的调查与分析》,《教师教育论坛》2016年第5期。

(二) 政策的宣传效果

调查显示,在乡村教师眼中政府对"支持计划"的宣传效果平均值仅为 3.02,效果为"一般"。乡村教师得出的"一般"宣传效果,其实在一定程度上反映出政策宣传的力度不大,效果不佳。笔者通过与乡村教师访谈了解到"很多教师甚至都没听说过'乡村教师支持计划'这项政策,更不知具体的内容是什么"。即使有的教师对政策有所了解但大多只是有一个大体印象,对政策的具体内容还是不甚了解。表 7-4 显示了在此次调查中乡村教师对于"支持计划"宣传效果的直观感受。其中,有 31.5% 的乡村教师认为宣传不到位。有 39.1% 的乡村教师认为政策宣传"一般",只有 29.3% 的乡村教师认为政策的宣传"比较到位"和"非常到位"。

表 7-4　　乡村教师眼中"支持计划"的宣传效果

宣传状况	人数	百分比(%)
非常不到位	4	2.2
不太到位	54	29.3
一般	72	39.1
比较到位	44	23.9
非常到位	10	5.4
总计	184	

究其原因在于教育政策没有形成完善的宣传机制和外部运行环境。[①] 各级教育行政部门权责不清,政府部门在政策宣传方面出现了"缺位"的现象。解决方法在于理清各级教育行政部门的权责关系,既要做到限权,精准定位不同部门的宣传功能,又要放权,充分发挥基层教育部门(如学区)的主动性和灵活性,促使政策的宣传接地气、通民意。

[①] 樊钉:《完善政策宣传机制的思考》,《华南理工大学学报》(社会科学版) 2014 年第 2 期。

二 "乡村教师支持计划"的实施现状

(一)待遇方面

乡村教师补助是国家也是甘肃省"乡村教师支持计划"的重要内容并被纳入甘肃省2016年10件民生实事里。政策规定:"对于58个集中连片特困地区和17个插花型贫困县乡村中小学和幼儿园教师以每月不低于300元的标准发放生活补助。"H镇乡村教师的生活补助分为两个等级:第一等级是乡村教师在2016年7—8月每月领260元,9—12月每月能领335元;第二等级是乡村教师在2016年7—8月每月能领200元,9—12月每月上升到275元。可见,乡村教师生活补助的具体执行是一个不断提升的过程,但在政策实施过程中还没有完全达到"不低于300元"的承诺。甘肃省另外一个非常重视教育的国家级贫困县的乡村教师生活补助普遍高于300元,乡村教师的生活补助分三档,分别是307元、337元和367元。另外,调查问卷的数据显示,乡村教师补助数额较为多样,如有50元、100元,在乡村教师的认知上有的教师将乡村教师补助理解为艰边补贴或乡镇工作津贴,有的教师甚至还不知道有乡村教师补助这回事。这也凸显出政策宣传的重要性,虽然对乡村教师采取了各种激励手段,但乡村教师却不知情,很难达到激励的效果,也不利于政策目标的达成。笔者调查了166位乡村教师对发放的生活补助的满意程度,得出的平均值为2.99,即乡村教师对教师补贴的满意程度为"一般",并没有达到"比较满意"的程度。

工资收入相比生活补助、班主任津贴更具有综合性。在工资收入方面,笔者借用了学区提供的数据。以G镇和H镇的教师工资收入作为研究对象。之所以选择这两个乡镇的乡村教师作为研究对象,是因为G镇属于城关镇,城关镇的教师不属于"乡村教师支持计划"的政策对象,且G镇乡村学校的位置临近县城,交通较为便利,条件较为优越。故将G镇的教师作为对照组。而H镇距离县城50千米,地理位置较为偏僻,经济较为落后,条件较为艰苦,属于"乡村教师支持计划"的重点关注对象。应发工资是指乡村教师所获得的总的薪资报酬,一般指平常所说的"月薪"。笔者调查了 G 镇 105 位乡村教师的应发工资,根据数据得出 A 县 G 镇乡村教师的应发工资,最低为 5118 元,最高为 9291 元,平均应发工资为 6364 元。这些数字大大突破了人们以前对乡村教师待遇的理解,有研究表明,2014 年甘肃省乡村教师月平均工资仅为 2979.8 元。① 由此可见,乡村教师的工资收入得到了大幅度的提高。按照"越往基层,待遇越高"的原则及补偿性工资差别理论,H 镇乡村教师的工资收入应该高于 G 镇的乡村教师。笔者调查了黄花滩镇 176 位乡村教师 2016 年 7—12 月的半年工资表,所得出的数据更具代表性。通过统计得出,H 镇乡村教师 6 个月的平均应发工资最低为 5031.8 元,最高为 10041.2 元,6 个月平均应发工资达到了 6998.8 元。虽然 H 镇教师的应发工资起点相对而言低一些,但就平均应发工资而言,H 镇乡村教师的工资比 G 镇乡村教师的工资高 634.8 元,由此可见政策实施得较为合理。

(二)工作生活条件方面

教师的工作条件得到了改善,学校为教师配备了信息化设备。信息技术的迅速发展推动了世界的经济、文化模式的变迁,改变了人们的消费、学习和生活方式。乡村教育要想获得信息技术所带来的红利,首先必须为乡村教师配备必要的信息化设备。调查显示,33.2%的乡村教师拥有学校配备的台式电脑,仅有 9% 的乡村教师拥有笔记本电脑。61.9% 的乡村教师没有学校配备的任何信息化设备。虽然大部分乡村教师没有学校配备的信息化设备,但乡村学校实施的"班班通"项目已基本完成。"班班通"是指班级具备了一种软硬件条件,即课堂能够与外界进行互通互联,获取与利用信息化资源,并能显示终端信息,有利于实现信息技术与日常教学的有效整合,促进教师教学方式和学生学习方式的变革。② 笔者在所调查的 18 所学校中发现,每所学校的班级都配备了"电子白板"。电子白板要想发挥应有作用

---

① 刘文华:《西北农村教师生存境况的调查及思考》,《北京科技大学学报》(社会科学版)2016 年第 2 期。

② 刘志波、齐媛:《班班通:从校园信息化建设走向课堂信息化应用》,《中国电化教育》2010 年第 8 期。

还需要教师的有效利用。笔者在访谈中了解到，很多年岁大的教师在上课时不会使用电子白板，还是用传统的方式上课，这就使设备闲置起来，浪费了资源。因此为了使电子白板发挥作用还要加强对教师信息化方面的培训。网络速度的快慢决定了课堂与外界信息交流的效率，进而影响教师教学的效率和学生学习的效率。因此，笔者专门调查了乡村教师对学校网络速度的看法。调查显示，仅有17.3%的乡村教师认为学校网络"比较快"和"非常快"。81.5%的教师认为学校网络的速度"一般"和"比较慢"。由于乡村学校限于地理位置的原因，网络的速度不是很快，还有待于提高。网络设备的普及一方面给教育的发展带来了契机，另一方面也给教师的专业发展提供了新的途径。如有很多教师利用信息通信软件进行集体备课，交流学习等，丰富了教师的工作内容。

乡村教师生活条件的改善不显著。甘肃"乡村教师支持计划"在改善乡村教师的生活条件方面主要有以下三项措施。一是在每个乡建一所乡村教师活动中心，设立教师心理健康教育室，为教师身心健康提供服务；二是为每所乡村学校建一所食堂；三是为乡村教师修建集办公、住宿于一体的周转宿舍。乡村教师活动中心内设心理健康咨询室，对于乡村教师的工作、学习、娱乐，保持身心的健康具有重要意义，但乡村教师活动中心尚未修建完工。在与乡村教师的访谈中，一位教师说："乡村教师的生活太单调，每天晚上要备课，批改作业。在闲暇的时间无事可做，因此需要一些娱乐性的活动，如体育活动（打篮球、乒乓球）来放松身心。"乡村教师工作比较繁忙，但休闲时间里的文化生活、业余生活较为贫乏，不利于乡村教师的身心发展，因此乡村教师活动中心的建立对于丰富乡村教师业余生活，加强教师间的沟通交流，填补精神空虚具有重要作用。研究表明，有超过一半的教师住在城市，但乡村教师的一日三餐到底是在哪里解决的呢？如果乡村教师回到家里吃饭，那么教师食堂就没有存在的必要性。如果乡村教师在学校吃饭，那么学校食堂的重要性就不言而喻了。因此笔者专门调查了乡村教师的午餐和晚餐的就餐地点情况。在乡村教师中，有77.2%的教师的午餐是在学校解决的，仅有21.7%

的乡村教师是在家里解决的。另外，37%的乡村教师的晚餐是在学校吃的，可见教师在学校就餐的比例很大，乡村学校食堂的建设非常有必要。笔者所调查的18所学校都修建了或大或小的食堂，并且每个食堂都配备了一位或两位炊事阿姨。乡村学校的食堂具有双重功能，早上负责为学生制作营养早餐，中午、晚上负责为乡村教师准备午餐和晚餐。其中，炊事员的工资待遇由政府解决，这也是甘肃省"乡村教师支持计划"的重要措施之一——"通过政府购买服务的方式来解决乡村中小学校和幼儿园炊事员等工勤人员配备问题"。笔者在调查期间，在两所乡村学校里吃了两顿午餐。一般来说，乡村学校食堂的饭菜没有统一的标准，比较简单，通常就是家常便饭，饭菜的品种比较少。

虽然有61.4%的乡村教师晚上住在自己家里，但77.2%的乡村教师是在学校吃午餐的，也就是说在午餐之后，这些教师是需要在学校进行午休的。因此为乡村教师修建集办公、住宿于一体的周转宿舍非常具有必要性。调查发现，几乎所有的教师都拥有周转宿舍。有的学校的周转宿舍是两位教师合用的，有的则是单人单间宿舍。每个周转宿舍都有统一配备的大火炉，既可以用来烧水，也可以取暖。其中取暖费由政府发放，H镇中心学区教师的工资单显示，每位乡村教师的"烤火费"最少为1750元，在很大程度上解决了乡村学校的取暖问题。

(三) 教师培训方面

提升乡村教师的能力和素质是甘肃省"乡村教师支持计划"的重要内容，政策规定从2015年起，"国培计划"集中支持乡村教师培训，从2016年起，增加"省培计划"的经费以倾斜支持乡村教师培训。乡村教师培训的形式包括网络研修、校本研修、送培下乡等。笔者调查了2016年A县乡村教师参加教师培训的情况。2016年参加一次以上教师培训的乡村教师比例为81.5%，教师参加培训的比例较大。由此可见，甘肃省"乡村教师支持计划"在教师培训方面贯彻得很好，执行力度很大。其中参加1—2次培训的教师比例最大，仍有18.5%的乡村教师没有参加教师培训。笔者在与教师访谈中了解到，很多教师参加培训的方式是网络研修，参加面对面培训的教师的比例不大。此前的研究也表明，乡村教师出外培训的机会较少，培训的层次也较低。①

（四）职称改革方面

职称评聘事关广大教师的切身利益，是教师最为关心的事项。②职称既具有物质激励的特点也具有精神性激励的特点，合理的职称评定能充分调动乡村小学教师的积极性，提高整个乡村教师队伍的素质，促进乡村基础教育事业的发展。职称的上升是对教师教育教学综合能力的认可，是教师个人价值的体现，是教师荣誉的获得，代表着教师收入的增加，社会地位的提高，身份特征的显露，个人幸福指数的上升，能够提高教师后续工作的积极性。③甘肃省"乡村教师支持计划"提出"职称评定要加大向乡村教师倾斜"，乡村教师在评职称时"达到初级和中级职称晋升年限的，经师德和课堂教学能力测试后可直接认定相应职称"，而高级职称的评定对外语成绩、论文不做硬性要求。虽然政策措施比较合理，但职称评定政策在具体实施中是否达到了激励的作用还需要进一步研究。笔者首先调查了乡村教师对职称评定的态度。

调查显示，有60.3%的乡村教师认为职称评定"非常不公平"和"不太公平"，认为"比较公平"和"非常公平"的乡村教师仅占13.6%。因此当前的乡村教师职称评定程序还存在问题。在访谈中，有教师说道：

> 小学教师高级职称的名额非常少，但有资格评聘高级职称的教师非常多，高级职称的竞争非常激烈，而且要求多。另外职称

---

① 贾秉权、周晔：《西北H县农村小学教师对培训方式等需求之调查研究》，《中小学教师培训》2015年第5期。

② 徐友礼：《山东潍坊：问题导向的中小学教师职称制度改革探索》，《中小学管理》2016年第2期。

③ 张宝灵：《教育政策执行偏差对目标群体影响的研究——以中小学职称评审政策执行为例》，《教育学术月刊》2010年第7期。

评定还存在一定的公平问题，职称评定一定要公平。有的时候如果符合条件的有两个教师，一起评小学高级职称，一个教师兢兢业业，工作认真，但就是"不聪明"，不会来事，而另一个教师平常也不怎么上课，但与领导关系好，逢年过节送点礼物，到时只有一个指标，肯定会选那个和领导关系好的。

由此可知，小学高级职称的评定最为困难，笔者在调查过程中发现，很多快退休的老教师还没有评上高级职称。高级职称分配的名额数量在很大程度上制约着职称评定所发挥的作用，职称评定名额少，又加上评定程序存在一定的问题，极大地损害了乡村教师的工作积极性。笔者还调查了乡村教师对职称评定名额的看法。88%的乡村教师认为，职称评定的名额"非常少"和"比较少"。可见教师的职称评定名额确实过少。在与一位乡村教师的访谈中，他说："教师高级职称的名额特别少，一个乡一年只分配三四个名额，而符合条件的教师有上百个，另外，高级职称的评定还需要计算机证书，很多岁数大的教师很难再考过计算机证了，就没有机会晋升高级职称了。"由此可知职称评定向乡村教师倾斜的名额不多，力度不大。

三 "乡村教师支持计划"的实施效果

（一）乡村教师待遇得到了一定程度的提高

"乡村教师支持计划"实施后，乡村教师的待遇是否得到了提高？得到了什么程度的提高？乡村教师是最直接的感受者，我们应当听听乡村教师的声音。总体而言，乡村教师认为，政策实施后其待遇提高程度的平均值为2.43，即介于"小幅提高"和"大幅提高"之间。其中，有92.4%的乡村教师认为，"支持计划"实施后他们的待遇得到了不同程度的提高，仅有7.6%的乡村教师认为，他们的待遇没有任何提高。教师待遇的提高与否只有经过比较才能了解得更清晰，才能更具说服力。根据公平激励理论，教师的激励程度取决于他们与参照对象的报酬和投入比例主观比较的感觉。乡村教师与当地村民处于同一时空，工作、生活联系密切，因此乡村教师比较容易将村民作为参照对象。因此在收入方面,通过与当地村民的收入对比发现,均值为 3.42,有 51.1% 的乡村教师认为,他们的收入"稍微高于"或"明显高于"当地村民,认为"基本持平"的占 36.4%。12.5% 的乡村教师认为他们的收入"明显低于"或"稍微低于"当地村民。总之,大部分乡村教师认为他们的收入高于村民的收入。为了调查一些乡村教师认为他们的收入低于当地村民收入的原因,笔者与一些乡村教师进行了访谈。一位年轻的教师说:"现在的农村人都富起来了,很多人都去大城市打工,有的打工一年能赚个十来万,我们跟他们实在比不了。"当前城乡人口的流动性较大,农村的"空巢化"现象较为严重;伴随着中国经济的快速发展,一大批人享受到了国家经济发展的红利,这也促使人们更多地追求物质的获得与享受。在这种大的社会背景下,很多乡村教师就会不自觉地把他们的收入与城镇中较为"成功"的农民工做比较。在这种比较下,乡村教师的收入高低自然立现。甘肃省"乡村教师支持计划"提出,"要使乡村教师待遇总体上高于县城教师",那么政策实施了一年,乡村教师的待遇到底如何?是否高于县城教师?这还需要由乡村教师来回答。另外,根据公平激励理论,乡村小学教师容易与城市小学教师做比较,如果高于城市教师则激励程度较高。根据补偿性工资差别理论,乡村较城市条件更为艰苦,只有乡村教师的待遇高于同级别的城市教师,才能使乡村教师坚守乡村教育阵地。因此笔者专门调查了在乡村教师眼中他们与县城教师的待遇对比情况。有 45.7% 的乡村教师认为,他们的待遇"稍微高于"或"明显高于"县城教师,有 33.2% 的乡村教师认为,他们的待遇与县城教师的待遇"基本持平"。仅有 21.2% 的乡村教师认为,他们的待遇"明显低于"或"稍微低于"县城教师。总之,大部分乡村教师认为他们的待遇高于县城教师。

(二)对乡村教师职业吸引力的提升作用不强

甘肃"乡村教师支持计划"实施了一年,为了解乡村教师职业吸引力的大小,调查问卷中特地设置了这样一个问题,即"如果有机会的话你愿意去城市学校教书吗?"调查显示:有 57.6% 的乡村教师"比较愿意"和"非常愿意"到城市学校任教,仅有 19% 的乡村教师

"不太愿意"和"非常不愿意"到城市任教。乡村教师去城市教书的意愿平均值为3.61，趋向于"比较愿意"到城市教书。虽然"乡村教师支持计划"实施了将近一年的时间，教师的待遇、工作生活条件等得到了一定程度的改善，但总体而言乡村教师的离职意愿还比较高。乡村教师的留任意愿较低，那么到底是哪些教师的离职意愿较高，还需要做细化分析。首先从性别上看，乡村女教师比乡村男教师更愿意去城市教书，并且达到了显著性的水平。乡村女教师的留任意愿更低，可能是与乡村女教师要照顾孩子有关。

为了进一步说明乡村教师的留任意愿或离职意愿与年龄的关系，笔者分析了乡村教师年龄段与离职意愿的关系。在"比较愿意"和"非常愿意"去城市教书的教师中，28—37岁这一年龄段的教师比例分别达到了48.2%和60.4%。可见，"80后"乡村教师的离职意愿最强。但"80后"教师年富力强，已达到成熟教师的程度，属于乡村教师中的"中流砥柱"，如果这些人流失严重则会对乡村教育带来不可估计的损失。总而言之，政策的实施并没有彻底改变乡村教师的离职意愿，乡村教师的职业吸引力还未得到大幅提高。

（三）教师培训效果不佳

培训效果的好坏是教师培训最关心的议题，培训效果的好坏直接影响乡村教师的专业发展。笔者调查了2016年参加过培训的教师的整体感受。在剔除了2016年没有参加培训的34名教师后，共调查了150名乡村教师对培训效果的整体感受。乡村教师培训效果的平均值为2.93，也就是乡村教师培训的效果趋向于"一般"，对乡村教师的帮助不是很大。其中认为对自己"帮助比较大"和"帮助非常大"的教师比例为33.3%，认为"没有帮助""有点帮助"和"一般"的教师比例为66.7%。培训效果的低下可能与教师培训的方式有关。研究表明，有64%的乡村教师更希望面对面的培训。[①] 教师培训的效果问题一直是教师培训亟待解决的重要问题。一些乡村教师反映"网

---

① 贾秉权、周晔：《西北H县农村小学教师对培训方式等需求之调查研究》，《中小学教师培训》2015年第5期。

络研修的效果不显著，平时教师比较忙，批改作业，应付上面的检查，又要抓学生的成绩，根本没有时间，即使有时间也只是一种应付。而面对面的培训往往缺乏针对性，理论性太强，培训内容根本就应用不到课堂中来。

第四节 政策实施效果不佳的原因分析

一 大众性的政策宣传效果不佳

政策宣传是政策实施中的重要一环，在政策执行过程中发挥着重要作用。[①] 政策宣传在政策实施中的作用主要表现为有利于提高政策执行者、政策对象对政策的认同感，有利于构建政策执行的社会舆论监督体系，有利于促进政策的顺利实施。调查发现，"支持计划"对政策对象的宣传不到位，主要表现为大众性的政策宣传效果不佳，基层的政策宣传缺位。

目前，中国学界对政策宣传方面的研究不多，对教育政策宣传的研究则更少，政策宣传是政策实施中的薄弱环节。中国的政策宣传或传播有三条路径即政府部门内部的传播，大众传媒对公众的传播，政府对公众的直接传播。当前我国政策宣传的主流是政策的大众性传播（如互联网、电视等的传播和高层级的政府宣传），但这种宣传是一种"粗放型"的宣传，对乡村教师的宣传效果不好。这种"粗放型"的宣传主要表现在以下几个方面：

第一，政策的宣传内容具有粗略性。很多媒体中介对教育政策进行粗线条式地传播，截取具有"爆炸性""哗众性"的信息，如"让乡村教师每月增加500元到1000元收入"，而忽略或无视对于切实改变乡村教师精神生活的信息，如"乡村教师活动中心"的建设。这就导致了政策信息的不全面，容易使人们陷入"以偏概全"的错误认识中。一旦政策在实施中没有达到这一特定目标，便降低了政策本

---

① 徐婧：《政策执行中的政策宣传研究述评》，《长江大学学报》（社会科学版）2011年第7期。

身的可信度和权威性。

第二,政策的宣传方式具有随意性。网络、媒体、电视新闻等媒介的传播,虽然摆脱了时空的限制,在很大程度上节约了成本,最大限度地将政策信息扩散到每个人所能接触到的范围,但这种宣传方式没有针对性,并不是每个人都会积极主动地获取这些信息,所以这往往会造成政策的利益相关者对政策"一知半解"甚至"一无所知"。另外,多种传媒平台泛滥式地进行政策宣传,过量的政策信息导致了信息的泛滥,冲击着社会大众,尤其是乡村教师时间和精力有限,导致他们对获得的信息不能进行有效地组织和利用。

第三,政策的宣传主体具有"无责性"。政策的宣传主体与政策的责任主体是相互分离的,规避了各自的责任。宣传部门只负责宣传,而对政策宣传的内容没有任何"承诺",不负任何"兑现"的责任。基层的政策实施者大多只负责实施,不宣传实施的时间、内容和目标,故他们无承诺,更无兑现的责任。政策如果没有落实到位,政策的宣传主体和政策的责任主体则会推卸责任,相互扯皮。一般而言政策具有较高的权威性,而政策宣传则具有随意性和无责性,这就大大降低了政策的权威性和公信力。大众性的政策宣传使乡村教师对教育政策形成了"不良"的刻板印象。他们一般会认为"政策的宣传只是'花架子'或'空头支票'",即政策宣传主体将政策宣传得很完美,面面俱到,非常科学,但他们不是与乡村教师利益密切相关的政策实施者,对政策能否落实到位,甚至政策能否执行,还持有很大的怀疑态度,所以大众性的政策宣传和高层级的政府宣传不能起到振奋人心的作用,切实发生在乡村教师身边的政策执行才是"真功夫"。

第四,政策的宣传模式具有单向性。我国官方的政策宣传大多采用自上而下的传播方式。政策通过会议、文件、命令、报告的形式层层传播到省市县乡每一行政层级,缺乏必要的反馈渠道,反馈信息很难实现逆向传播。而非官方的大众性传播只是将政策作为新闻的形式向社会大众传播,也没有信息反馈的路径,信息很难传达,即使传达到传播媒介,所发挥的作用也非常有限。因此直线性的政策宣传模式导致政策对象不能传达他们的观点和看法,政策也失去了调整和回旋的余地。

二 基层的教育政策宣传缺位

在访谈中笔者了解到，一些乡村教师虽然知晓校园中正在发生的巨大变化，如教室中安装的电子白板，修建的教师周转宿舍和食堂，每月增加的收入等，但当问到"乡村教师支持计划"的具体内容的时候，他们却"一脸茫然"，一副毫不知情的样子。有的乡村教师则对"乡村教师支持计划"的内容非常了解，但与正在实施的这些政策却联系不到一起，不知道正在实施的就是"乡村教师支持计划"的内容。所以教育政策宣传的关键问题在于基层的政策宣传缺失。

基层的政策宣传是政策对象获得政策信息最为高效的方式，能够向政策对象进行专门性的宣传和细节性宣传，更有利于乡村教师了解政策的实施现状和未来图景。立普斯基认为："基层行政人员是指在实施政策时与政策对象直接打交道的，拥有自由裁量权的人员。"[①]就教育政策而言，与乡村教师直接打交道的教育基层部门包括县、乡（镇）一级的教育部门，包括县教育局、乡镇的学区，而基层行政人员则包括县教育局长、财务科长、人事科长等，学区有主任、会计、干事等。然而基层的政策宣传却没有特定的部门和人员负责，基层的政策宣传主体存在缺失。如果一项政策涉及多个部门如财政、编制、教育、司法等，如果没有专门的基层宣传部门，则会导致政策对象对政策的实施产生混乱的印象。虽然感受到政策的措施，但在认知上却与政策产生了"隔离"。

三 提高教师待遇的措施落实不全面

政策实施是政策过程中的实践环节，政策实施的成败直接决定着政策效益和价值的实现。[②] 笔者所调查的"乡村教师支持计划"中乡

---

① Michael Lipsky, *Street-level Bureaucracy*: *Dilemmas of the Individual in Public Services*, New York: Russell Sage Foundation, 1980, pp. 3–10.

② 陈跃：《公共政策学》，西南师范大学出版社2015年版，第132页。

村教师待遇、工作生活条件、职称改革三个方面都存在一定程度地实施不充分的情况，反映了政策执行存在着偏差，如选择性执行、照搬式执行、象征性执行等。

在"乡村教师支持计划"中，提高乡村教师待遇的措施主要包括发放乡村教师补贴，班主任津贴，发放交通补助，为教师缴纳住房公积金和各项社会保险，每年组织乡村教师进行一次体检五个方面。笔者在调查过程中了解到除乡村教师补贴、住房公积金和各项社会保险得到了切实执行之外，班主任津贴、交通补助和体检尚未得到有效执行，"乡村教师支持计划"存在"选择性"执行的倾向。

首先，班主任津贴还未实施，乡村教师的班主任津贴仍然保持在每月15元的水平上，大大低于当前的正常收入水平和物价水平，极大地挫伤了班主任工作的积极性和主动性。过低的班主任津贴与班主任的工作量不成正比，没有任何激励作用，班主任成为很多乡村教师逃避和不愿意担任的岗位。

其次，乡村教师的交通补助实施不到位，主要表现为交通补助的发放比例较少，发放标准存在一定问题。在所调查的教师中，46.2%的乡村教师没有发放交通补助，而在发放交通补助的教师中，95%的教师的交通补助每月为50元。很多教师反映，发放的交通补助数额较少，并且发放的时间不固定，有的时候半年发一次，有的时候几个月发一次。

最后，乡村教师未接受体检和医疗服务。"乡村教师支持计划"明确规定："每年组织乡村教师进行一次体检，偏远地区组织专家下乡巡诊。"但在笔者所调查的四个乡镇中，所有的乡村教师都没有接受过学校组织的体检。在教师访谈中，一位教师说："乡村教师面临着较多的健康问题，体检对于教师来说非常有必要，但现在还没有实施，真希望能尽快地落实体检措施。"乡村教师对他们的身体健康非常关心，对体检政策有着较高的期望。

四 改善教师工作生活条件的精细化程度不够

"乡村教师支持计划"在改善乡村教师工作生活条件方面较为多

样，包括教师工作的信息化、周转宿舍、食堂、取暖等涉及乡村教师工作生活的方方面面。但是政策在具体实施过程中完全按照政策文本执行，将政策执行的原则性和灵活性分离，在政策实施中存在着严重的"照搬式"执行和"选择式"执行倾向。

学校食堂为教师提供的饭菜较为简单，不能为教师提供足够的营养，也不利于改善乡村教师的生活条件。笔者所调查的乡村学校基本上都有一个食堂，并且每个食堂都配有一名或两名炊事员。食堂既为学生提供营养早餐，也为教师提供饭菜。但食堂为教师所提供的饭菜较为简单，并且没有统一的细化标准，有的学校只提供一份菜和面条，而有的学校则提供几个菜和馒头。营养丰富的饭菜是保证乡村教师身体健康，工作顺利开展的重要基础，虽然修建食堂是"乡村教师支持计划"的重要内容，但在食堂提供的主食、菜类等方面没有具体的政策规定，基层的政策执行者没有按照政策所传达的思想和价值观念进行执行，没有充分利用自由裁量权，发挥政策执行的灵活性，政策执行偏向简单化。

乡村教师活动中心尚未修建。乡村教师活动中心是丰富教师生活，为乡村教师提供心理服务，提高乡村教师身心健康的重要场所。但乡村教师活动中心的建设似乎在"乡村教师支持计划"中处于边缘化的地位，基层执行者选择性地执行了政策规定的重要内容，而没有执行政策规定中的细节。笔者所调查的四个乡镇中没有一个乡镇正在建设或已经修建成乡村教师活动中心。根据补偿性工资差别理论，在城乡教师工作晋升渠道、环境、待遇有着巨大差异的背景下，切实改善乡村教师的身心健康状况，是保持乡村教师队伍稳定的重要保障。

五 政策资源有限阻碍政策的有效实施

教育政策的本质就是在社会范围内进行教育利益的分配。[①] 政

---

① 周佳：《教育政策执行研究——以进城就业农民工子女义务教育政策执行为例》，教育科学出版社2007年版，第54页。

资源是影响政策实施的关键因素，教育政策资源的多寡直接影响政策实施的效率和深度。甘肃省作为西部经济欠发达省份，财政资源有限，分配给教育的资源更为有限。尤其是58个集中连片特困县和17个插花型贫困县，其财政收入较为有限，对于教育政策实施的人力、物力等的支出捉襟见肘，往往不能将政策落实一步到位。例如乡村教师生活补助的发放，在"乡村教师支持计划"实施初期，甘肃省某镇乡村教师的补助只有260元，到后来涨到了335元。另外，该县乡村教师的班主任津贴仍停留在每月15元的水平上，未达到每月300元的标准，这与当地的财政情况密切相关。虽然甘肃省"乡村教师支持计划"的经费按照"中央奖补为主、省级统筹安排、市县适度配套"的原则来保障，但甘肃省及各市县本身的财政情况极大地限制了政策的有效实施。有乡村校长反映，"县里的财政资金实在有限，政策不可能一步到位，乡村教师补贴基本上三个月发一次，有的时候还发不了，只能过段时间再给教师们补上。"

匮乏的财政资源，迫使"支持计划"只能采取"折扣式""渐进式"的实施方式。在这种情况下，很多政策措施只能"象征性"地加以执行。如乡村教师交通补助，很多乡村学校教师的交通补助只在上级监督检查时，才给教师发放，如果没有检查则停止给教师发放。匮乏的政策资源还导致很多政策措施难以及时实施。如乡村教师活动中心、乡村教师心理健康活动室，在笔者所调查的四所乡镇都没有修建。

第八章　城市教师农村支教的内涵式发展研究

我国教育在区域之间、区域内城乡之间发展很不均衡，促进农村教育的发展成为实现我国教育公平的重要环节。为提升农村义务教育质量，实现城乡教育公平的目标，我国于1999年开始探索实施了城市教师农村支教活动。十年来，在理论研究成果和实践活动效果方面都缺少关于城市教师支教活动的深入探讨。根据农村义务教育均衡发展的必然要求和农村教师队伍建设的现实需要，结合自身教学经历，笔者展开了对城市教师农村支教活动的研究。通过对城市教师农村支教内涵式发展的构想，反思活动现状，试图回答下面问题：（1）不同利益相关者（支教教师、受援学校、受援学校教师和派出学校）对支教活动的态度是什么样的？什么原因导致他们存在这样的态度？（2）城市教师在受援学校中主要参与哪些活动？具体是如何参与的？（3）城市教师农村支教对支教教师、受援学校、受援学校教师和派出学校有什么样的影响？（4）如何使城市教师农村支教由外延式发展转向内涵式发展？研究城市教师农村支教活动，探讨活动相关利益者的态度、行为、影响，分析城市教师农村支教内涵式发展的现实需求和理论依据，提出城市教师农村支教内涵式发展的对策建议，能有效发展农村优质教师资源，改善教师队伍结构，促进县域内城乡义务教育的均衡发展。

第一节 文献综述

一 核心概念界定与分析

（一）支教

"支教"是指支持教育或者支援教育。支教是在我国社会发展特定时期的产物，主要是由于我国经济、社会、教育、教师资源发展等不平衡和教育经费的增长不足所形成的。① 支教具体所涉及的活动，从不同的角度可以有不同的区分。从支教范围来讲可分为广义、狭义的支教。广义的支教是指对于落后地区乡镇中小学教育教学的支援活动，支教资源来自外部，支教对象是农村落后地区，主要指中国西部农村地区，支援的资源包括师资和物资。狭义的支教主要指自1996年以来，由中央宣传部、中央文明办等部门联合实施的科技、文化、卫生下乡等专项活动，是针对落后地区乡镇中小学校的教育和教学管理工作进行支援的活动。② 从支教的形式来讲，分为政府政策性支教和非政府行为的支教。政府政策性支教包括："大学生志愿服务西部计划""三支一扶计划"、城镇教师支教制度等；非政府行为的支教有：以基金会为依托的支教行动如"西部阳光行动"，以社团为依托的支教行动如校内社团支教"大学生社团、学生会"、社会团体支教等。③ 从支教的人员身份来讲，分为大学生支教④、城市教师支教和退休人员支教等。本章讨论的支教在范围上属于狭义支教，在形式上属于政府组织的支教行为，在人员身份上属于城市教师的支教。

（二）城市教师农村支教

城市教师农村支教是众多支教形式中的一类，目前对之并没有统

---

① 巨立强：《教师下乡支教存在的问题与建议》，《现代教育科学》2011年第4期。
② 郭菊英：《县域义务教育均衡发展背景下推行支教制度对策探讨》，《当代教育理论与实践》2013年第1期。
③ 邬志辉：《2013中国农村教育评论 教育政策与教育公正》，北京师范大学出版社2013年版，第5—25页。
④ 李醒东：《支教模式分析：机制与限度》，《宁波大学学报》（教育科学版）2009年第3期。

一明确的定义，本章是指县域内城市学校以其优秀的教师资源对相对落后的农村学校进行支援的政策性活动。依据不同的研究角度，又可称为"城乡教师交流""城镇教师支援农村""教师支教"等。

教师交流指在一个县级行政区域内由政府主导，使义务教育阶段学校教师在同一地区或学校任教一段时间后，按照一定要求交流到其他地区或学校工作一定时间的过程①，与教师轮岗相似。教师轮岗是由县市、区级教育行政部门组织开展，以实现区域内校际师资的均衡配置为目标，为推进义务教育阶段教师在城镇学校和农村山区学校等之间有序、合理流动的制度。② 或是教育行政主管部门安排教师在一所学校连续任教几年后轮换或交流到其他学校任教。③ 城市教师农村支教与教师交流和教师轮岗相比，所涉及的教师范围不同，前者仅指城市教师，以优秀者居多，后者包括在同一所学校连续任教几年的所有城市和农村教师。此外，各类活动根据政策实施的刚性程度不同。有研究者将城市教师农村支教称为城乡教师交流，即城市教师和农村教师双向交流；部分研究者以《关于大力推进城镇教师支援农村教育工作的意见》④ 为基础，确定城镇教师支援农村教育为主题，但包含的内容和形式都过于宽泛；也有研究者将"城镇教师支援农村教育工作"简称为"教师支教"⑤。对比各类活动形式，本章以城市教师农村支教为主题，主要研究城市教师对农村学校的教学援助及援助效果。

（三）内涵式发展

"内涵"在《现代汉语词典》中被解释为：指一个概念所反映的事物的本质，即概念的内容；指内在的涵养。内涵指的是概念所揭示的事物的本质特征，即事物质的规定性，因此内涵式发展就是要抓住

---

① 陈美志：《义务教育学校教师交流政策选择研究》，学位论文，西南大学，2011年。
② 陈正华、范海燕：《教师轮岗制的问题与政策建议》，《教学与管理》2009年第34期。
③ 汪丞：《基础教育均衡发展视角下的中日中小学教师流动比较研究》，学位论文，华中师范大学，2006年。
④ 顾燕燕：《城市教师支援农村教育的问题及对策》，学位论文，上海师范大学，2010年。
⑤ 许发梅：《论城乡教师流动》，学位论文，华东师范大学，2009年。

事物的本质属性，注重"质"的发展，强调事物质量的提高，效益的增强。① 内涵是指事物本质属性的总和，强调了事物质的规定性，外延是指事物向外部的延伸，更侧重于事物量的规定性。内涵式发展强调结构优化、质量提高、实力增强，是一种相对的自然历史发展过程，发展更多的是出自内在需求，以事物的内部因素作为动力和资源的发展模式，发展形态主要表现为事物内在属性的发展，如规模适度、结构协调、资源配置率更高，追求规模、质量、结构与效益的统一。外延式发展强调数量增长、规模扩大、空间拓展，主要是适应外部的需求，表现为外形扩张。② 因此，内涵式发展是以内因为主导，在微观层面上具体到地方管理和执行人员，在原有基础上扩大再生产，强调具体操作人员在生产过程中挖掘潜力。

（四）城市教师农村支教的内涵式发展

城市教师农村支教的内涵式发展，即城市教师农村支教活动自身的内涵式发展，是指以发展农村优质教师资源为目标，被有效选派的城市教师与受援学校积极融合，增强自身发展的内生动力，进而带头开展学校教研活动。在城市教师农村支教的内涵式发展模式中，城市教师先进的教育教学理念得以传播，受援学校的教研活动和文化氛围得以活跃发展，农村教师队伍得以建设，农村教育质量得以提升，从而达到多方互利共赢的发展。在本章中，城市教师农村支教内涵式发展包含三个内容：一是支教人员的选派，支教人员的质量直接影响支教效果，涉及政策认知和选派机制两个要素；二是支教人员的教学活动，支教人员在受援学校能够有质量地完成教学活动是影响支教效果的关键因素，涉及激励措施和考核制度两个要素；三是支教人员的校本教研活动，支教人员能够在受援学校完成其教育教学工作的基础上，积极参与并领导受援学校的校本教研活动或影响文化氛围是支教效果趋于理想的重要影响因素，涉及学校文化。支教人员的选派、支

---

① 贾汐：《内涵发展视野下高校师德建设研究》，学位论文，西南石油大学，2013年。
② 熊超：《高等教育内涵式发展的现实依据及战略重点》，学位论文，湖南大学，2008年。

教人员的教学活动和支教人员的校本教研活动三个方面呈现单向阶梯式发展状态。

二 城市教师农村支教的相关研究

本章基于对城市教师农村支教活动定义的界定，为尽可能全面地获取文献资料，确定以与城市教师农村支教相关相近的"城乡教师流动""城乡教师交流""城市教师支教""城镇教师支援农村"等为关键词，检索结果显示，1999—2014年，关于"城乡教师交流"的文献有85篇；关于"城镇教师支援农村"的文献有33篇；关于"城乡教师流动"的文献有123篇；关于"城市教师支教"的文献有43篇。梳理检索结果发现，对城市教师农村支教的研究载体主要是报纸，其次为期刊。报纸研究的主要内容，一是介绍城市教师农村支教的相关政策，二是国家层面或各地区对这项政策的实施现状、成果、问题等，其中以成果报道居多。期刊研究主要内容，一是探讨城乡教师流动过程中的问题、原因和措施，二是从制度、社会、经济等不同角度阐述城乡教师流动的必然性。关于城市教师农村支教的论文2006年才开始出现，部分研究将城市教师农村支教作为促进城乡公平和建设农村教师队伍的一项对策提出，但没有展开深入探讨。本章的文献综述包括对城市教师农村支教的政策、模式和参与主体的研究以及对已有文献的反思。

（一）对城市教师农村支教政策的研究

1999年6月发布的《中共中央国务院关于深化教育改革全面推进素质教育的决定》首次提出："各地要制定政策，鼓励大中城市骨干教师到基础薄弱学校任教，中小城市（镇）学校教师以各种方式到农村缺编学校任教，加强农村与薄弱学校教师队伍建设。城镇中小学教师原则上要有一年以上在薄弱学校或农村学校任教经历，才可聘为高级教师职务。"[①] 文件强调农村教师队伍建设要从外部补充转向

---

① 《中共中央国务院关于深化教育改革全面推进素质教育的决定》，《高等农业教育》1999年第7期。

协调教师队伍的内部流动。自此,各地区陆续组织城市教师到农村支教的实践探索。2001年12月《中小学教师队伍建设"十五"计划》再次强调,"鼓励和组织城镇教师到农村学校或薄弱学校任教。有条件的地区,先通过试点,逐步实现教师交流定期化、制度化"①。由于城乡教师资源配置的严重不均衡,研究者放眼世界,借鉴了大量国外资源,其中对日本的"教师定期流动制"的研究最为突出,据此,"十五"计划提出了建立教师转任交流制度。2003年9月《国务院关于进一步加强农村教育工作的决定》明确提出,要建立城镇中小学教师到乡村任教服务制度,这表明城市教师农村支教逐渐走向制度化。《2003—2007年教育振兴行动计划》指出,要建立城镇中小学教师到乡村任教服务期制度。②2005年5月发布的《教育部关于进一步推进义务教育均衡发展的若干意见》也指出,要"采取各种有效措施,建立区域内骨干教师巡回授课、紧缺专业教师流动教学、城镇教师到农村学校任教服务期等制度"③。随着国家政策的发布,城市教师农村支教进一步制度化。2006年的《关于大力推进城镇教师支援农村教育工作的意见》详细阐述了关于支援农村教育的系列意见,明确指出了城市教师农村支教过程中的支教模式、经济保障、管理方式等问题④,表明城市教师农村支教有了制度保障。同年《中华人民共和国义务教育法》提出"组织校长、教师的培训和流动,加强对薄弱学校的建设"⑤,这标志着城市教师农村支教进入制度化阶段。此后,根据文件精神,各地区进一步加大推进城市教师支教农村活动,逐步完善关于城市教师农村支教相关制度,城市教师农村支教活动由初步

---

① 《中小学教师队伍建设"十五"计划》,《基础教育外语教学研究》2002年第7期。
② 《国务院批转教育部2003—2007年教育振兴行动计划的通知》,《中华人民共和国教育部公报》2004年第4期。
③ 《教育部关于进一步推进义务教育均衡发展的若干意见》,《中华人民共和国教育部公报》2005年第2期。
④ 《教育部关于大力推进城镇教师支援农村教育工作的意见》,《中华人民共和国教育部公报》2006年第2期。
⑤ 《中华人民共和国义务教育法》,《中华人民共和国全国人民代表大会常务委员会公报》2006年第6期。

探索走向了全面实施，研究者的焦点也由最初的构想和建议转向了实施效果。

(二) 对城市教师农村支教模式的研究

梳理文献发现，我国城市教师农村支教的模式大多借鉴于日本、韩国，如2001年的转任交流制度，借鉴了日本教师定期流动制度和中小学教师互换制度。2006年后，随着对城市教师农村支教实践探索的增多，我国城市教师农村支教的模式也竞相绽放。如"校对校"定期交流、骨干教师巡回授课、城镇教师到农村服务制度、城市教师农村支教制度、骨干教师对口支援制度等。表8-1是对城市教师农村支教模式的分析。

表8-1　　　　　　　城市教师农村支教模式分析

	日本	韩国	中国
名称	定期流动制	中小学教师互换制度	城市教师农村支教
实施时间	始于"二战"后初期	20世纪70年代	20世纪末
发展状态	20世纪60年代初趋于完善并沿用至今	趋于完善	发展中且类型多样
实施范围	公立基础学校（小学、初中、高中及特殊学校）	根据教师的居住地，道一级（相当于中国省一级行政区域），一般限定在90分钟车程以内。如果车程超出90分钟，道教育厅还会给予教师安家费	县（市、区）教育行政部门要根据本地实际，组织辖区内城镇中小学教师到农村中小学支教
实施集体	其实施纲要规定，首先，硬性条件：凡在一校连续任教10年以上和新任教师连续6年以上。其次，为解决定员超编而有必要流动的教师；在区、市、街道、村范围内的学校及学校之间，如因教师队伍结构不够合理而必须调整流动的教师。对不应该流动的教师也做了规定，即任教不满3年、57岁以上60岁未满、妊娠或产休假期间、长期缺勤的教师等（以东京为例）	中小学校长、校监和教师，一般为每隔2—4年。通常学校相关领导流动到哪所学校，需要考虑他们的教育经历、工作实绩、居住地、教育需要和个人意愿。其中，学校有办学特色的，教师具有特长并有工作实绩，校长需要其留任，教师可以提出申请，经道教育厅教育长批准可暂不流动；夫妻双方均为教育公务员，其中一方已经在艰苦地区工作，其配偶可不流动；父母、配偶及子女或者其自己精神身体有残疾也无须流动	原则上要求为城市学校中的优秀骨干教师、校长，实际上为城市各类教师

续表

	日本	韩国	中国
法律制度保障	1949年《国家公务员法》《教育公务员特例法》、1956年《关于地方教育行政组织及营运的法律》《行政不服审查法》等法规为日本实施这一措施提供了法律保障，其中明确规定日本中小学教师的身份是公务员，中小学教师的定期流动属于公务员的人事流动范畴，相应地就为教师定期流动中的问题提供了法律依据	1949年《教育法》、1953年《教育公务员法》、1963年《国家公务员法》《教育公务员人事管理规定》《教育公务员任用令》等法规规定，韩国教师的身份为终身制国家公务员，对教师的选拔、任用、工资、奖惩、流动等事项有具体规划和决策程序。1967年的《岛屿、偏僻地区教育振兴法》规定了对不同地区的学校给予优先研修机会并支付岛屿、偏僻地区津贴	1999年《中共中央国务院关于深化教育改革全面推进素质教育的决定》、2006年《关于大力推进城镇教师支援农村教育工作的意见》等文件，为探索建设农村教师队伍提供了指导方向和政策保障。但由于教师身份不明确，相应法规的不完善，致使支教活动的发展缓慢曲折
具体操作	每年11月上旬，县一级教育委员会发布教师定期流动的实施要旨。具体为全体教师填写调查表，包括流动的意向，最终由校长决定人选（充分尊重本人意愿并与之商谈后）并报上一级主管部门审核，最后由县（都道府）教育委员会教育长批准（校长则由教育长直接任命换岗，本人也可以提出申请）	中小学校长、校监和教师提交申请材料。每个教师可以向道教育厅提出四所自己希望流动的学校。道教育厅主要根据"教师流动分"（包括工作经历分、工作业绩分和特殊加分），同时考虑其居住地和个人意愿决定教师流动的学校	全国范围内没有统一规定。各地的实践探索，大部分为城市教师到偏远地区学校支教三个月、一学期或一年不等，多为一年制。根据支教类型不同，具体操作也不同，主要有：城市教师农村支教、骨干教师对口支援、特级教师巡回讲学制度

资料来源：彭新实《日本教师的定期流动》，《世界教育信息》1999年第2期；彭新实《日本的教师培训和教师定期流动》，《外国教育研究》2000年第5期；薛国凤《日本教师"定期流动制"对解决我国偏贫地区义务教育师资问题的启示》，《日本问题研究》2002年第1期；郁琴芳《日本教师"定期流动制"对我国教师流动的启示》，《中小学管理》2003年第8期；汪丞、方彤《日本教师"定期流动制"对我国区域内师资均衡发展的启示》，《中国教育学刊》2005年第4期；邹颖《TL市实施"教师有序流动"中的问题及对策研究》，学位论文，华东师范大学，2012年；薛正斌、刘新科《日韩中小学教师管理与流动对中国的启示》，《宁夏社会科学》2009年第2期；胡锋《教育均衡发展背景下义务教育教师流动实证研究》，学位论文，湖南师范大学，2011年；谢彦红、朴连淑《韩国中小学教师人事制度及其对我国的启示》，《教学与管理》2006年第16期；刘殿波、唐文博《省级骨干教师对口支援 特级教师巡回讲学 我省建立支教工作长效机制》，《河北教育》（综合版）2006年第10期；《教育部关于大力推进城镇教师支援农村教育工作的意见》，《中华人民共和国教育部公报》2006年第2期。

(三) 对城市教师农村支教参与主体的研究

1. 受援学校

作为农村受援学校，城市教师的到来不仅改善了农村学校的教师结构，为学校注入了活力，而且带动了学校教育教研气氛，但文献梳理结果和现实讨论都表明，城市教师的支教活动在某种程度上为受援学校带来了问题和矛盾。第一，受援学校缺乏发言权。理想的支教活动在组织实施时应该有完善的申请和需求调查机制，以保证支教教师与受援学校的需求吻合度。但是大量实证调查认为，支教教师专业并非受援学校最需要的[1]；支教内容未能以受援学校需求为导向，缺乏实效性[2]；支教工作的调研机制不健全，易导致供需矛盾[3]；支教时间短，人员更换频繁[4]，等等，这些现象都加剧了农村教师队伍的不稳定，管理主体不明确的"人走关系留"，更形成了学校管理者的困扰。因此，根据受援学校需求调配支教教师，加强受援学校发言权，是城市教师农村支教活动发展的必要条件。第二，支教教师素质有待提升。2006年后，随着教育主管部门对支教教师数量的重视，并且缺乏完善的支教选拔派出机制，增加了派出学校选派教师的随意性，甚至部分学校借支教名义将表现不好的教师"下放到农村改造"。研究显示，城市学校派出了部分教学能力较差，责任心不强的教师[5]；支教教师并非为优秀骨干、具有高级职称等类型的教师[6]；支教人员选派标准偏低[7]；支

---

[1] 刘欣、成轶：《城乡教育对口支援的有效途径探讨》，《学习月刊》2006年第2期。
[2] 程伟华、蔡敏、姚利明：《城镇教师支援农村教育工作的现状分析》，《中国农业教育》2007年第5期。
[3] 郭菊英：《县域义务教育均衡发展背景下推行支教制度对策探讨》，《当代教育理论与实践》2013年第1期。
[4] 秦天友：《别让支教"跑了调"》，《中小学管理》2003年第2期；巨立强：《教师下乡支教存在的问题与建议》，《现代教育科学》2011年第4期。
[5] 同上。
[6] 黄旭：《成都城镇教师支援农村教育专题调研》，《教育与教学研究》2011年第4期。
[7] 黄丽萍、林藩：《城乡教师交流：城乡师资均衡的重要推手——以M省为例》，《福建教育学院学报》2011年第2期；王念利、蒋丽珠：《城市教师参与城乡教师交流活动的问题思考》，《中国校外教育》2013年第24期。

教队伍来源复杂,效果难以连贯[①];建议以优秀教师为主[②],支教教师的选派作为根源性问题,是伤害受援学校热情的源头。

2. 支教教师

作为城市教师农村支教活动的主体,支教教师的自愿程度,直接关系到活动效果。研究表示,大部分城市教师在农村支教活动中,实际上很少关注支教教师主体个人意愿。第一,保障措施以外在激励为主。文献对城市教师农村支教的大量探讨和对策建议多以诱导性外在激励为主,即以经济补偿为重点措施。"经济人"的过度假设、镀金心态或职称晋升的需要都加重了支教教师的趋利性。支教工作在一定程度上加重了城市支教教师的经济负担[③];对支教教师的激励措施较单一[④];支教活动中社会关系的移位、利益补偿机制的缺位是造成城镇优秀教师流动难的主要原因[⑤];缺乏财政专项经费的支持会影响教师的支教工作[⑥];建议从经济和精神两方面加以补偿,精神补偿可通过流动教师的年度考核来适当加分或在评优、评先、晋职上享受优先权等方式来实施。[⑦] 支教教师没有持久的内在发展动力,当个人需求程度提高,通过支教活动无法获得足够的补偿来满足个人需求时,微薄的经济补偿就容易导致支教活动的形式化、表面化。第二,城市教师农村支教的制度保障和考核机制不完善。城市教师农村支教的制度化,并不代表这项制度足够完善,资料显示,支教过程中法律法规缺

---

① 吴江山:《论我国农村支教政策的时代转向》,《教育与教学研究》2013年第8期。
② 黄旭:《成都城镇教师支援农村教育专题调研》,《教育与教学研究》2011年第4期。
③ 刘华成:《红瑶地区乡镇内教师支教工作研究》,学位论文,广西民族大学,2010年。
④ 黄丽萍、林藩:《城乡教师交流:城乡师资均衡的重要推手——以M省为例》,《福建教育学院学报》2011年第2期;王念利、蒋丽珠:《城市教师参与城乡教师交流活动的问题思考》,《中国校外教育》2013年第24期。
⑤ 王凯:《城镇优秀教师流动难的现状、原因与对策分析》,《教育理论与实践》2013年第17期。
⑥ 吴永斌:《教育均衡发展视野下贵州省县域支教问题研究》,学位论文,贵州师范大学,2008年。
⑦ 夏茂林、冯文全:《定期轮换制度下流动教师利益补偿机制探讨》,《教师教育研究》2011年第1期。

失，政策措施缺乏细则①，监管评价机制不完善；② 造成支教教师管理主体的模糊，无法客观公正地评价其工作成效③；已有支教制度缺乏信息反馈机制和考核机制，教师自身定位不准。④ 在支教期间，对支教教师的管理主体不明确，缺乏合理有效的考核机制，导致支教教师在教学工作或彰显教学理念时无法获得有效的支持、合理的反馈和期望，都会影响教师获得成就感，降低教师支教动机。第三，支教教师对工作条件的满意度不高。在支教过程中，教师在受援学校的人身安全和生活困难未能得到及时解决，优惠政策落实不到位⑤；部分教师无法适应农村生活环境⑥；支教教师待遇及社会保障体系不完善⑦等，都导致支教教师参与支教活动的热情不高。行政干预性强、随意性大的派出机制，管理者冷漠对待教师的个人困难，这些现象都严重挫伤了教师支教的热情，增加了支教的敷衍情绪。

3. 支教教师和受援学校的关系

支教教师进入受援学校是个人融入集体的过程，只有双方主动地悦纳和交往，才能使双方尽快熟悉、适应和提高。双方若在工作中缺乏理解和支持将很难形成互利共赢的局面。第一，教师间的人际交往。教师的交往范围很窄，大多只局限于学校里，与校外的交往则非常少。⑧ 支

---

① 朱欣欣、楼世洲：《我国促进城乡教师均衡流动的政策分析》，《当代教师教育》2013年第1期。

② 王念利、蒋丽珠：《城市教师参与城乡教师交流活动的问题思考》，《中国校外教育》2013年第24期。

③ 黄旭：《成都城镇教师支援农村教育专题调研》，《教育与教学研究》2011年第4期。

④ 吴永斌：《教育均衡发展视野下贵州省县域支教问题研究》，学位论文，贵州师范大学，2008年。

⑤ 赵岚、李成库：《城市教师支援农村教育教学过程中的问题与对策》，《吉林教育》2006年第5期。

⑥ 黄旭：《成都城镇教师支援农村教育专题调研》，《教育与教学研究》2011年第4期。

⑦ 朱欣欣、楼世洲：《我国促进城乡教师均衡流动的政策分析》，《当代教师教育》2013年第1期。

⑧ 刘维良：《中小学教师职业心理状况调查报告》，《北京教育学院学报》1999年第4期。

教教师进入受援学校后，在一个陌生的环境中，其交往范围会进一步缩小，受个人性格、交往欲望等因素的影响，支教教师若不主动显示热情，将很容易给受援学校教师和家长留下居高临下、不易接近的感觉，也很难有农村教师去主动接触。研究表明，支教活动中教师间交流不畅易引起山区教学人员的心理落差，加剧山区优秀教师的流失[1]；城乡差距对比鲜明易对农村教师产生较大冲击。[2] 作为学校的守门人，受援学校的校长若不能以开放、开明、真诚的心态接纳支教教师，将会延长教师的适应期。人际关系是教师文化的一种体现，在一定程度上影响着组织成员的工作效率。"没有农村教育经历不能参评高一级职称"加重了城市教师对支教活动的功利化[3]，教师交流自愿性异化为指令性，公益性异化为私立性[4]等，都使大多数支教教师并不支持支教活动，缺乏参与支教的内在动机。在支教过程中，支教活动演变为支教教师个人的活动，教师更关心年度支教任务的完成情况，并不关心他的行为有没有实现支教所倡导的价值。过于功利化、表面化的支教活动，很难形成良好的人际关系，双方的不理解、不信任、不负责也很难落实支教活动的真正内涵。第二，支教教师与学校组织文化的相互适应。学校组织文化是学校成员共同的价值体系，反映了教师、领导者和其他参与者之间如何看待决策、问题及是否认同这种做事的方法。[5] 支教教师个人的文化背景与受援学校的环境文化间或多或少存在冲突，支教教师作为外来者，能否与受援学校的组织文化相融合，关系到支教活动能否顺利进行，受援学校若没有开放的文化组

---

[1] 郭菊英：《县域义务教育均衡发展背景下推行支教制度对策探讨》，《当代教育理论与实践》2013年第1期。

[2] 张文倩：《中小学教师支教工作出现的问题与对策研究》，《泰山乡镇企业职工大学学报》2010年第3期。

[3] 郭菊英：《县域义务教育均衡发展背景下推行支教制度对策探讨》，《当代教育理论与实践》2013年第1期。

[4] 叶飞：《城乡教师交流的"异化"及其对策分析》，《中国教育学刊》2012年第6期。

[5] 罗伯特·G. 欧文斯：《教育组织行为学》，窦卫霖、温建平等译，华东师范大学出版社2001年版。

织氛围和灵活的管理体制，对支教教师就会存在隐性阻碍。如果受援学校缺乏对支教教师的鼓励和支持，就会形成封闭性文化组织，从而影响城市教师对受援学校的认同程度，消磨或同化其教学理念，或者沦为农村教学氛围下的边缘人，那么无论支教教师多么优秀也只能做到独善其身，要想兼济天下，不仅需要支教教师的热情，也需要学校、教师、家长的共同努力，更需要学区管理层面的支持和鼓励。

三 城市教师农村支教内涵式发展的特征

城市教师农村支教的内涵式发展以城市教师农村支教的质量效果为重心，强调支教教师在活动中不仅充当任课教师的角色，也要发挥其模范带头作用，进而影响受援学校的教学氛围。城市教师农村支教活动的内涵式发展体现出三个特征：教育管理部门对支教活动做出长远性、前瞻性的总体规划，实现城市教师农村支教的持续性发展；支教活动中支教教师和受援学校双方积极融合实现自身的内生性发展；把提升农村优质教师资源，建设农村教师队伍作为支教活动的深层目标。

（一）城市教师农村支教内涵式发展的持续性

城市教师农村支教内涵式发展的持续性，是指对支教活动做出总体规划，根据县域实际，对未来支教的发展程度、状态和实现效果，做出长远性、前瞻性的整体规划。城市教师农村支教作为一项教育政策，短时间内在一定程度上缓解了农村师资不足的困难，但没有从根本上触动农村教育问题。教育管理部门把城市教师农村支教作为一项任务来完成，数量的急剧扩张，缺乏完善的制度保障，具体实施中出现的诸多问题都表明这是一种外延式发展。因此，城市教师农村支教活动的持续发展，需要教育管理部门认真研究相关政策文件，明确支教要旨，以促进农村教育质量为长远目标，广泛开展调查研究，听取支教活动相关利益方面的言论，及时考察农村学校及教师的实际需求，探索并逐步完善支教教师的选派、保障、激励、考核、评价和奖励机制，从制度上为支教人员提供动力保证，增强城市教师支教活动的持续性。

（二）城市教师农村支教内涵式发展的内生性

城市教师农村支教内涵式发展的内生性，是指把支教教师作为受援学校的内在发展动力。10 年来，城市教师农村支教活动持续进行，但调查显示，农村受援学校在建设教师队伍上仅停留在等、靠或者漠视城市教师这股力量的阶段，城市教师一直处于可有可无的外部状态，具有外生性。[①] 缺乏完善的派出机制的选拔方式，不仅浪费了教师资源，伤害了受援学校，而且让支教教师无法满足被尊重和支持的需求，双方缺少相互的认同感，形成重量不重质的外延式发展状态。因此，完善派出机制，从源头上保证支教人员的质量，建立健全制度保障体系，提升支教教师个人专业发展理念，主动加强他们的专业修养，促使其积极沟通交流，在传播分享个人先进经验的同时虚心借鉴对方的优秀教学理念，在最短时间内从内心接纳对方。支教教师积极融入农村学校环境中，受援学校重视支持支教教师，视其为受援学校发展的强劲动力。支教教师和受援学校两者积极融合，在提升自己的同时带动对方，增强双方发展的内生动力，进一步提升城市教师支教活动的内生性。

（三）城市教师农村支教内涵式发展的深层性

城市教师农村支教内涵式发展的深层性，是指在支教活动中，支教教师不仅能融入受援学校的教学氛围，而且能带头开展学校教研活动。城市教师农村支教的表层目标是缓解农村教师资源不足，优化农村教师结构，缩小城乡教育发展差距。《2012 年全国教育事业发展情况》显示，2012 年小学生师比由上年的 17.7∶1 降至 17.4∶1，初中生师比由上年的 14.4∶1 降至 13.6∶1，表明专任教师配置进一步合理；义务教育阶段学校吸纳毕业生 21.3 万人，占录用毕业生总数的 62.5%，表明义务教育阶段教师资源逐步充足，初任教师增多，由

---

① 上官剑、李海萍：《"外生性"与"内生性"：中西方大学起源之比较》，《高等教育研究》2007 年第 6 期。外生性在经济学上，是指通过持续大规模地利用外资，发展外向型经济，推动本地工业化和现代化进程，称之为"外生性"发展模式。内生性是指整合利用内部资源，发展内向型经济，以内部已有资源为基础提升内部竞争力，称之为"内生性"发展模式。

此，城市教师农村支教的表层目标已基本完成。目前，城市教师农村支教的目标应以增加农村优质教师资源发展，促进农村教师的专业化成长，实现农村学校的自我超越为深层目标。因此，教育行政管理部门应及时调研反思支教中所存在的问题，关注支教活动中城市教师的角色和发展程度，农村教师的信念、观念、教育理念的变化和变化程度及农村学校的教学、学习教研氛围的变化等。通过深化支教活动的目标任务，进一步实现城市教师支教活动的内涵式发展。

四 城市教师农村支教内涵式发展的要素

对城市教师农村支教内涵式发展的界定，涉及支教人员的选派、教育教学活动、参与或领导程度三方面。结合文献来看，城市教师农村支教活动效果如何涉及受援学校、支教教师与其两者间的关系，由此，影响城市教师农村支教实现内涵式发展的要素有五点。

（一）政策认知

随着分税制和农村税费改革的推行，我国区域之间、地区之间两极分化严重，部分地区学校经费严重不足。2003年《关于进一步加强农村教育工作的决定》强调县级政府要切实担负起对本地教育发展规划、经费安排使用、校长和教师人事等方面进行统筹管理的责任。自此，我国教育管理体制进入了"以县为主"的新阶段。一项教育政策的实施需要教育主管部门各级领导对具体政策做出一脉相承的理解、认同，即县级教育管理层面对城市教师农村支教的政策认知程度是影响活动效果的关键外部因素。教育管理部门根据县域特色制定制度实施细则，为下级落实指明了方向；校领导根据实施细则，结合自身对政策的理解，具体开展支教活动；在支教活动中，教师根据校领导的态度，结合支教活动展开状态，形成他们对支教活动的态度。教育主管部门、校领导和教师对城市教师农村支教政策认识的同步性和继承性影响着教育政策实施的彻底性和实际性。

（二）选派机制

选派机制是否完善是影响城市教师农村支教效果的重要因素。完善的选派机制对于教育主管部门而言，可以有效地避免因选派权力过于集中所导致的权力不合理使用现象；对于派出学校教师而言，可以增加教师参与支教活动的公平感，提高教师参与支教活动的积极性；对于受援学校而言，可以增加其发言权，避免教师资源重复浪费，通过提前调查或申请，选择受援学校真正需要的教师。

（三）激励措施

激励措施有内在激励和外在激励两种方式，内在激励包括教师在支教工作中的被期望程度，教育教学理念的实现或传播，专业成长发展等；外在激励包括补助、奖金、经费、工作条件等。内在激励重在激发教师自身的责任感、使命感、成就感等，外在激励重在满足教师的物质需求，在不同阶段、时间或理念的支持下，物质的满足没有尽头，反而会破坏原有的暂时性满足状态。支教教师离开他们熟悉的工作生活环境和家人，象征性的外在激励无法满足支教教师的高级需求，内在激励则会让支教教师体验到被尊重、被需要和对教育事业的责任和使命，得到自我实现等高级需求的满足。

（四）考核制度

完善的考核制度对支教教师而言，既是一种压力，也是一种动力。调查显示，城市教师农村支教活动的考核制度非常不完善，只有工作没有评价就很难对教师的用心、努力程度做出合理的反馈，无法为教师今后的工作提供努力方向和意见建议。给予支教教师恰当中肯的考核既是对教师工作的一种肯定，也是及时纠正教师工作失误的机会，有利于受援学校对支教教师的管理和支持。

（五）学校文化

受援学校的文化组织氛围影响着城市教师农村支教的内涵式发展程度。支教教师参与受援学校教研活动，是一个合格教师应该做的，但支教教师能否积极参与教研活动，并主动展示传播他们的教学理念，不仅受到教师个人支教热情的影响，还受到受援学校文化组织氛围开放开明程度的影响。支教教师的示范课、讲座培训等活动，不应该只是支教教师的独角戏，也不应该仅让受援学校教师饱饱眼福。城市教师农村支教是流于形式还是能发挥出其内在价值，需要支教和受援学校双方的共同努力，以积极热情的心态，理解支持参与支教活动，促进农村义务教育质量的提升，实现县域内城市教师农村支教活动的内涵式发展。

第二节 研究方法

一 样本选择

笔者调研所选择的 A 县在 2011 年顺利通过了省级人民政府的"两基"验收工作，标志着九年义务教育在 A 县全面普及。A 县共有 7 镇 2 乡，136 个行政村，9 个社区，总人口为 15.87 万人，其中城镇人口 2.93 万人，农村人口 12.94 万人。按照政策，A 县自 2003 年以来就长期实施城市教师农村支教活动，并出台了一系列政策文件，实行城区对农村学校的对口帮扶，县域内教师、校长进行定期轮岗交流以及城镇中小学教师到农村学校任教服务制度，通过利益引导，鼓励优秀骨干教师到农村学校或教学点工作。每年选派 50 名城区、城郊年轻骨干教师和学科带头人到农村中小学进行为期一年的支教服务。调查得知，A 县长期以来主要实施的支教活动为城市教师农村支教活动，它在带来积极效益的同时，其弊端也逐步显现。因此，具有一定的典型性，笔者选定 A 县为样本县，调查在 2014 年 10—11 月进行。

二 研究方法

（一）问卷法

笔者通过对文献的梳理，结合自身的研究目的，编制了调查问卷，在收集资料期间进行了预调查，并结合访谈所获得的资料，对问卷进行修订并最后确定了"城市教师农村支教调查问卷"。调查问卷分为城市教师问卷和农村教师问卷两类，其中城市教师调查问卷以是否参与过支教活动为依据，设计为两部分：参与过支教活动的教师将填答完所有题目，没有参与过支教的教师只需完成部分问题。两类调查问卷都包含教师的基本信息和问题两部分，都是从支教人员的选派、支教人员的教育教学活动、支教人员的参与或领导程度三方面出发，具体包括五个维度：对支教活动的理解或期望程度、支教教师的选派机制、对支教教师的激励措施和考核制度以及受援学校文化组织氛围。

笔者最后发放问卷160份，分别为城市教师80份和农村教师80份，最后回收问卷78份和79份。城市教师问卷发放对象为具有派出学校的C镇、N镇和H镇三个镇的4所中学、3所城市小学和1所城郊小学；农村教师问卷发放对象为接受过支教教师的Q乡、L乡和B镇三个乡镇的13个农村小学。

（二）访谈法

笔者结合文献梳理和研究需要，编制了访谈提纲，具体包括支教教师、派出学校校长、受援学校校长、受援学校教师四类。根据A县的实际情况，笔者了解到，在A县7镇2乡中，存在城市教师农村支教活动的有7个乡镇，其中存在派出学校的乡镇有C镇、X镇、N镇和H镇4个；接受支援学校的乡镇有Q乡、L乡和B镇3个。笔者的访谈对象为支教教师、派出学校校长、受援学校、受援学校教师四类。因此笔者采用目的性抽样，根据2010年以来参与城市教师支教活动的教师人员往来数据资料，不限学科，确定了30名访谈对象，包括5名相关领导，19名城区支教教师，6名乡村教师。

第三节　A县城市教师农村支教的现状

一　政策认知

（一）教育主管部门对政策的认知"清楚而无奈"

我国的教育政策执行依附于行政体系，构成一个自上而下的政策执行系统。县教育局作为地方教育管理部门，需向政府部门做出工作汇报并接受上级教育管理部门的工作指导。城镇教师支援农村教育的政策由国家发布，具体到各省市，再到政策的执行者和监督者——县教育局。我国各区域在地理环境、经济结构、人文风情等方面各具特色，因此，国家给出政策的指导意见，县教育管理部门负责制定实施细则并加以具体落实。2003年以来，A县教育局经历过四任局长，由于第五任接任时间有限，对支教活动现状了解得还不甚清楚，所以笔者访谈了负责支教任务分配的人事股 T 股长。他表示，教育政策的实施非一人之力，其中牵涉到政府领导、社会管理、财政支持等众多力量的协调配合，面对牵一发而动全身的现状，他也很无奈：

> 这是国家政策，全国都在实施，我们也必须实行，对于城郊小学的情况我们也清楚，但这不是我一个人能解决的，这由很多原因造成，我们正在改进，不过这个问题会持续多久，我也不好说。前两天我们的局长刚去省里开会，也说到了这个问题，以后或许会好一点吧。

他对解决城市教师农村支教发展的困境始终依靠上级这个外力，自身缺少主动作为。A 县城市教师农村支教的困境，归根到底并非城市教师农村支教政策本身的错误，而是在执行过程中各方利益的驱使异化了政策。

（二）校领导对政策的认知"陷入两难"

1. 派出学校

自 2003 年开始大力实施城市教师农村支教活动。A 县的派出学校有城市中心地区学校和城郊小学两种，由于地域的限制而对两类派出学校所产生的"支教压力"不同。笔者访谈的几位校长都表示出对支教活动的失望，认为城市教师农村支教的政策虽然很好，但是具体实施的过程却不尽如人意。学校结构布局调整造成 A 县城市中心学校学生大量增加，教师相对不足。考虑到师生比矛盾突出，支教活动的任务重点落到部分城市中心学校和城郊小学上。由访谈得知，城市中心学校以音体美学科教师为主要支教人员。L 老师说："上面安排了支教任务，学校必须派出，但是主课教师原本就比较缺，教师走了，没人带课能行吗？所以我们学校就只能派出音体美这些副科教师了"。城郊小学是一所 10 余年里不间断参与支教的派出学校，由于其教师超编，基本上是全员性参与。J 老师说："我校按理说只需要 19 个教师，但实际上，我校在编教师 85 人，在岗教师 65 人，派出支教教师 19 人，借调 1 人，目前我校教师远远多出应需人数，而且教师平均年龄为45.2岁，教师年龄结构偏大。上面安排了支教任务，我们老老实实执行就行了。"J老师还告诉笔者："年年这样的支教，造成我校每个教师基本上两年或三年就要出去一次，一次就占到了1/3，这样我校教师极不稳定，学生家长意见很大。"

2. 受援学校

随着学校布局结构调整，受援学校由5个缩减为3个乡镇学校。笔者走访了13个农村学校，中心小学平均教师人数为12—16名，包括3—5名支教教师，其他学校平均教师人数为7—9名，包括2—3名支教教师。数据显示，支教教师在农村学校可以占到1/4到1/3的比重。支教教师在分担受援学校教师代课任务的同时，也有部分教师扰乱了学校秩序。因此受援学校教师只是比较欢迎"安安分分"来分担课程任务的支教教师，J老师说："支教教师，我们当然欢迎，他们不来，我们一周上25个课时都不够，他们来了，人多了我们就轻松一点。"受援学校校长则陷入两难境地，没有支教教师，势必会让学校教师负担加重，甚至难以开全所有科目。但支教教师也造成了农村学校教师队伍的不稳定，教学质量偏低，很难为农村学校的教育教学质量提升和持续发展提供保证。W老师说：

> 目前的支教活动就是在糊弄农村学校，仅仅是在维持农村学校的正常运行。要不就不要派支教教师，要不就把那些真正的优秀教师、骨干教师派来，为农村学校做点实事，现在这样我觉得派不派都没什么效果，今年派了这样一个，明年又是那样一个，每年学生都要熟悉新老师，家长意见很大。

(三) 教师对政策的认知"习以为常"

教师对政策的认知，可从城市教师和受援学校教师两方面来看。由于学校不同，教师们对支教活动的看法也不尽相同，城市中心学校的教师数量多，且每年至多只会派出2—3名，所以对他们而言，参与支教活动只是人生中的一次体验，Y老师说："上面的政策我们都会认真执行的，人家安排到了，我们都会积极去做。"城郊小学教师则认为支教活动是他们的负担，两到三年就轮到一次，这种习以为常、无力更改的活动，令他们反感。X 老师说："虽然对支教活动我们有很多'辛酸史'，不过现在都习惯了，人家派到哪里，我们就去哪里，都是代课，哪里都一样，这是上面的政策，大家都这样，我们也只能习惯了。"对受援学校教师而言，支教活动可有可无。

A 县教育主管部门对城市教师农村支教活动的态度，直接影响着下级学校领导和教师的态度。自上而下对政策的认知不到位，不能根据县域实际状况组织实施。A 县教育管理部门忽视支教质量的态度，经过学校领导进而传递给教师，影响教师的支教态度，忽视支教活动中教师的工作态度和成效；受援学校教师通过本校领导与支教教师自身的表现，形成他们的态度，认为城里教师太多了，这些教师不来参与支教，就没有用武之地。政策在自上而下的层层传递中，各方对政策的态度一脉相承。因此，A 县城市教师农村支教活动的困境，在很大程度上是由教育主管部门没有注重城市教师农村支教活动的价值内涵，将其中的问题逐年积压下来，并将问题转嫁给教师和学生，造成县级教育管理部门对支教活动的改进举步维艰，学校领导和教师叫苦不迭的状况。

二 选派机制

A 县缺乏完善的支教教师选派机制。在 A 县教育局印发的《关于加强和规范支教援教工作的意见通知》（2013 年）中，只有这样两条规定："选派的教师应具备良好的思想政治品质和师德修养，身体健康，爱岗敬业，男教师不超过 50 周岁，农村教师不超过 45 周岁。孕期和哺乳期的女教师当年不得安排支教援教工作，支教援教工作采取教师个人自愿报名和学校选派相结合的方式确定人选。"

（一）教师意愿"名不副实"

文件要求以教师个人自愿报名和学校选派相结合的方式确定支教人选，但访谈和调查显示，自 2004 年将考核变更为支教所在学区和 2008 年取消一切对支教教师的优惠政策以来，"个人自愿"这个词已经名不副实了。为动员教师积极参与支教和确定支教人员，接到任务的学校领导都是各显神通。

典型之一，以持续参与支教活动的城郊小学为例。城郊小学最初由学校领导指派，但由于多方利益矛盾激化，后由学校领导提议确定了《支教人员选派方案》，至此解决了该校派出教师人员确定的矛盾。J老师说："原来支教人员的确定都是学校领导指定的，但是大家都不愿意下去，刚开始出去的人比较少，也就走了，后来人多了，而且派谁谁都不去，总不能每次都那几个吧，我们学区的校长就决定，那就按顺序派吧，我们学区开会征求大家的意见，修订了三次，最终确定了《支教人员选派方案》，顺序则以抽签的方式来确定。"L老师说："选派方案，是通过一稿、二稿、三稿最终共同制定的，每稿都会征求意见，大家都有签过字的。"城郊小学让教师集体参与制定支教方案，让教师感受到了民主参与，且以公平的名义巧妙地分散了选派矛盾。

典型之二，以城市中心初级中学为例，该校支教教师至今仍由学校领导指定。X老师说："我是第二次支教了，我不愿意去支教，但是领导派到我了，我也没办法，我老公今年带高三，孩子没人照料，我们一个办公室的美术老师，有两个都没支教经历，为此，我找过县上的领导，但是因为今年的局长情况特殊，找谁谁都说你去找局长，他做不了决定，最后没办法，都开学一周了我才来。"这个案例并不是个例，目前A县部分派出学校的支教人选任由学校领导指定。城市中心学校教师人数一般都超过了50人，支教任务一般为1—2人，所以当被选者势单力薄与其他教师的暗自庆幸和漠视以及校领导的权威相撞时，被选者都会无奈地接受任务。违背教师意愿的选派方式，直接损害了教师工作的热情和信心，很难有教师会积极投入教育教学中并主动钻研和创新教学方式方法。

（二）申请和需求"遥不可及"

A县的支教人员选派由县教育局根据各个学校的师生比来分配支教人数，派出学校向教育局提出支教名单，再由受援学校等待通知接收支教教师。Y老师说："教育局每年都会摸底，调查学校教师结构，但每年的结果都一样，并没有产生实质性的改变。"摸底调研只是徒有虚名,在支教人员的具体选派上极少考虑受援学校的教师结构需求。W老师说:"我们也曾向上面申请,但是你缺的老师,人家也缺,人家学校肯定是先考虑自己学校的情况了。再说派谁派多少都由上面审核,我们只负责接收,每年开学我们都知道要派来支教教师,但是具体是什么样的我们不清楚,只有开学等人来了才知道。"

(三)教师素质"良莠不齐"

教师素质主要是指支教教师的素质。根据城市教师和农村教师调查问卷,支教教师业务水平为骨干教师者仅占9.0%和22.8%,一般教师居多,分别达到75.6%和54.4%。因此,参与支教的教师素质处于"一般"水平(见图8-1)。

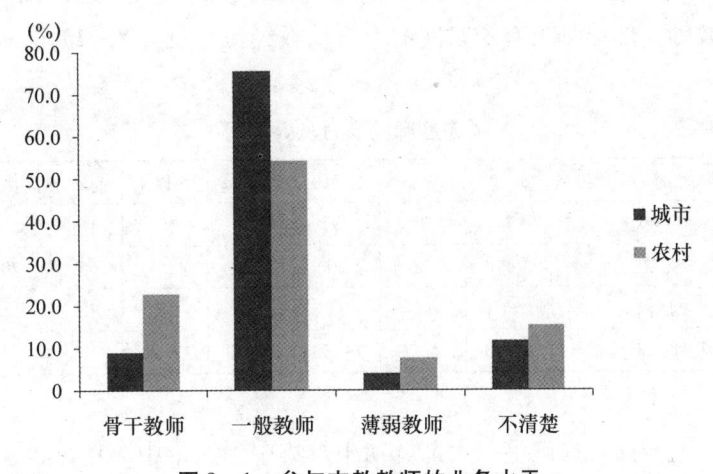

图8-1 参与支教教师的业务水平

从访谈中得知,支教教师的素质表现为一般,原因有三点。第一,支教教师自身素质。首先,从2003年开始,支教教师的个人素质呈现下降趋势,一方面是支教教师自身专业发展的停滞,另一方面是近年来农村学校中新生教师资源的补充,城市支教教师在农村学校的角色逐渐由教学能手转变为略显落后的尴尬状态。对此,支教教师对他们的能力和水平的变化有清晰的认识,也能够感受到在受援学校教学工作中的被重视程度和个人优越感的变化状态。X老师:"我在

2006年支教的时候，学校只有4个教师，两个年龄偏大，尤其是在多媒体教学方面，人家连电脑的开关机都有问题，我觉得带给人家的帮助还是蛮大的，后来在2010年第二次支教时，所在学校的年轻教师比较多，人家在教学方面的创新也比较多，我们后来一起上公开课，感觉自己并没有多少优势，反而人家有好多东西需要我学习。"其次，部分支教教师都曾有长期农村教学工作经历。S老师说："我们在农村学校都待了10多年了，现在又让我们去农村学校支教，你说我们能给人家带去什么，我们只是缓解了农村学校教师不足的情况。"调查显示，城市教师的农村从教经历超过6年的占到了71.80%，参与支教的城市教师具有农村从教经历的也占到了79.50%，而参与支教活动的教师中农村从教时间超过6年的则达到了80.6%，这都说明城市支教教师大部分都具有长时间的农村从教经历（见表8-2）。

表8-2　　　　　　　　城市教师的农村从教时间

农村从教时间（年）	0—2	3—5	6—10	11—15	15以上	总计	比例（%）
没有参加过支教（人）	7	3	3	2	1	16	20.50
参加过支教（人）	4	8	20	17	13	62	79.50
总计	11	11	23	19	14	78	
比例（%）	14.10	14.10	29.50	24.40	17.90		

经过学校布局调整，大部分初中被集中到城市中心地区，在集中后的中学教师里，音体美教师的人数相对于语数外教师显得较为宽裕，因此支教重担理所当然落到了音体美教师身上。T老师告诉笔者："我这是第一次带文化课，我自工作以来就教的是音乐课，现在让我教数学和语文，一下子不知道怎么开始，现在我就是边学边教。小学课程当然我们都能教，但是课程的重难点，我们很难掌握，这次期中考试我还要向人家做检讨的。"支教教师阶段性教学经验的缺失和个人学科专业特长难以发挥也是影响支教教师个人教学效果的重要原因。阶段性教学经验的缺失增加了支教教师对小学生心理发展特征的适应过程；支教教师的专业与教学科目的冲突，不仅增加了支教

师对小学课程的适应难度，而且浪费了支教教师的个人专业特长。

第二，孕期和哺乳期人员问题。在教育局的选派文件中明确指出，孕期和哺乳期的女教师当年不得安排为支教教师，但调查中发现，因为孕期和哺乳期女教师参与支教活动而导致的冲突比较多。X老师说："第一次支教我是自愿申请的，因为当时怀孕了，听说农村学校管理比较松。"农村学校较为松散的教学管理环境成为吸引孕期和哺乳期女教师的一大"优势"。在前期支教人员自愿申请时期，很多孕期和哺乳期的女教师愿意申请去受援学校，相对宽松的请假制度为支教教师的长期请假提供了便利，但长期缺课影响了学生的学习进度和习惯养成，因此近年来受援学校拒绝接收孕期和哺乳期的女教师。W老师说："我们学区分来的教师里有两个都是怀孕的，人家教一学期，就请假了，后面的课没人带，我们怎么办？一个班的学生，给谁谁都不愿意接手，那我们就不能接受她们。后来，又给我们调换了两个。"

第三，支教人员年龄偏大。问卷调查显示，城市教师年龄集中在31—40岁，占到47.4%，超过40岁的占到了30.8%，而参与过支教活动的城市教师的年龄超过40岁的也占到了33.90%，说明支教人员年龄偏大。W老师说："在给我们派来的教师中，有些人在原学校并不带课，因为年龄和学历等问题属于后勤管理人员，现在到我校则是带的主课，并不是我们对年龄偏大的教师有偏见，人人都清楚，教师这个行业，在小学阶段，年龄就是优势，教师年龄过大，教学中的很多事都不操心，更不用说创新了。"

表8-3　　　　　　　　　城市支教教师的年龄

支教教师年龄（岁）	25以下	26—30	31—40	41—50	50以上	总计	比例（%）
没有参加过执教	3	5	5	2	1	16	20.50
参加过执教	0	0	32	17	4	62	79.50
总计	3	14	37	19	5	78	
所占比例（%）	3.80	17.90	47.40	24.40	6.40		

选派机制的不完善，从源头上为支教政策异化埋下了伏笔。A县文件简单笼统地规定给予派出学校自由选派权，但难以保证选派优秀骨干教师，造成支教教师个人的心理抵触，形成敷衍态度。参与支教活动的学校双方缺乏申请和需求的调查沟通，易造成支教教师与受援学校的供需不对口，浪费教师资源。支教教师如果存在自身能力不足或工作态度敷衍这样的"硬伤"，就无从谈到对受援学校的帮助，更不用说带动引领受援学校环境改善或教师发展了。A县选派支教教师的素质良莠不齐，是阻碍城市教师农村支教活动内涵式发展的关键因素。

三 激励措施

（一）工作条件"基本保证"

近年来，农村学校从硬件设备到师生的食宿环境都在逐步改善。A县的支教政策规定，根据支教教师的个人生活食宿问题，一般将支教教师安排到乡镇中心学校，或方便食宿的大学校。访谈了解到，一部分支教教师原本就具有长期农村教学经历，对教学生活环境适应很快，另一部分支教教师则是第一次接触农村学校，适应时间相对较长，但受援学校对支教教师的生活工作环境都会尽力给予帮助和支持。Y老师说："学校来了5个支教教师，桌子、椅子、床、火炉等，都是新买的，人家有什么需求，我们也都会尽力帮助，不过，这都是人之常情，谁都会这么做的。"调查显示，有53.9%的支教教师不适应生活环境是导致城市教师不愿意到农村学校支教的原因。

（二）制度保障"刚性控制"

以2007年为分界点，A县发布的支教政策可分为两个阶段。2007年之前的文件多是对支教教师的关心考虑和鼓励引导，通过各种优惠政策引导教师积极参与支教活动，具有很强的诱导性和支持性。2007年以后的文件更多地加强了对支教教师的管理和监督，具有很强的强制性和控制性。从最初的柔性引导发展为刚性规定，支教政策的强制性加剧了支教活动的常态化和形式化。前期支教教师行为和后期文件落实造成了这样的支教状态。X老师说："现在的支教和以前的不同了,现在的支教对老师来说就是一种负担,年年都支教,搞的是人心惶惶的,今年把行李卷上跑到这儿了,明年又把行李卷上跑到那儿了,给人感觉是极不稳定,支教,按理说,这种政策可以是四年、五年出去一次,感觉几年出去一次还行,现在感觉是人心惶惶的。"外部任务目标的完成导致参与支教活动的人员数量急剧增加,也让教育管理部门将更多的精力集中到支教人员数量的增加上,而忽视了支教活动的质量问题。

(三) 额外奖励"入不敷出"

访谈调查得知,A县2002—2004年为鼓励教师积极参与支教活动,出台了一系列优惠政策:支教人员保留原单位工作关系;派出学校适当报销支教人员一定数额的交通费;支教人员享受双方的一切福利,考核由派出学区直接定等为良好,在评优晋级中,同等条件下将优先考虑;受援学校尽可能将支教人员安排在中心学校、大学校、交通便利的学校工作;有支教经历的教师,在提拔使用时将优先考虑,其中支教人员的交通费和福利费用来自派出学区中未参与支教活动的教师工资,考核时占用派出学校教师的名额。鼓励措施较多,教师支教积极性较高。以城郊小学为例。

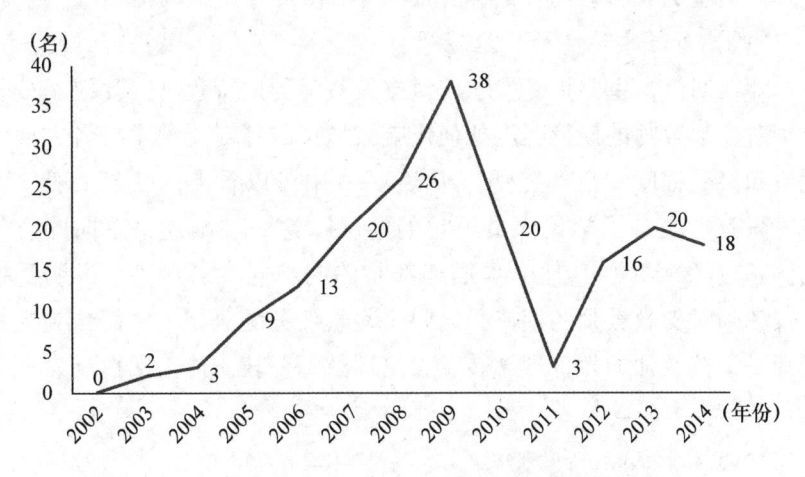

图 8-2 城郊小学2002—2014年参与支教活动的教师人数

结合数据与访谈得出，2002—2004年是A县支教活动的尝试起步阶段，这个时期参与支教的教师数量较少，任务具体到学校，只有个别学校的1—2人参与。由于参与人员数量较少，派出学校和受援学校双方都愿意接受出台的优惠政策，并对支教教师抱有较高的期望。2005年起支教人数逐年上升，2006—2010年形成了一个高峰期，2009年有38名教师参与支教，几乎占据了城郊小学教师的一半，参与人员的剧增导致派出学校和受援学校都无法承担前期设置的优惠案件（见图8-2）。另外，由于部分支教人员滥竽充数或落实优惠项目的不公平和虚假现象突显，激化了支教活动中各个集体的利益矛盾。我们采访的教育机构的T股长说："像以前支教人数比较少，给你一些补助等优惠条件，学校还有能力承受，现在人人都去支教了，这些优惠政策谁能负担得起。再说了，农村教师在农村待了几十年也没有什么补助之类啊。"因此，2007年下半年提出取消对支教教师的一切优惠政策，需加强管理和监督。"一石激起千层浪"，在受援学校的叫好声、支教教师的反对声、派出学校的无奈中支教政策持续实施着。目前支教教师仅享受农村教师补贴[①]和教师学分[②]两项优惠政策，即支教教师到达受援学区之后以受援学区教师补贴类型为依据，也享受不同类型的农村教师补贴，外加一年240个学分。

（四）外在期待"处境尴尬"

外在期待，主要指受援学校对支教教师的期待程度。受援学校与教师对支教教师的期待程度如何影响着城市教师对受援学校各方面的适应和接受程度及自身感受。从表8-4中可以看出，以"一般"为界，只有"缓解了学校人员不足的情况"这一项描述中趋向同意的比例超过了45%，其他七项描述都是趋向不同意者居多，说明受援学校教师对支教教师的期待只局限于教学任务的分担上，而认为支教教师对学校教师的教育理念转变、培训教师、教研能力的提高、教学

[①] A县农村中小学按地域划分为三类：一类学校每人每月30元，二类学校每人每月80元，三类学校每人每月100元。

[②] 教师个人专业发展要求每年完成72个学分，五年达到360个学分，A县规定支教一年给240个学分。

方法的改进、教学方式的创新以及对学校的发展状态等都没有发挥出支教教师的作用,也没有过多的期待(见图8-3)。

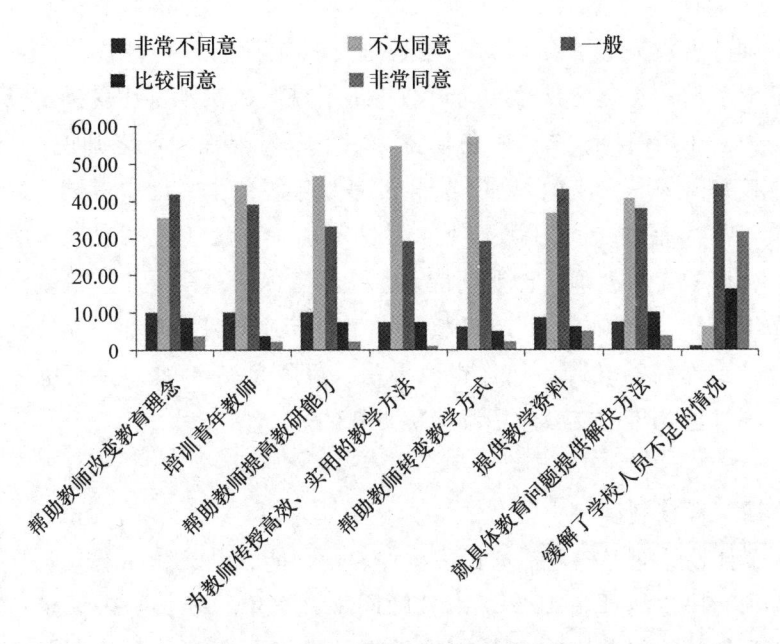

图8-3 支教教师对你校所做支援

从访谈中得知,农村学校教师对支教教师缺乏期待,尤其是在教育教学方面。形成这种态度的原因有:第一,支教教师自身素质和能力有限。第二,部分支教教师不良行为产生了前期效应。Z老师说:"刚开始那几年把行情搞坏了,学校派出的教师一般是怀孕的、生病的、不听话的、和领导关系不好的,还有成绩排在末尾的,因此,下面学校也不愿意,说是来支教,反而支教的教师把学生教得越来越差。"派出学校将本校的管理压力转嫁给受援学校的行为给受援学校的校领导、教师及家长留下了根深蒂固的不良印象,导致支教教师在受援学校感到压抑和被奚落。支教教师告诉笔者,在受援学校有时会感到一种无法言明的被歧视感。L老师说:"我在2009年参与了支教活动,那时候针对支教教师还搞过专门的教研活动,称为'过关课',现在想起来,觉得那真是对我们的一种歧视,人家要求学区的新教师和我们每人上一节公开课,也就是说,在开学初期,先要听听我们课上得怎么样,并不是说我们给人家上'示范课',而是'过关课',还有检查方面,人家只把支教教师的教案作业等收去检查,其他教师的就没有收,我认为这就是对支教教师的一种歧视。"第三,支教活动的常态化。支教活动长期重量不重质的实施,让受援学校对支教失去了新鲜感,少了一份期待,多了一份牢骚。W老师说:"我们学校曾派来一个支教教师,安排的是二年级数学,期中考试结束后成绩实在太差劲,我们就把他放到少年宫了,没让人家带课,所以说,所谓的支教教师,你能期待人家给你多少新东西呢,连最基本的都做不好。"L老师说:"支教教师每年都有,分到好教师,那还好一点,分到不好的教师,那你也没办法,好歹就一年嘛,我们也习惯了。不过这几年的支教教师都挺负责任的。"

四 考核制度

A县教师的考核包括"民主测评、德、能、勤、绩、廉"及其他加分项,民主测评占10%,由教师同事、学生、家长等来评定;德即教师的师德修养占10%;能即教师教学能力占30%,主要是教师参与各种教研活动的情况;勤即教师的考勤方面占10%;绩即教师的业绩占30%,主要是教学成绩;廉即教师的廉洁自律占10%。教师最终的绩效工资和考评等级由综合考评和加分项确定,文件规定,教师绩效工资每人每月600元,由访谈得知,实际上农村教师的绩效工资一般差额不大,绩效工资差额每学期基本上不会超过1000元,城区学校的教师绩效工资差额会达到1500—2000元,所以支教教师更关注年终考评等级。考评等级以教师数量来分配不同等级所占的比例,每级职称中优秀只占教师总人数的15%,因此,评定考核等级除了考虑教师工作能力外,还受到人员比例的限制,导致年终考核评定为"优秀"等级的教师就相当少。"优秀"等级是职称评定的优势条件,也是评定"优秀教师"的必备条件,县级优秀教师要求三年内具备一个"优秀"等级,市级优秀教师要求五年内具备一个"优秀"等级。中青年教师属于教师结构中的中坚力量,由于其年龄、工龄、工作业绩等方面的限制对年终考评获得"优秀"等级的愿望尤为强烈。在2007年之前，为提高教师参与支教活动的积极性，文件规定，支教教师的考核由受援学区组织进行，统一考核后将结果移交派出学校，最终考评等级所占的比例和名额都占用派出学校的，成绩如合格，则由派出学校直接定为优秀，即是支教教师最终的考核等级。这项优惠政策具有很强的保护性和鼓励性，但支教年初就确定年终考核等级，这样的优惠措施缺乏目标约束，不仅增加了支教教师教育教学工作的不确定性，而且加大了对支教教师的管理难度。随着支教活动中各种负面事件的出现，教育局在2008年便取消了专项优惠政策，规定由受援学校负责对支教教师的考核，考核等级和名额占用受援学校的比例。Q老师说：

> 在2007年下去支教的时候，学校还举行了披红挂绿的欢送仪式，并且发放了小礼品，记得那时还有乡通讯员专门做了报道，但在2007年下学期，也就是2008年就发布了取消一切优惠政策的文件，为此，我们一起支教的10多人去教育局待了一个下午，希望可以向上级反映这个情况，但是由于教育局的回避，最后也是不了了之。

针对支教活动中的负面现象，教育管理部门发布文件做出调整，这一方面说明教育管理部门能够认识到支教活动的负面情况并及时做出调整，另一方面也显示出教育管理部门行政措施的命令性和强制性，缺乏教师的民主参与。支教政策的转变在加强对支教教师管理的同时也损害了部分支教教师的利益。Q老师说：

> 我2010—2011年在B乡一所小学支教，兢兢业业干了一年，还代表学区到城里参与了教学比武竞赛教研活动，并拿到了名次，学年末的成绩很不错，自认为凭自己一年的成绩评优秀没问题，但最终在学区评定时并没有拿到优秀，十分出乎我的意料，后来拿到评定成绩资料时发现有些成绩被私自改动了，这让我心

里感到非常不舒服,本着多一事不如少一事的心理,也就没反映。再说,反映了又能怎么样,在那里就待一年,很多教师都挺熟悉的。我曾向我们原学校反映过,但这种事谁会为你负责,就是我自己私下里抱怨一下而已。

这样的例子并不是个例,虽然不是多数,但的确也存在,目前支教教师大多抱怨考核不公平,或者说并没有对支教的年度考核抱有希望。受援学校教师也曾这样说:"他们占的是我们的名额,就待一年,给了他们优秀又能给我们带来什么,对我们的教师也不公平。"受援学校的一位校长告诉笔者:"支教教师比较少的时候,我们可能基本上就不考虑,但是这几年来的教师比较多,肯定得考虑人家,所以也有拿到优秀的教师,我们学校就有两个。"

A县的政策调整并没有彻底解决城市教师农村支教的管理评价问题,考核制度的不完善,仅是将受援学校由利益被损者变为"大权在握"的相对受益者,将支教教师由受益者变为"势单力薄"的利益被损者,很难准确有效地评价城市教师农村支教的活动效果,双方利益地位的互换,并没有解决问题,诸多不公平的情况反而让教师丧失支教热情,致使城市教师农村支教活动还停留在外延式发展阶段。

五 学校文化

支教教师与学校的适应程度可以从支教教师在受援学校拥有的话语权来看,支教教师若很快适应受援学校的教学节奏,则会与受援学校教师较为愉快地相处,并根据其学区的好经验、好做法向受援学校提出意见和建议,受援学校的校长也会根据其学校的特点有选择地采纳。访谈结果显示,支教教师在受援学校的教学活动方面缺少发言权,仅在音体美方面展示特长。

H老师:我发现在这里的体育课堂上,学生始终是自由活动或玩一些小游戏,并没有按照小学体育的教学内容组织。我是学体育的,对此研究较多,多次向学校提出意见,人家说没有专业的体育教师,他们也不会上,以致体育达标测试都由我来主持。另外,我们原学校一天的教学节奏较快,学生都按时放学,这边不一样,按时间表上要求五点半放学,但实际上有些学生回家都快7点了,冬天天黑得比较早,你说安全问题谁来保证,这些我都向学校提过,现在好一些了,学生都走得比较早,不过也有例外。

受援学校校长:对于支教教师提出的好意见建议我们都会积极采纳,人家教师建议搞一些体育活动,我们也想过,但学校总共50多个孩子,想搞啥活动都没办法,学生太少了。不过人家的节奏快也带动了我校的教师,现在学生都回家比较早,但农村和城里不一样,农村家长5点多还在农田里忙,孩子没人管,所以在农忙时间,孩子就回得比较晚,反正我们也都在学校里,这样也能照料。

H老师:今年有个教师的音乐课上得比较好,就安排人家上音乐课,以前我们的音乐课都是放多媒体让学生跟着学,虽然学校里乐器挺全的,但都不会用,我们都说"今年的音乐课才像个音乐课,有弹有唱",人家建议今年元旦就由教师使用学校乐器来组织,现在也开始着手准备了。

城市教师农村支教的内涵式发展,受到学校文化传统和学习氛围的影响。支教教师作为外来者能否迅速融入新环境会受到受援学校环境氛围的影响。开放民主的学校,能够增强教师的自信心,保证教师的发言权,增加教师积极参与学校教研活动的勇气,容易以开放包容的心态接受支教活动和教师的优点。支教教师在开明的学校氛围中更容易体验到期待与挑战、信任与满足、接受与支持,也才能在学校教学教研活动中有足够的信心和勇气积极参与,进而带头示范建立共同愿景,影响学校的文化氛围,实现城市教师农村支教的内涵式发展。

图8-4显示,县域内,政策认知综合影响着城市教师农村支教活动。第一,教育行政部门对支教政策的认知影响着派出学校和受援学校领导的政策认知,进而形成对支教活动和支教教师的态度,上级

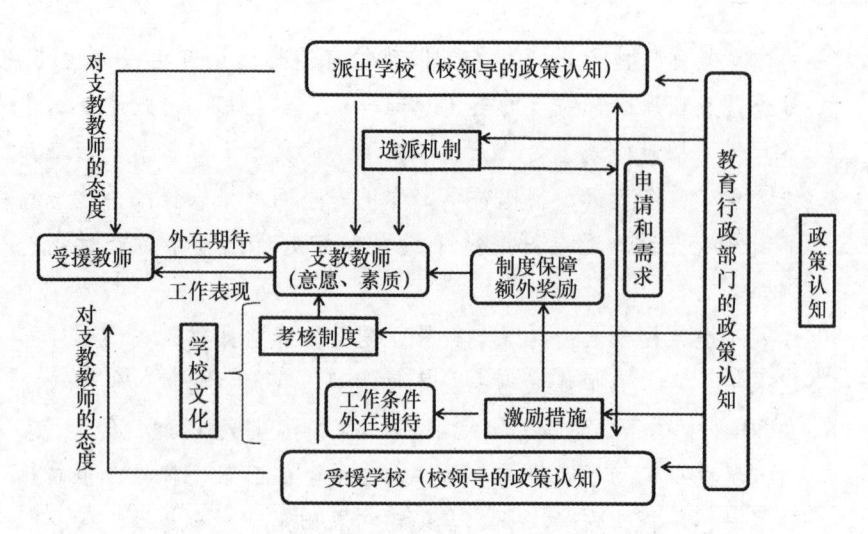

图 8-4 城市教师农村支教内涵式发展的影响要素

领导的态度和支教教师自身的工作表现促成了受援学校和教师对支教教师的期待程度。参与主体的政策认知缺乏一致性和连贯性，导致A县支教活动的各类参与主体对支教教师的外在期待较低。第二，参与主体的政策认知影响着城市教师农村支教活动选派机制、激励措施和考核制度，其中，选派机制的完善程度影响了支教教师的意愿和素质，也影响着派出学校和受援学校双方的申请和需求；教育行政部门主导的激励措施影响着支教教师的工作条件和外在期待、制度保障和额外奖励；选派机制、激励措施和考核制度综合影响了支教教师的参与意愿和参与者的素质。目前A县选派机制、激励措施和考核制度的不完善是各类参与主体抱怨和轻视城市教师农村支教活动的主要原因。第三，支教教师与受援学校的交流和适应程度受到学校文化的影响。总体上，A县不同学校的不同文化氛围使支教教师与受援学校的交流和适应程度都处于浅层交流，支教教师处于被动参与状态，很少在教学研讨方面能积极主动，几乎没有支教教师能在受援学校的教研活动中处于中心地位。第四，城市教师农村支教活动属于教师的逆向流动，所以要考虑活动过程中参与主体的获得与损失，当参与主体入不敷出时，负面效应就会扩大。A县面临着派出学校和受援学校教师队伍不稳定和支教教师缺乏动力等负面现状，影响着教育质量的提升，也反映出城市教师农村支教活动的实施效果不理想。

第四节 存在问题的原因分析

政策催生的城市教师农村支教活动，自 1999 年开始，在全国范围内陆续有多种尝试。十多年来，城市教师农村支教活动的实施范围从零星实验发展为全国性、大规模、常态化；其政策从鼓励支持、利益诱导等柔性措施发展为刚性政策和义务性要求；其实施效果从积极效益居多发展为消极后果凸显。一项政策的推行从顶层设计再到基层探索落实，期间由于政策设计者、实施者及相关利益者等所处的地域、经济、文化、民风等环境因素的巨大差异，其实施的效果也具有多面性。城市教师农村支教活动也不例外。多年来，大家对这项活动的评价也是褒贬不一。因此，政府在推行一项政策时，需要充分考虑政策推行的程度、范围及实施地域的实况。

一 县域内教育行政部门对城市教师农村支教政策缺乏深层认识

（一）教育行政部门对支教政策的认识缺乏持续性

教育政策的执行本身就是一个由多环节组成并涉及众多复杂变量的动态过程，其执行的效果也会受到教育政策自身的稳定性、多样化的执行对象及相关利益方的影响。A 县自上而下的教育政策执行模式，强调了政策的设计与执行是相互独立、上下从属的关系，上级教育部门负责设计和规划政策具体的实施方案，下级负责贯彻落实上级部门的目标和任务。一项政策推行得是否成功，在很大程度上取决于顶层设计的合理性、政策的清晰程度及方案的可操作性等因素。首先，十余年来，A 县历任四届教育局局长，这导致各任教育局长对支教政策的理解缺乏连贯性和延续性。其次，A 县制定的关于支教活动的文件显示，A 县教育行政部门对支教活动缺乏长远规划，仅对支教人员选派和管理做出规定，缺少对支教教师个人专业发展和教学任务的指导与建议，也缺少对支教教师工作效果的合理评价与激励措施。

总之，A 县教育行政部门对支教政策的认识缺乏规划性和延续性，支教目的过于功利化，只注重支教人数的增加，忽视支教质量，就 A 县支教活动的实施现状来看，已出现失真状态。

（二）教育行政部门对支教活动的实施具有盲目性

A 县 L 乡和 B 乡属于偏远地区，距离城中心的最远车程为 1—1.5 小时，C、X、N、Q 等 5 个乡镇车程均在 1 小时以内，H 镇属于城郊区，车程在 15 分钟以内。整体而言，近年来，随着政府和社会等教育资金的投入加大，加之合班并校的推进，A 县各个乡镇的教育整体发展相对差距并不大，至少在学校硬件设备方面可以接受，A 县的教育均衡评估报告也显示出，A 县教育均衡发展的各项指数都在逐步提高。但是，由于地域因素，师资问题成为制约 A 县教育均衡发展的首要问题。A 县多年来通过各种方式吸引了大批大学生到农村学校就业，在很大程度上补充了部分教师资源，但在农村学校补充新教师的同时，老教师则以他们在农村工作的时间为优势纷纷调入城区，这个现象严重影响了新教师的心态，农村学校教学经历成为部分新教师转战其他行业或学校的垫脚石。总体来看，A 县应该更多地思考如何将教师留在农村学校，而不是扩大支教活动，通过支教活动来缓解农村教师资源的不足，这是治标不治本，不仅不能从根本上解决 A 县的农村教师资源问题，反而加重了农村教师资源的不稳定程度。

二 A 县教学布局调整隐性矛盾累积

2005 年教育部文件提出了"适当调整和撤销一批生源不足、办学条件差、教育质量低的薄弱学校"，自此，全面优化县域义务教育布局结构拉开了序幕。根据城乡建设发展规划和人口变动状况，按照高中向城市集中、初中向城镇集中、小学向乡镇集中、教学点向行政村集中的义务教育学校布局调整原则，A 县义务教育阶段学校布局调整已初步完成，但是在教学布局结构的调整过程中所存在的隐性矛盾并未得到彻底解决，教师队伍建设这个问题尤为严重。在教育布局调整期间，由于缺乏有效的管理监督，以及农村学校的师生比和班师比矛盾突出，造成 A 县城市教师相对不足，教师年龄偏大；城郊教师严重超编，年龄偏大；农村教师人员不足，年龄分布较合理，但不稳定，流动性较大等后果。有访谈者表示，目前 A 县的支教活动在某种意义上已经沦为对城郊教师严重超编的缓解方式。关于教师流动的大量调查显示，教师流动的总体趋势是由边远农村学校流向中心城市学校，A 县教师也不例外，离城、离家近是大部分农村教师的愿望。从中国的城市发展模式来看，城郊地区介于边远农村地区和中心城市区域中间，这样一个特殊的区域，其发展程度介于农村地区和城市地区之间，集中了城市地区的交通便利、环境舒适、信息通畅等优势和农村地区学生的朴实和家长的辛劳，这也使得城郊学校成为大部分农村教师退而求其次的去处，部分农村教师因各方面综合能力的限制而无法调入城中心学校，但为了实现进入城区的愿望，城郊学校便成为这些教师的目的地，导致大量教师集中到城郊学校，造成城郊学校的教师严重超编，支教便成为合理的借口。这样的支教活动的实际内涵与政策实施的初衷已相去甚远。

三 支教活动过于重视数量

（一）支教人员良莠不齐，没有以农村教育发展为基础

2006 年发布的《关于大力推进城镇教师支援农村教育工作的意见》提出，要将城镇教师支援农村教育工作列为教育督导评估的重要内容，至此，支教任务的完成与否便成为对教育管理部门工作业绩的外部评价标准，进一步增强了城市教师支援农村教育的刚性要求。近年来，每到学年伊始，报纸和教育新闻头条频现"某地某年完成千人次支教计划"这类标题，A 县也曾报道成果："2004—2007 年，累计完成城镇教师支教农村活动 200 人次。"固然百人次、千人次这样的数据博得了大家的眼球，但真正的支教质量、效果如何则值得我们深思。当支教活动呈现数量唯上时，支教质量便不再是人们关注的重点了。支教教师的质量良莠不齐，致使受援学校对支教教师由当初的期待到失望再到目前的习惯、漠视甚至是歧视。笔者调查了解到，在十余年里，A 县参与支教活动的人员数量非常可观，但很少有教师能积极地融入受援学校的各项教育教研活动中，发挥优秀模范带头作用，

尤其是近年来由于农村学校大学生教师的补充和支教教师个人特长与自信所限，大部分教师在支教期间都是仅仅完成了带课任务，从未有支教教师主动去组织教育教学活动或者分享个人的优秀教育教学经验，以带动受援学校教学工作的现象。十多年过去了，支教活动为农村教育带来了什么？支教活动是否还按照当初的模式按部就班地走下去？是否继续停留在浅层次的外延扩张式支教层面？这些都值得我们反省。

（二）频繁的教师流动所带来的弊端已渐趋超过正面效益

在 A 县还存在支教现象的学校里，每年都有 1/4 到 1/3 的支教教师在流动（不包括新教师的进出、老教师的退休、部分教师的调动），面对如此频繁大量的教师流动，受到伤害最大的是学生，笔者访谈了解到，某些学校的某些班级从二到五年级的课程主要由支教教师来承担。G 老师说："当时有一个班从二年级开始就由支教教师带，到五六年级时，感觉学生的底子就是不太好，最后全县会考也考得不理想。"J 老师说："学生年年换教师，家长意见也很大，我来这里支教，原来班里的学生家长开学好久了，还多次给我打电话抱怨说：'你怎么又去支教了，孩子刚熟悉，现在又换了新老师'。"

美国学者卡兹在证明人才流动必要性的同时，也指出人才流动的最佳时间区域应为 1.5—5 年，超过 5 年，人才若不流动则会发生老化趋势，而低于 1.5 年，组织之间的力量还没有发挥出来，这对组织来说也是一种损失。[①] 教师熟悉教学环境、同事、学生和家长都需要一个过程，而目前的支教时间普遍为一年，在一年的时间里，凭支教教师的个人力量，对于陌生的学校、同事、班级我们很难有过高的期望。访谈中受援学校校长告诉研究者："对于支教的意义我们都理解，但是现在的支教教师都成不了啥气候，刚有点苗头，人家又走了，所以我们也都习惯了。"支教教师的角色不应仅仅局限于代课，但现实中由于支教时间短暂和支教教师自身能力等因素，限制了支教教师带头创新的激情和教育教学丰富经验的分享，更谈不到以一己之力影响

---

① 周险峰：《教师流动问题研究》，华中科技大学出版社 2003 年版。

受援学校工作学习的文化氛围了。

四 对支教教师缺乏激励性措施

赫茨伯格的双因素理论指出，人类的行为受到两类因素的支配，即激励因素可以激励人们的工作热情，调动其积极性；保健因素能够消除人们的不满，但并不能使员工感到满意，如办公条件、工作强度、工资收入、福利待遇等都属于保健因素的范畴。双因素理论认为，保健因素虽然层次比较低，但却很重要，若没有得到适当的满足，教师就会不满意，离心力也会随之增加。[①] 支教教师在支教期间的工资待遇暂时按照受援学校的标准发放，因此会享受到农村教师的补贴。除此之外，不论是精神上还是物质上都没有任何奖励，这会打击支教教师的工作热情，也是造成教师缺乏动力的重要原因。在精神上，受援学校和支教教师都严重不信任对方。受援学校对支教教师有不信任："我们就希望支教教师认认真真教学就行了，别的也没指望，只要不出现大的错误，我们都会接收的。""我觉得支教教师和我校教师没什么区别，大家水平都差不多吧。"支教教师对受援学校也有不信任："我们都觉得支教这一年就是在白干，你就不要指望什么优秀了。""你干得好了又有什么用，谁都不说你干得好，反而认为你一天到晚不务正业。"在物质上，第一，支教教师的工资待遇明升暗降，对支教教师边远补贴（即农村教师补贴）发放不及时不到位。从访谈中了解到，支教老师所享受的边远补贴有的并没有发放到位。T老师说："我们2012年那一年没有发，但这种事问学校，学校也就是随便搪塞一下就把你打发了，你也不能总去问吧。"与支教教师一年的损失相较而言，仅边远补贴（即农村教师补贴）一项奖励，可以忽略不计。三类边远补贴为100元，但据实际核算，100元连来往的交通费都不够，甚至需要教师倒贴才可以。第二，部分支教教师工作压力增大，L老师说："我在原学校一周最多也就10—12节课，来

[①] 叶佩：《基于赫茨伯格双因素理论的教师职业倦怠研究》，学位论文，曲阜师范大学，2014年。

这里，你看看课程表，一周就五六节没课，不过原学校学生多，批阅的作业也多，这边课上得多，学生少，作业少。但是上一天课也挺累的。"综上所述，在精神上和物质上，对支教教师而言的保健因素的满足程度都有所降低，并且没有激励因素，因此，这些都是造成支教教师在受援学校工作动力不足的原因。

五　支教教师缺乏自信心

马斯洛的需要层次理论告诉我们，在缺失需要中，除了生理需要和安全需要之外，还有归属与爱的需要和尊重的需要，这四种需要是人类生存所必需的，必须得到一定程度的满足，人首先要满足低级需要才会有对高级需要的追求愿望。但是根据笔者调查，对于参与支教活动的城市教师而言，所感受到的归属与爱的需要和尊重的需要的满足程度都不高，支教教师告诉笔者："我觉得参与支教活动的一年，就是没有家的一年，工资编制都在原学校，但是所有的工作、考核等都在受援学校，原学校的福利活动我们享受不到，出现问题还得找原校同事帮忙，很多事都很麻烦，而且受援学校的各种活动我们也没资格享受，有一种找不到家的感觉。"支教教师在支教期间没有满足归属与爱的需要，大多抱着反正只待一年，只要我不出现大错就可以了。由此，自我实现的高级需要就会被压制，或者是被放弃，也就造成了支教教师在支教期间的创新程度普遍较低。Q老师说："在原学校有人操心，我参加了2013年市里组织科学创新大赛，还获了奖，在这边信息闭塞，我多次询问过校长大赛的具体时间，但是人家都说，'时间到了就会通知你'，后来，我联系了原校同事之后，才知道两天后就开始了，结果因为时间很仓促，第一轮就被刷了。"J老师说："今年的一个支教教师，期中考试后学生成绩太差，就被安排到少年宫，没有再让他上课。"每一个人都需要得到他人的尊重，作为个体有自信，能够获得成就感，希望得到社会各界的认可。教师同样需要获得尊重，需要得到学校领导、同事、学生和家长以及周围环境的认可。但是，支教教师在受援学校不仅没有被重视感，反而可能会受到受援学校的歧视，认为被派来支教的教师是因为没有能力才被派出的。这是对支教教师自信心的严重打击。由此，面对受援学校这样的态度，支教教师一般存在如下几种心态：其一，支教教师会感到不满，但是他们并不气馁，反而更加勤勉："我们事事都做在受援学校教师的前面，谁还敢说我们不认真，我们就是为争这口气，工作做得好了，同事、学生家长都会称赞我们。"其二，部分教师并不想"争口气"，而是在教育教学方面力求无过即可，并没有过高的追求，L老师说："教研活动不是我们能决定的，人家安排什么我们就干什么，多一事不如少一事，反正好歹就这一年。再说你干得好了，人家也不可能给你个优秀的。"其三，也有教师会抱怨，会在工作方面带有情绪，当然，就访谈来看，这样的教师仅是个例。内涵式的支教活动要求教师主动参与并发挥他们的特长，积极建言献策，力求改进受援学校的面貌，但事实上，缺乏个人自信心的支教教师很难在支教期间获得足够的归属与尊重需求的满足，这虽然不能表明支教教师会消极怠工，但是可以肯定，他们不会认为自己是受援学校的一员，也不会主动融入受援学校，积极地创新教学。

参考文献

Guskey, T.：《教师专业发展评价》, 方乐、张英等译, 中国轻工业出版社 2005 年版。

Jarvis, P.：《学习的吊诡：社会中的个人蜕变》, 王秋绒译, 学富文化事业有限公司 2002 年版。

彼得·圣吉：《第五项修炼：学习型组织的艺术和实务》, 郭进隆译, 上海三联书店 1998 年版。

陈跃：《公共政策学》, 西南师范大学出版社 2015 年版。

卡斯特：《认同的力量》, 夏铸九等译, 社会科学文献出版社 2003 年版。

罗伯特·G. 欧文斯：《教育组织行为学》, 窦卫霖、温建平等译, 华东师范大学出版社 2001 年版。

马克斯·范梅南：《教学机智——教育智慧的意蕴》, 李树英译, 教育科学出版社 2001 年版。

麦凯、西格恩：《双语教育概论》, 严正、柳秀峰译, 光明日报出版社 1989 年版。

托马斯·J. 萨乔万尼：《道德领导：抵及学校改善的核心》, 冯大鸣译, 上海教育出版社 2002 年版。

韦恩·K. 霍伊、塞西尔·G. 米斯克尔：《教育管理学：理论、研究、实践》, 范国睿译, 教育科学出版社 2007 年版。

邬志辉：《2013 中国农村教育评论·教育政策与教育公正》, 北京师范大学出版社 2013 年版。

郑燕祥：《教育的功能与效能》, 香港广角镜出版有限公司 1986

年版。

刘学惠、申继亮:《教师学习的分析维度与研究现状》,《全球教育展望》2006年第8期。

刘曙峰:《教师专业发展:从"技术兴趣"到"解放兴趣"》,《教师教育研究》2005年第6期。

庞丽娟、叶子:《论教师教育观念与教育行为的关系》,《教育研究》2000年第7期。

操太圣、卢乃桂:《论学校组织变革中的教师认同》,《华东师范大学学报》2005年第3期。

邓友超:《论教师学习的性质与机会质量》,《教育研究与实验》2006年第4期。

陈向明:《从师生关系看教育的本质》,《教育学术月刊》2014年第11期。

Argyris, C. & Schon, D. A. *Theory in Practice: Increasing Professional Effectiveness.* San Francisco: Jossey-Bass, 1976.

Cochran-Smith, M. & Lytle, S. "Relationship of Knowledge and Practice: Teacher Learning in Communities." *Review of Research in Education*, 1999, 24: 249–305.

Gee, J. P. "Identity as an Analytic Lens for Research in Education." *Review of Research in Education*, 2000, 25(1): 99–125.

Pajare, M. "Teache's Beliefs and Educational Research Cleaning up Amessy Construct." *Review of Educational Research*, 1992, 62(4): 307–331.

Shulman, L. S. & Shulman, J. H. "How and What Teacher Learn: A Shift Perspective." *Journal of Curriculum Studies*, 2004, (36)2: 257–271.